Dr. Gregor Bauer

ErfolgREICH mit Optionen

Dr. Gregor Bauer

ErfolgREICH mit Optionen

Das aktualisierte Standardwerk, um unabhängig ein Vermögen zu machen und zu mehren

Einfach – Klar – Gewinnbringend – Sicher

GeVestor
Scharfsicht zahlt sich aus.

Bibliografische Information der Deutschen Bibliothek
Die Deutsche Bibliothek verzeichnet diese Publikation
in der Deutschen Nationalbibliografie;
detaillierte bibliografische Daten sind im Internet
über http://dnb.ddb.de abrufbar

Impressum

Komplett aktualisierte Überarbeitung der 1. Auflage
„Reich mit Optionen" von Rainer Heißmann

Theodor-Heuss-Straße 2–4 · 53177 Bonn
Telefon +49 228 9550185 · Telefax +49 228 3696480
premiumservice@gevestor.de · www.gevestor.de

Herausgeberin: Sabine Rehwinkel
Chefredakteur: Dr. Gregor Bauer (v.i.S.d.P.)
Bildnachweis Cover: © Kurt Kleemann/fotolia
Satz: ce redaktionsbüro für digitales publizieren, Heinsberg
Druck: CPI books GmbH, 25917 Leck

ISBN 978-3-8125-2668-5

GeVestor ist ein Unternehmensbereich
der Verlag für die Deutsche Wirtschaft AG
Vorstand Richard Rentrop · USt.-ID: DE 812639372
Amtsgericht Bonn, HRB 8165

Haftungsausschluss

Herausgeberbrief

Wenn Sie „Ja" sagen zur Börse und diese Ihr Metier ist und bleibt, dann führt kein Weg an Optionen vorbei.

Denn:

- Wenn Sie in der Vergangenheit erfolgreich waren, können Sie mit Optionen noch erfolgreicher werden

- Hatten Sie weniger Erfolg oder mussten auch Verluste verbuchen, können Sie mit Optionen und dem Wissen aus diesem Buch auf die Gewinnerseite wechseln

- Starten Sie neu in die spannende Börsenwelt, finden Sie hier die bestmögliche Anlageform

Unser Ziel: Das erste allumfassende Buch zu Optionen herauszugeben und zu zeigen, wie Sie Ihre Börseninvestitionen optimieren können.

Im Mutterland der Börsen gibt es wohl kaum einen erfolgreichen Börsianer, der nicht auch Optionen für seinen Reichtum genutzt hat. So investiert z. B. Warren Buffett – auch gemessen an seinem Milliardenvermögen – „nennenswerte" Summen in Optionen.

Ich freue mich, dass ich Herrn Dr. Gregor Bauer dazu gewinnen konnte, dieses Buch zu schreiben und sein Wissen aus über 30 Jahren Börsenerfahrung weiterzugeben. Er hat die Strategien der US-Spezialisten „studiert" und diese für den deutschen Raum nutzbar gemacht und optimiert. Sie sehen in diesem Buch, dass hier ein Prak-

tiker schreibt, der den Optionen-Handel auf dem Effeff kennt.
Dr. Gregor Bauer ist seit Juli 2017 für den Optionen-Profi tätig, seit Januar 2018 als Chefredakteur und Chefanalyst.

- Dr. Bauer vereinigt das Wissen eines Portfolio-Managers mit dem eines Chartexperten und Traders.

- Er kennt somit die Märkte und Handelsstrategien in allen Facetten und kombiniert konjunkturelle Faktoren, Unternehmensdaten und charttechnische Handelssignale zu einem professionellen und gewinnbringenden Gesamtansatz.

Darüber hinaus:

- Bekannt geworden ist er einer breiten Öffentlichkeit nicht nur durch seine Live-Interviews auf ntv und DAF, sondern auch als Buchautor zum Thema „Technische Analyse der Kapitalmärkte".

- Seine technischen Marktanalysen veröffentlicht er regelmäßig in namhaften Publikationen, z. B. in „Focus Money" und auf der Webseite der Börse Frankfurt.

- Als gefragter Vortragsredner ist er auf Finanzkonferenzen und Anlegermessen in ganz Deutschland und im Ausland unterwegs.

Mit ihm habe ich einen Fachmann mit Praxiswissen gefunden, der das Börsenparkett mit allen seinen Finessen kennt.

In Deutschland hat die Bankenlobby es bislang verhindern können, dass Privatanleger in Optionen investieren. Es wurden Ersatzprodukte, sogenannte Emittenten-Produkte, entwickelt, um den Handel mit Hebelprodukten fest in Bankenhand zu halten. Da wird mit gleichklingenden Namen wie „Optionsscheinen“ oder „binären Optionen“ (statt Optionen) oder Euwax (Stuttgarter Börse für Emittenten-Produkte) statt Eurex (Terminbörse für Optionen) gearbeitet, um die Anleger zu verwirren. K.o.-Scheine, Zertifikate, CFDs etc. sind nur einige weitere Emittenten-Produkte, für die in Hochglanzbroschüren geworden wird und die alle eines gemeinsam haben: Sie sind im Kurs durch die Emittenten manipulierbar.

Noch viel schlimmer: Ist der Emittent insolvent, wie z. B. seinerzeit Lehman Brothers, ist Ihr in diese Produkte investiertes Geld verloren. Und es ist schließlich noch nicht abzusehen, wie die Entwicklung weitergeht angesichts der nach wie vor ungelösten weltweiten Banken-, Finanz- und Schuldenkrise.

Optionen haben das Risiko des Totalverlustes investierter Gelder durch Insolvenz eines Emittenten nicht, denn Optionen haben keinen Emittenten.

Wenn Sie „Ja“ zur Börse sagen, können Sie mit Optionen reich werden.

Dieses umfassende Buch schafft eine Grundlage, die den theoretischen und – wichtig! – den praktischen Optionen-Handel an der Deutschen Terminbörse EUREX und an den US-Terminbörsen erklärt und anschaulich darstellt. Für jedermann, der dauerhaft Geld an der Börse verdienen will!

Nach der Lektüre dieses Basis-Werkes zu Optionen werden Sie verstehen und wissen: Optionen bieten gegenüber allen anderen Geldanlageformen so viele Vorteile, dass jeder, der langfristig Gewinne an der Börse erzielen will, nicht an Optionen und dem Optionen-Handel vorbeikommt.

Steigern Sie Ihre Aktiengewinne um das 10-Fache! Durch die Hebelwirkung der Optionen sind die Gewinnmöglichkeiten exorbitant. Und die vielen von Herrn Dr. Bauer aufgezeigten Strategien bieten sowohl dem tradingorientierten als auch dem konservativen Investor hervorragende (zusätzliche) Gewinnmöglichkeiten.

Auch in Zukunft wollen wir interessierten Anlegern, die sich auch für die von Banken meist verschwiegene Anlagemöglichkeit, den Optionen-Handel, interessieren, helfen, sich schnell und einfach zurechtzufinden.

Optionen-Handel für Jedermann

Eine Informationsplattform für Fragen und Beiträge zum Optionen-Handel und die Frage des Neueinstiegs in die Welt der Optionen, bieten wir Ihnen auf

www.optionen-investor.de

Hier wollen wir der vollen Breite des Fachs gerecht werden und jedermann die Möglichkeit bieten, die Anlageform „Optionen" kennenzulernen. Besonders gelegen ist uns daran, jedem Optionen-Interessierten den eigenständigen Umgang mit Optionen an der Börse zu ermöglichen. Die Finanzkrise zeigt deutlich, dass das „Diktat der Banken" der falsche Weg ist. Wir möchten Sie deshalb ermutigen, neue Wege zu beschreiten. Sie werden sehen: Es lohnt sich!

Fragen, Hinweise, Anregungen oder Vorschläge richten Sie bitte an den Chefredakteur oder den Herausgeber unter der Mail-Adresse:

redaktion@optionen-investor.de

Sabine Rehwinkel, Herausgeberin

Inhalt

Einleitung

Willkommen in der faszinierenden Welt der einzigartigen Optionen. Optionen sind das Original und „die Mutter aller Hebelprodukte“. Optionen befreien Sie gleich doppelt vom Diktat der Märkte:

1. Sie sind nicht mehr auf steigende Kurse von Aktien, Indizes, Edelmetallen etc. angewiesen. Denn Sie können auch gutes Geld verdienen, indem Sie auf fallende Märkte setzen.

2. Sie sind mit Optionen nicht auf die Produkte von Banken und Wertpapierhäusern angewiesen. Denn Optionen werden nicht von Emittenten herausgegeben. Ein unschlagbarer Vorteil, auf den ich noch detailliert eingehen werde.

Ganz wichtig: Optionen und Optionsscheine sind völlig unterschiedlich

Ganz entscheidend ist, dass Sie wissen: Optionen haben mit Optionsscheinen nichts gemein. Sie unterscheiden sich gravierend voneinander! Auch andere Hebelprodukte, wie z. B. Zertifikate, K.o.-Scheine, CFDs etc. haben mit Optionen nichts zu tun.

Massenhaft Informationen zu Hebelprodukten der Banken

Der deutschsprachige Raum, vorrangig Deutschland direkt, ist *das* Gebiet der westlichen Welt, in dem die meisten Hebelprodukte gehandelt werden. Mag sein, dass Deutschland sogar weltweit die Region mit den meisten angebotenen Hebelprodukten ist.

Dabei finden Sie zu diesen von Banken emittierten Produkten, wie Optionsscheinen, Zertifikaten, K.o.-Scheinen, CFDs und wie auch immer diese Hebelpapiere heißen, „an jeder Ecke" massenweise Informationen. Die Bücher zu diesem Themenbereich füllen viele Regalmeter. Einschlägige Internetportale versorgen Sie mit allem, was Sie für den Handel dieser Produkte benötigen.

Kaum Informationen zu Optionen

Durchforsten Sie große deutsche Foren für Geldanlagen, tauschen sich die Investoren über alle oben genannten Hebelprodukte aus, allein: Optionen werden kaum erwähnt.

Besuchen Sie die wichtigsten Messen im deutschsprachigen Raum: Sie werden regerecht überschüttet mit Hochglanzbroschüren zu Hebelprodukten der Emittenten. Informationen über Optionen suchen Sie (oft) vergeblich. Einen Ansprechpartner für Optionen finden Sie auf Messen wirklich oft nur dann, wenn ich, Dr. Gregor Bauer, auf den Messen anwesend bin. Klingt wie Eigenlob, ist aber (leider) eine Tatsache.

So kam ich zu Optionen – meine „Options-Geschichte"

Meine ersten Optionen handelte ich schon in den 1980er-Jahren, als ich in Mainz Naturwissenschaften und Volkswirtschaft studierte. Natürlich blieb mir damals als Student auch nichts anderes übrig, als mit kleinem Geld zu handeln. Anfängliche Verluste blieben natürlich nicht aus. Die Mehrzahl der ersten Trades endete mit der wertlosen Ausbuchung der Optionen. Doch mit der Zeit lernte ich immer mehr dazu und die Erfolge stellten sich ein. Die Faszination der Hebel-Kraft der Optionen ließ mich dann auch während meines folgenden Berufslebens in der Finanzbranche nicht mehr los.

Was mich am Traden mit Optionen immer fasziniert hat, ist die Tatsache, dass ich mit geringem Geldeinsatz sehr schnell sehr hohe Gewinne einfahren kann. Ich blicke heute auf eine mehr als 30-jährige Berufserfahrung im Bereich der Finanzmärkte und des Tradings zurück. Ich kenne kein Finanzinstrument, dass bei fairer Preisstellung durch eine regulierte Börse ein besseres Chance-Risiko-Verhältnis ermöglicht.

Ich habe in den zurückliegenden Jahren auch immer wieder andere Investmentprodukte ausprobiert, zum Beispiel Optionsscheine oder Hebel-Zertifikate. Doch ich kann Ihnen sagen, dass ich damit keinen Erfolg gehabt habe. So habe ich beispielsweise auch die emittentenabhängigen Optionsscheine gehandelt. Als dann einmal der Markt nach unten wegbrach und ich den Call verkaufen wollte, hat der Emittent eine Zeit lang gar keine Kurse gestellt hat. Irgendwann habe ich dann den Optionsschein mit Verlust verkaufen können. Aber dieser Verlust ist im Endeffekt wesentlich größer ausgefallen, als er hätte sein müssen. Auch mit K.o.-Zertifikaten habe ich schlechte Erfahrungen gemacht. Manchmal reicht ein kurzer, scharfer Rücksetzer des Basiswerts, um die K.o-Schwelle zu erreichen. Dann verfällt das Zertifikat sofort wertlos. Erholt sich dann der Basiswert aber wieder, sind Sie ausgeknockt. Jetzt können Sie natürlich sagen, man kann ja sofort wieder einsteigen. Das ist völlig richtig. Nur – aus psychologischen Gründen ist genau dies eben sehr schwer. Ich weiß nicht, ob es Ihnen auch so geht: Ich jedenfalls hatte gerade in meinen Anfangsjahren des Tradings oft nicht den Mut, direkt nach einem Verlusttrade wieder einzusteigen. Doch genau dann entgeht einem der schöne Gewinn. Ich habe schnell gemerkt, dass Optionen das optimale Instrument sind.

Nicht umsonst sind Optionen im institutionellen Handel das Mittel der Wahl. Kein institutioneller Händler würde jemals auf die Idee kommen, Optionsscheine oder K.o.-Zertifikate zu handeln.

Ab sofort: Das Buch zu Optionen

Viele Anleger schrecken leider davor zurück, Optionen zu traden, weil sie sich darunter etwas Kompliziertes vorstellen. Dabei ist die Sache ganz einfach.

Ich habe dieses Buch aus meiner Praxis und Erfahrung als Optionen-Trader und den Gesprächen und E-Mails mit vielen Einsteigern, Fortgeschrittenen und Profis im Optionen-Handel heraus geschrieben.

Im Vordergrund steht die Praxis

Dieses Buch soll für den Einsteiger, aber auch für den fortgeschrittenen Optionen-Händler ein ausführliches und leicht verständliches Leitwerk sein, um Optionen einfach sicher und gewinnbringend zu handeln. Dabei geht es mir nicht nur einfach um den Kauf oder Verkauf von Optionen, sondern auch um die vielen kleinen Tipps und Strategien, mit denen Sie immer ein paar Euro mehr rausholen. So sage ich immer: Die Gebühren des Brokers zahlt mir der Markt, auch dann, wenn ich einen Trade z. B. mit +100% Gewinn abschließe, ganz einfach dadurch, dass ich die Gebühren beim Verkaufslimit dazu addiere.

Wenn Sie also unter Anleitung bzw. auf Empfehlung hin in den Optionen-Handel einsteigen, ist der Praxis-Teil vielleicht schon ausreichend. Aber ich zeige Ihnen auch die Theorie der Optionen auf. Die spannende Welt der Optionen.

Wenn Sie die kennenlernen, haben Sie ein mächtiges Werkzeug an der Hand. Dieses ermöglicht es Ihnen, für jede Situation an den Finanzmärkten die richtige Strategie zu finden bzw. diese zu verstehen. Denn die wichtigsten Strategien, vor allem die gewinnbringendsten, zeige ich Ihnen in diesem Buch auf. Wenn Sie sich ohne weitere Anleitung in den Optionen-Handel begeben, sollten Sie auch die Theorie und Funktionsweise der Optionen verinnerlicht haben.

Fachbegriffe

„Welcher Laie wird wohl je verstehen, dass der Verkäufer der Verkaufsoption bei Ausübung der Verkaufsoption durch den Käufer der Verkaufsoption der Käufer der von dem Käufer der Verkaufsoption verkauften Wertpapiere ist.“
Serge Demolière

Mit den oben stehenden oder vergleichbaren Aussagen glänzen wissenschaftliche Arbeiten gern. Der Gehalt dahinter sei dahin gestellt. Der Nutzen ist schnell erklärt: Er ist nicht vorhanden. Denn: Wer den Satz nicht versteht, hat keine Information. Wer ihn versteht, benötigt ihn nicht.

Um dem Geschriebenen gleich genüge zu tun: Das oben erwähnte Zitat von Serge Demolière bleibt natürlich auch nicht ohne Auflösung. Diese finden Sie weiter hinten im Buch.

Trotzdem lassen sich Fachbegriffe nicht immer vermeiden. Denn in jedem Spezialgebiet entwickelt sich ein Fachvokabular. Das gilt für den Börsenhandel genauso wie für das Spezialgebiet der Optionen. In diesem Buch habe ich weitestgehend auf Fachbegriffe verzichtet. Diese sind aber gelegentlich zur eindeutigen Bezeichnung notwendig. In diesen Fällen habe ich das verwendete Fachwort sofort im Text erklärt. Da das Optionen-Geschäft aus den USA nach Deutschland gekommen ist, werden in der Fachsprache auch in Deutschland regelmäßig englische Wörter verwendet. Wenn nötig, habe ich auch diese genannt und erklärt.

Ich freue mich, dass Sie mich in die einfache Welt der Optionen (wie einfach Optionen sind, sehen Sie auf der folgenden Seite) begleiten. Ich versichere Ihnen: Es lohnt sich!

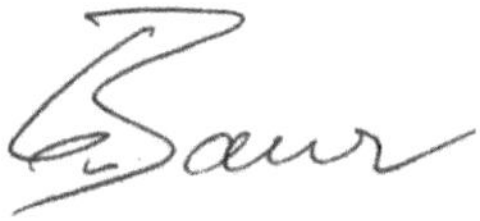

Dr. Gregor Bauer
Januar 2021

1

Optionen sind ganz einfach …

1 Optionen sind ganz einfach ...

... und sie lassen sich in wenigen Worten erklären!

Gewinn-Chancen von Optionen lassen sich mit je einer Frage und deren Antwort zusammenfassen. Beim Kauf einer Option und der späteren Beobachtung dieser Option auf ihre Gewinn-Aussichten hin, beantworte ich mir immer nur eine Frage je Call- oder Put-Option:

Frage zur Call-Option:

Wird der Kurs des Basiswerts nach dem Kauf der Call-Option steigen und bis etwa 3 Monate vor dem letzten Handelstag des Calls über dem Basispreis des Calls bzw. am letzten Handelstag deutlich darüber notieren?

Die Bewertung:

Kann ich diese Frage bejahen, hat der Call gute Gewinn-Aussichten.

Frage zur Put-Option:

Wird der Kurs des Basiswerts nach dem Kauf der Put-Option fallen und bis etwa 3 Monate vor dem letzten Handelstag des Puts unter dem Basispreis des Puts bzw. am letzten Handelstag deutlich darunter notieren?

Die Bewertung:

Kann ich diese Frage bejahen, hat der Put gute Gewinn-Aussichten.

So einfach sind Optionen

Letztlich lässt sich jede gekaufte Option mit dieser je einen Frage für Call- oder Put-Option sekundenschnell bewerten.

Beim Lesen dieses Buches können Sie im Grunde immer wieder auf diese kurze Bewertung von Optionen zurückgreifen.

Alles, was Sie in diesem Buch lesen, reduziert sich auf diese einfache Bewertungsmethode. Alles Weitere sind Grundlagen bzw. Variationen dieser einfachen Bewertung der Gewinn-Chancen.

Wenn Sie das verinnerlicht haben, verstehen Sie jede Option!

Geschichte der Optionen

Auf dem Höhepunkt der Tulpenhausse in den Niederlanden in den Jahren 1636 und 1637 wurde nach der Überlieferung für eine einzige Tulpenzwiebel diese unglaubliche Zahlung gefordert und geleistet:

„120 Scheffel Weizen, 240 Scheffel Roggen, 4 fette Ochsen, 8 fette Schweine, 12 fette Schafe, 2 Oxhofte (altes Maß: ein Oxhoft = in etwa 200 Liter) Wein, 4 Fuder (altes Maß: ein Fuder umfasste je nach Region so zwischen 800 und 1800 Litern) Bier, 2 Fässer Butter, 1.000 Pfund Käse, 1 Bett, 1 Anzug, 1 silberner Trinkbecher im Gesamtwert von 2.500 Gulden.“

Der Handel wollte sich aber nicht an die kurze Pflanzzeit der Tulpen binden und außerdem waren solche immensen Tauschgeschäfte kaum handelbar. In der Folge entwickelte sich ein System, in dem Wertpapiere ge- und verkauft wurden. In diesen Wertpapieren verpflichtete sich ein Geschäftspartner zu einem fest vereinbarten Preis und zu einem fest vereinbarten Datum, Tulpenzwiebeln zu kaufen. Der andere Geschäftspartner verpflichtete sich, die Ware fristgerecht zu den festgelegten Konditionen zu liefern. Der Käufer hatte also nur die Option (das Recht und die Pflicht zum Kauf) auf die Tulpenzwiebeln und nicht die Ware selbst. Im Gegensatz zur heutigen Option verpflichteten sich im 17. Jahrhundert beim Handel mit den Tulpenzwiebeln beide Seiten entweder zum Kauf oder zur Zahlung.

Das war der Startschuss für das System der Optionen, die sich bis heute zu einem modernen Finanzinstrument entwickelt haben. Bei der heutigen Option hat der Käufer der Option immer das Recht, aber nie die Verpflichtung zur Ausübung der Option. Der Tulpenwahn endete übrigens am 05.02.1637. Die Preise stürzten ins Bodenlose.

Statt einer Ware wurde bei der Tulpenhausse im 17. Jahrhundert nur eine Option gehandelt, die die Ware exakt beschrieb und einen verbindlichen Preis sowie Liefertag und Ausübung festlegte. Ein Geschäftspartner verpflichtete sich verbindlich zur Zahlung des Preises, der andere zur Lieferung der Ware.

Die Entwicklung ging weiter. Und im Jahr 1973 begann der Handel mit standardisierten Optionen an der amerikanischen Terminbörse „Chicago Board Options Exchange“ (CBOE).

Optionen: Spekulation auf künftige Entwicklungen

Bei der Tulpenhausse in den Niederlanden wurden Optionen ge- und verkauft, Monate bevor die Tulpenzwiebeln überhaupt gewachsen waren. Es konnte also völlig unerwartet ganz viele dieser definierten Sorte Tulpenzwiebeln geben. Ein ungünstiges Klima konnte aber die Tulpenernte auch im wahrsten Sinne des Wortes verhageln. Die Tulpenernte verlief dann entsprechend schlecht und lieferte ein nur sehr geringes Angebot. Entsprechend wertvoller, aber auch wertloser, konnte eine im Herbst gekaufte Option im Frühjahr sein, wenn sich Ernte und Lieferung konkretisierten.

Clevere Händler informierten sich frühzeitig über die voraussichtliche Entwicklung. Sie kauften, je nach Nachrichtenlage, zusätzliche Optionen, oder aber sie verkauften sie, solange es noch einen guten Preis dafür gab. Auch dieses Verhalten hat sich bis heute durchgesetzt.

Typischerweise werden Optionen heute vor dem Verfallstag durch Bargeldausgleich eingelöst (glattgestellt). Da die zu liefernde Aktie (Basiswert) mit exaktem Preis (Basispreis) und zusätzlich noch mit genauem Liefertag (Verfallstag) verbindlich in der Option festgelegt ist, gibt es für Käufer und Verkäufer der Option eine Unbekannte – das ist die Entwicklung des Basiswerts in der Zeit bis zum Verfallstag. So wie die Niederländer im Herbst 1636 nicht wissen konnten, wie die Tulpenpreise im Frühjahr 1637 sein würden, so kennen wir heute nicht den Preis einer Aktie von morgen oder übermorgen.

1.1 Das sind Optionen heute

Wie bereits erwähnt, startete der Handel mit standardisierten Optionen im Jahr 1973 an der amerikanischen „Chicago Board Options Exchange" (CBOE).

1988 wurde die Deutsche Terminbörse (DTB) gegründet. Sie war und ist die Terminbörse für den ausschließlichen Handel von *standardisierten* Finanzderivaten, Optionen und Futures (siehe unter 1.3). Im Jahr 1998 schloss sich die Deutsche Terminbörse mit der SOFFEX zusammen und bildete die heutige Terminbörse Eurex (nicht Euwax, dazu weiter unten unter 1.1.2 mehr).

1.1.1 Optionen in den USA

Der Start der CBOE war verhalten. Aber in den 1980er-Jahren kam der große Durchbruch mit einer explosionsartigen Entwicklung des Optionen-Handels. Bis heute hat sich dieser in den USA immer weiter entwickelt. Wer in den USA mit Hebelprodukten handelt, geht an die Terminbörsen und handelt mit Optionen (oder Futures). Mehr noch:

Optionsscheine etc. sind in den USA verboten

Die in Deutschland so weit verbreiteten Produkte der Emittenten (Optionsscheine, Zertifikate etc.) sind in den USA verboten. Das können Sie schnell testen, wenn Sie mal auf die deutsche Internetseite einer großen US-Bank gehen (z. B. Goldman Sachs). Vor Nutzung deren Internetangebotes müssen Sie folgende Zustimmung bzw. Bestätigung geben:

Goldman Sachs: *„Berechtigte Nutzer:* *Ich bestätige, dass ich meinen Wohnsitz in Deutschland oder Österreich habe. Diese Internet-Seiten dürfen nur von Personen genutzt werden, die ihren Wohnsitz in dem von Ihnen gewählten Land haben („Nutzer“ oder „Sie“). Der Nutzer verpflichtet sich, diese Internet-Seiten nicht mehr zu nutzen, wenn er seinen Wohnsitz in Zukunft nicht mehr in diesem Land haben sollte.“*

Stupid German Money (dummes deutsches Geld)

Da gewinnt die in den USA genutzte Wortschöpfung vom „Stupid German Money“ gleich eine ganz neue Bedeutung.

USA: Vorbildlicher Anlegerschutz

In den USA sind die Produkte der Emittenten wegen ihrer manipulierbaren Kurse verboten (mehr zur Manipulation der Kurse im folgenden Kapitel). Ich bin überzeugt: Eine gewichtige Regelung aus dem Mutterland der Börsen.

Die Anleger werden also vorbildlich geschützt. Dass dann die US-Banken auf den deutschen Markt ausweichen, ist eine andere Geschichte. Lloyd Blankfein, Chef von Goldman Sachs, wird das vielleicht als „Gottes Auftrag" bezeichnen. Denn nach seiner Aussage verrichten Banken „Gottes Werk" (Original-Zitat, Lloyd Blankfein, November 2009).

1.1.2 Optionen in Deutschland

Optionen sind in Deutschland nach wie vor nicht sehr weit verbreitet. Hauptgrund: Banken und Wertpapierhäuser informieren Sie, die Anleger, schlecht oder gar nicht über Optionen. Noch schlimmer: Selbst die hauseigenen Kundenberater kennen oft nicht den Unterschied zwischen Optionen und Optionsscheinen. Damit riegeln die Banken einfach ab. Sie wollen lieber (oder nur) ihre eigenen Produkte verkaufen. An den von Banken nicht emittierten Optionen verdienen sie nicht genug.

Nicht selten spricht mich ein Anleger, der neu zu Optionen gekommen ist, an und sagt: Mein Wertpapierberater hat mir gesagt, ich meine wohl Optionsscheine? Erst wenn der Kunde dann zu seiner Bank zurückgeht und sagt: „Ich möchte *Optionen* an der Terminbörse *Eurex*, und keine *Optionsscheine* an der Emittentenbörse *Euwax* handeln", macht sich der Wertpapierberater kundig.

Unaufhaltsamer Siegeszug der Optionen

Auf diese Weise können Banken den Siegeszug der Optionen zwar verlangsamen, aber nicht aufhalten. So hat sich das Handelsvolumen an der Eurex seit dem Jahr 1998 (Start der Terminbörse Eurex) von 248.222.487 Kontrakten bis heute auf über 1,7 Milliarde Kontrakte mehr als versiebenfacht.

Optionen werden an der Börse Eurex gehandelt, Optionsscheine an der Börse Euwax. Das klingt zwar alles sehr ähnlich, ist es aber nicht! Es gibt nämlich gravierende Unterschiede:

Optionen und Optionsscheine: 2 gravierende inhaltliche Unterschiede

1. Optionsscheine sind im Kurs manipulierbar – Optionen nicht

Mit Optionsscheinen handeln Sie im wahrsten Sinne des Wortes immer gegen die Bank. Die Bank bestimmt die Regeln (Ausstattung des Optionsscheins) und den Preis. Sie kaufen bei der Bank und verkaufen an diese. Dabei hat die Bank vielfältige Möglichkeiten, die Kurse hoch anzusetzen, wenn Sie kaufen, und zu drücken, wenn Sie verkaufen. Dazu nutzen sie die „implizite Volatilität“ (erkläre ich in Kapitel 2.2.2), die die Banken bei den Optionsscheinen selbst bestimmen und nahezu frei festlegen können.

Exkurs: Wird die „implizite Volatilität“ von den Banken hoch geschätzt, werden Optionsscheine teuer. Wird die „implizite Volatilität“ niedrig angesetzt, werden Optionsscheine billiger. Vielleicht haben Sie schon einmal davon gehört, dass die Bank an der „Volaschraube gedreht“ habe. Das darf jede Bank für sich „völlig frei“ entscheiden. Natürlich passen auch für die Preisstellung einer Option verantwortlichen „Market Maker“ an den Terminbörsen die implizite Volatilität an. Jedoch auf Basis der Marktverhältnisse und nicht gemäß den Interessen der Banken.

2. Optionsscheine haben das Totalverlustrisiko durch Ausfall der Emittentin – Optionen nicht

Das absolute K.o.-Argument ist aber der mögliche Totalverlust der investierten Gelder durch Insolvenz des Emittenten. Denn Optionsscheine und alle anderen von Emittenten herausgegebenen (emittierten) Derivate sind Inhaberschuldverschreibungen. Das heißt: Sie leihen der Bank Geld. Dafür erhalten Sie ein Versprechen (Leistung aus dem Derivat).

Sollte es zu einer Bankenkrise kommen und wird die emittierende Bank dadurch oder aus anderen Gründen insolvent, ist das in diese Produkte investierte Geld weg. Totalverlust (oder kleiner Restwert aus der Insolvenzmasse). Inhaberschuldverschreibungen sind nicht durch den Einlagensicherungsfonds geschützt, wenn die emittierende Bank insolvent wird. Unwahrscheinlich? – Ja. Unmöglich? – Nein! Denken Sie an die Fast-Pleite von Bear Stearns und die Pleite von Lehman Brothers. Bei Lehman Brothers hat es die Anleger genau deswegen so böse erwischt.

Gerade deshalb sind Optionsscheine und Zertifikate auf gar keinen Fall eine Alternative zu Optionen. Optionen haben keinen Emittenten und damit gibt es das Totalverlustrisiko durch Insolvenz eines Emittenten nicht.

Optionen und Optionsscheine: Formaler Unterschied WKN oder ISIN

Optionen werden über einen Broker an der Eurex und an US-Börsen gehandelt und nicht beispielsweise an der Euwax, der Stuttgarter Börse. Wie weiter oben erwähnt: Es klingt ähnlich, aber „der Handel mit Optionsscheinen an der Euwax“ ist etwas völlig anderes als der „Handel mit Optionen an der Eurex“.

Optionen werden durch die folgende Beschreibung eindeutig definiert:

Put oder Call – Basiswert – Basispreis – Laufzeit

Eine Wertpapierkennnummer (WKN) gibt es bei Optionen nicht. Um Optionen zu handeln, benötigen Sie über Ihre Bank oder Ihren Broker einen Zugang zur Terminbörse Eurex bzw. zu den US-Börsen für Optionen.

Zertifikate und andere Derivate der Emittenten

Für alle von Banken und Wertpapierhäusern herausgegebenen (emittierten) Finanzprodukte gilt dasselbe, wie das zu Optionsscheinen Geschriebene: Alle diese Derivate sind Inhaberschuldverschreibungen. Sie haben das Totalverlustrisiko durch Insolvenz des Emittenten. Hinzu kommt: Die Preisstruktur von Zertifikaten wird nicht nur von der Schutzgemeinschaft der Kapitalanleger (SdK) regelmäßig scharf kritisiert, weil sie intransparent ist.

US-Professoren belegen: Optionen-Trader erzielen höhere Gewinne

Die obige Überschrift war eine Schlagzeile in der New York Times. Weiter hieß es: *„Die Untersuchung zweier renommierter US-Professoren zeigt: Optionen-Trader wissen mehr als andere Anleger über erfolgreichen Börsen-Handel."*

Diese Untersuchung der Professoren erschien ursprünglich in der hoch angesehenen wissenschaftlichen Zeitschrift „Review of Financial Studies". Sie wurde von den Professoren Jun Pan vom Massachusetts Institute of Technology und Allen Poteshman von der University of Illinois durchgeführt.

Die Studie der Professoren belegte, dass die Depots von Optionen-Tradern dauerhaft und regelmäßig eine bessere Performance als der Gesamtmarkt aufweisen. Sie wiesen nach, dass die langjährig bessere Performance durch die Hebelkraft von Optionen ermöglicht wurde. Die Hebelkraft führt dazu, dass beispielsweise ein Gewinn von wenigen Prozenten bei Aktien durch den Einsatz von Optionen auf mehrere hundert Prozent gesteigert werden kann. Einer der herausragenden Vorteile ist, dass diese Gewinne nicht nur bei steigenden Kursen der Basiswerte durch den Kauf von Calls, sondern auch bei fallenden Kursen der Basiswerte durch den Kauf von Puts zu realisieren sind.

Die größte Optionen-Börse der USA, die „Chicago Board Options Exchange" (CBOE), stellte den Professoren für ihre Untersuchung eine komplexe Datenbank zur Verfügung. Nur reale Daten der Börsen wurden für die Untersuchung berücksichtigt. Die Daten der Jahre 1990 bis Ende 2001, also die Umsätze von 12 Jahren, wurden in komplexen Analysen ausgewertet.

Das Ergebnis der Studie: Das Depot der Professoren erzielte einen durchschnittlichen jährlichen Gewinn von 62%.

Jahr für Jahr, 12 Jahre lang, wurde dieser Gewinn nachgewiesen. Der Index der 5.000 größten Werte der USA (Dow Jones Wilshire 5000) erreichte in derselben Zeit nur ein Plus von insgesamt 12,3%. Durch den Einsatz von Puts wurden selbst in den Jahren hohe Gewinne erzielt, in denen der Dow Jones Wilshire 5000 Verluste verbuchen musste.

Ein Wort zum Risiko: Gerade habe ich von der wissenschaftlichen Studie der Professoren und deren Gewinnserie von 12 Jahren mit je 62% geschrieben. Natürlich ist so eine Gewinnserie nicht ohne Verlustrisiko zu erreichen. Deshalb bewusst an dieser Stelle mein Hinweis auf das eigene Kapitel „3.3.5 Optionen: Das Risiko“.

1.2 Gründe für den Optionen-Handel

Dies ist ein Buch über Optionen. Und Sie interessieren sich für Optionen, sonst würden Sie diese Zeilen nicht lesen. Trotzdem war es mir wichtig, kurz zu skizzieren, warum ich mit Optionen handle und von Tag zu Tag mehr von ihnen überzeugt bin, nachdem ich seinerzeit aufgrund eines Aha-Erlebnisses endgültig zu Optionen gewechselt bin.

Hier 3 wichtige Gründe:

- Bei Optionen sind keine Kursmanipulationen möglich.

- Bei Optionen gibt es kein Insolvenzrisiko durch Zahlungsunfähigkeit eines Emittenten.

- Bei Optionen führen kurzfristige Schwankungen in die falsche Richtung nicht zum K.o. der Investition wie bei K.o.-Scheinen.

Derivate: Alle Vorteile bei Optionen

Eine rhetorische Frage: Nehemn wir an, Sie Haben auf einen Basiswert, sagen wir die VW-Aktie, 2 Derivate zur Auswahl. Beide haben exakt dieselbe Ausstattung, Call oder Put, Basispreis und Laufzeit. Eines der beiden Derivate (Optionsschein) kann im Kurs manipuliert werden und trägt das Totalverlustrisiko durch Insolvenz des Emittenten. Das andere Derivat (Option) hat beide Kritikpunkte nicht.

Gibt es dann nur einen einzigen Grund, Optionsscheine zu wählen? Nein! – Alle Vorteile liegen bei der Option.

Mit Optionen können Sie 2 Einsatzgebiete perfekt bedienen:

1. Spekulation

   und

2. Absicherung von Depots bzw. Aktienbeständen

1.2.1 Spekulation dank hoher Hebelkraft

Statt vieler Worte belege ich diese Aussage einfach mit einem realen Trade. Dieser zeigt anschaulich die hohe Hebelkraft der Optionen.

Der Gewinn-Faktor 10 ist bei Call-Optionen nicht ungewöhnlich

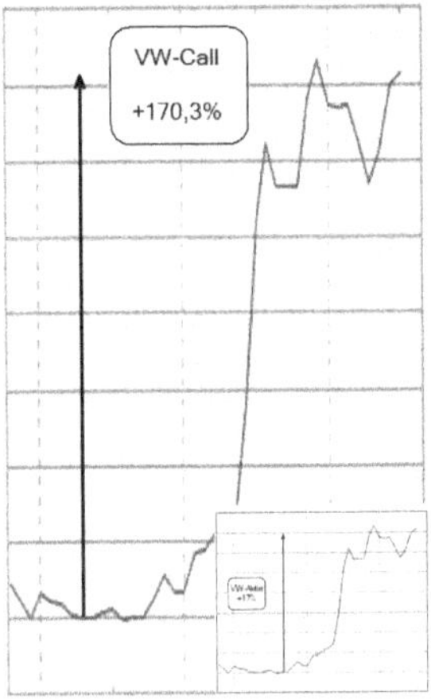

Dieser Trade mit Call-Optionen auf VW stellt die Hebelkraft der Optionen plastisch dar. Hier waren es Calls auf die VW-Aktie: Kaufpreis 11 €. Anschließend legte die VW-Aktie um 17% zu. Das sehen Sie in der kleinen Grafik unten rechts. Der Call explodierte in derselben Zeit von 11 € auf 29,73 €.
*Das ist ein **Gewinn** der Call-Optionen **von +170,3%***

Dieser Gewinn ist 10-mal so hoch wie der Gewinn mit Aktien.

Diese hohe Hebelkraft bietet eine hervorragende Basis, um spekulative Gewinn-Chancen mit Optionen zu nutzen.

Natürlich lassen sich Optionen auch für Trades auf Abwärtsbewegungen der Märkte einsetzen. Auch das veranschauliche ich mit einer Grafik.

Mit Put-Optionen gewinnen Sie bei fallenden Märkten

Sie haben gesehen, dass der Gewinn-Hebel der Call-Optionen im Vergleich zur Aktie den Faktor 10 hatte. Eine feste Größe gibt es für den Gewinn-Hebel nicht. Je nach Auswahl der Option kann dieser Hebel variieren. Mit Put-Optionen drehen Sie Kursverluste der Märkte in Gewinne. Auch hier ein real durchgeführter Trade, der das veranschaulicht:

+116,4 Prozentpunkte bessere Performance

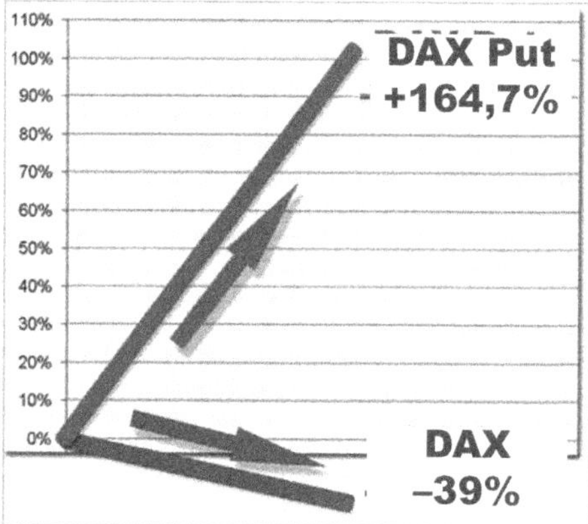

Während des Corona-Crashs im Februar und März 2020 stürzte der DAX ab. Bei einer dieser Abwärtsbewegungen verlor der DAX etwa 39%. Die empfohlene Put-Option auf den DAX legte dadurch um +164,7% zu.

Halten wir also fest: Mit Call- und Put-Optionen können Sie jede Aufwärts- bzw. Abwärtsbewegung nutzen, um Gewinne zu erzielen.

Damit ist das Haupteinsatzgebiet der Optionen bereits definiert. Es gibt aber ein weiteres wichtiges Einsatzgebiet für Optionen.

1.2.2 Optionen lassen sich mit Aktien perfekt kombinieren

Aktien ohne Optionen sind verschenktes Geld, so klar und hart sieht die Realität aus. Und ich schätze, dass mehr als 95% aller Aktienkäufer in diesem Sinne Geld verschenken. Im Kapitel „2.6 Aktien und Optionen: Die perfekte Kombination" belege ich diese Aussage.

Da es in diesem Kapitel um die „Gründe für den Optionen-Handel“ geht, reiße ich das Thema nur kurz an. Ich unterteile das Zusammenspiel von Aktien und Optionen in 2 Möglichkeiten:

a) Mit Put-Optionen können Sie Ihre Aktienbestände perfekt absichern

Auf den vorherigen Seiten haben Sie gesehen, dass Put-Optionen z. B. eine um +203,7% Punkte bessere Performance als der DAX hinlegen. Wenn Sie sich beispielsweise die Bewegung des DAX in den Jahren 1998 bis 2011 ansehen, merken Sie schnell: Mit Aktien allein konnten Sie in diesem Zeitraum, in dem der DAX unter extremen Schwankungen seitwärts lief, kaum Geld verdienen.

Mit Put-Optionen gewinnen Sie in Seitwärtsphasen und sind gegen Crashs gesichert

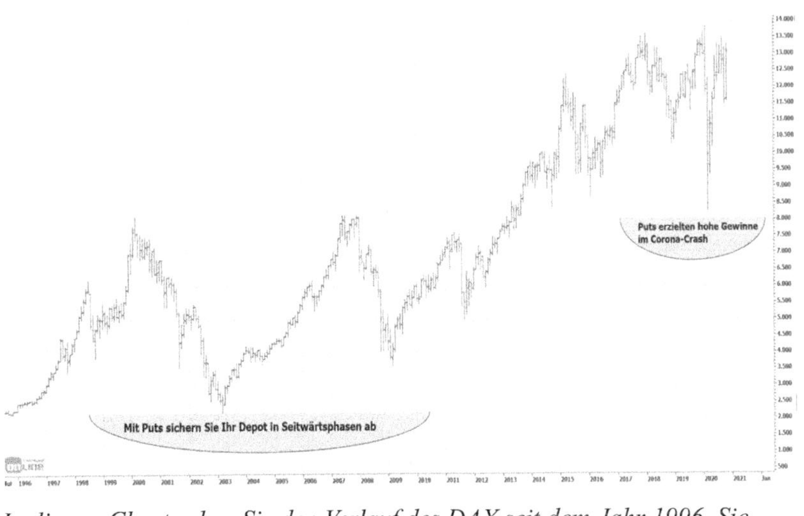

In diesem Chart sehen Sie den Verlauf des DAX seit dem Jahr 1996. Sie können beliebig viele mögliche Kaufzeitpunkte definieren. Und sicher gibt

es Zeiträume, bei denen ein Kauf zu Gewinnen geführt hätte. Das gilt aber nur, wenn Sie zu dem jeweiligen Zeitpunkt ganz neu eingestiegen sind. Ob aber ein Einsteiger an der Börse ausgerechnet Anfang 2003 groß gekauft hat, sei dahin gestellt. Ich denke, es gilt vielmehr: Wer hier in den Jahren 1998 bis 2011 sein reines Aktien-Depot ohne große Verluste geführt hat, kann schon sehr zufrieden sein. Wenn Sie besser waren – Glückwunsch!

Mir liegt es fern, ein Idealbild zu malen, dass ein Aktienanleger immer an den jeweiligen Höchstständen des DAX groß in Put-Optionen eingestiegen ist, um sein Depot abzusichern. Aber wenn ein Aktionär nur sehr gelegentlich Put-Optionen gekauft und diese mit Gewinnen von +20%, +50% oder auch +100% verkauft hat, verbucht er in diesen Jahren schon eine deutlich bessere Performance, als der reine Aktien-Depot-Inhaber.

Wenn Sie dann noch die letzten großen Crashs betrachten (Jahre 2000 bis 2003 von 8.000 auf unter 3.000 Punkte und in den Jahren 2008 und 2009 von 8.000 auf unter 4.000 Punkte, und natürlich den Corona-Crash im Jahr 2020, von etwa 13.600 Punkten auf 8.255 Punkte), möchte ich es fast als Harakiri bezeichnen, wenn Sie nennenswerte Aktienbestände nicht abgesichert haben.

Wer länger dabei ist und seine Aktien seit den 1990er- oder gar 1980er-Jahren hält, sitzt unverändert auf hohen Gewinnen. Aber die sind dann schon fast generationenübergreifend. Und selbst da gibt es keine Sicherheit, dass diese Buchgewinne auch für weitere 10 bis 15 Jahre erhalten bleiben oder gar ausgebaut werden können.

b) Mit Call-Optionen können Sie Ihre Aktien-Gewinne hebeln

Im vorigen Chart „*Mit Put-Optionen gewinnen Sie in Seitwärtsphasen*“ sehen Sie ein schwankungsstarkes (volatiles) Auf und Ab. Als Langfrist-

Aktionär sind Sie also durch Höhen und Tiefen gegangen. Ihr Depot hat sich halbiert und wieder verdoppelt. Das mussten Sie aushalten.

Nun mache ich diese kleine Rechnung auf:

Sie nehmen zum Beispiel „nur" 10% des Wertes Ihres Aktien-Depots. Dafür gibt es keine Eile, wenn Sie möglicherweise 3 oder 5 oder 20 Jahre nur Aktien im Depot hatten. Sie warten auf den nächsten Kursanstieg und verkaufen einfach etwa 10% der Aktien (Wert der Aktien). Mit diesen Barmitteln (Cash-Bestand) spekulieren Sie mit Call-Optionen auf Aktien, die Sie im Depot halten. Denn bei denen sind Sie ja von Kursgewinnen überzeugt.

Diese 10% entwickeln sich weit volatiler als Ihre Aktien. In der Spitze wird der Depotwert noch etwas mehr schwanken, als Sie es bisher sowieso schon kennen (und ausgehalten haben). Wenn es nach oben geht, perfekt – es wird Ihnen Recht sein.

Aber sagen wir, die Kursschwankungen der Call-Optionen führen abwärts. Nehmen wir den Fall, dass sich die Call-Optionen im Wert halbieren. Das passiert, wenn es an den Märkten abwärts rauscht. Sie verbuchen sowieso Verluste. Der 10%-ige Anteil der Call-Optionen im Gesamt-Depot, der sich im Wert halbiert hat, wirkt sich mit 5% im Gesamt-Depot aus. Natürlich nicht toll – aber es ist zu vertreten und zu verkraften.

Meine feste Überzeugung: Ein gut geführtes Depot mit Aktien und Optionen hat ein weit besseres Chance-/Risikoverhältnis als jedes reine Aktien-Depot. Wie eingangs dieses Kapitels geschrieben: Im Kapitel „2.6 Optionen und Aktien: Die perfekte Kombination" veranschauliche ich das „perfekte Zusammenspiel" von Optionen und Aktien.

1.3 Exkurs: Terminbörsen und Futures

Bevor wir richtig in die Welt der Optionen einsteigen, ein kurzes Wort zu Futures. Futures werden auch an Terminbörsen gehandelt. In Deutschland also an der Terminbörse Eurex.

Mit Futures haben Sie auch, wie mit Optionen, Finanzprodukte, die nicht von Emittenten herausgegeben werden. Damit haben auch Futures die 2 großen Vorteile der Optionen gegenüber allen Hebelprodukten, die nicht an Terminbörsen gehandelt werden:

- Kurse von Futures können nicht durch Emittenten manipuliert werden.
- Futures haben kein Totalverlustrisiko bei Insolvenz eines Emittenten.

Wichtigster Unterschied Futures/Optionen

Bei einem Future haben Sie das **Recht und die Pflicht,** den Basiswert zu kaufen bzw. zu verkaufen.

Bei einer gekauften Option haben Sie **nur das Recht,** den Basiswert zu kaufen bzw. zu verkaufen.

Das heißt: Mit dem Kauf einer Option zur Positionseröffnung erwerben Sie Rechte, keine Pflichten (außer zur Zahlung des Kaufpreises). Damit ist das maximale Risiko für dieses Geschäft auch schon genannt. Wenn Sie dagegen Futures kaufen und verkaufen, haben Sie auch die Verpflichtung zur Lieferung bzw. Abnahme. Das heißt, das Risiko ist unbegrenzt.

Optionen, keine Futures

Wenn Sie Optionen kaufen, haben Sie vergleichbare Rechte wie bei Futures, aber keine Pflichten. Außerdem lassen sich mit Optionen alle Anforderungen an ein modernes Depot individuell anpassen und perfekt erfüllen, wie Sie noch sehen werden.

Futures ziehe ich auf jeden Fall allen Hebelprodukten der Emittenten vor. Aber unter Abwägung der Risiken (höher bei Futures) und der individuellen Gestaltung der eigenen Investitions-Strategien (viel besser bei Optionen), empfehle ich den Handel mit Optionen und habe eben dieses zum Thema dieses Buches gemacht. Einen gelegentlichen Ausflug in die Welt der Futures schließe ich aber nicht aus. Deshalb komme ich im Kapitel „3.3.4 Optionen und Futures im Zusammenspiel" nochmals auf das Thema zurück.

2

Basiswissen von Optionen

2 Basiswissen für den Optionen-Handel

Am Anfang dieses Buches habe ich geschrieben: Optionen sind ganz einfach. Beim Kauf einer Option und bei der späteren Beobachtung dieser Option auf ihre Gewinn-Aussichten hin, beantworte ich mir immer nur eine Frage je Call- oder Put-Option:

Frage zur Call-Option: Wird der Kurs des Basiswerts nach dem Kauf der Call-Option steigen und bis etwa 3 Monate vor dem letzten Handelstag des Calls über dem Basispreis des Calls bzw. am letzten Handelstag deutlich darüber notieren?

Frage zur Put-Option: Wird der Kurs des Basiswerts nach dem Kauf der Put-Option fallen und bis etwa 3 Monate vor dem letzten Handelstag des Puts unter dem Basispreis des Puts bzw. am letzten Handelstag deutlich darunter notieren?

Die Bewertung: Kann ich diese Frage jeweils bejahen, hat die Option gute Gewinn-Aussichten.

Mit diesen beiden einfachen Fragen haben Sie ein gutes Instrument an der Hand, um Chancen von Optionen einzuschätzen. In letzter Konsequenz lassen sich alle folgenden Grundlagen und Ausführungen zu Optionen auf diese beiden Fragen und deren Antwort zurückführen.

Vielleicht merken Sie sich einfach diese Seitenzahl oder Sie legen ein Lesezeichen an diese Stelle. Dann können Sie beim Lesen dieses Buches immer wieder zurückblättern und alles auf eine einfache Frage und Antwort reduzieren.

2.1 Die Hebelkraft von Optionen

Optionen haben eine hohe Hebelkraft. Darauf bin ich im Kapitel „1.2.1 Spekulation dank hoher Hebelkraft“ bereits eingegangen und habe diese auch bildlich dargestellt. Diese Hebelkraft macht Optionen so attraktiv. Denn Gewinne sind schon mit vergleichsweise geringem Geldeinsatz möglich.

Hinzu kommt, dass Sie die Hebelkraft durch „Betätigung der Stellschrauben“ (Laufzeit und Basispreis der Option) individuell an Ihre Risikoneigung und an jede Marktsituation anpassen können. Wie Sie das machen, lesen Sie in diesem Buch.

Um die Gewinn-Chancen der Optionen aber vollständig auszuspielen, benötigen Sie das Wissen, was Optionen sind, wie sie ausgestattet sind und wie sie funktionieren.

2.1.1 Die Struktur von Optionen: Call/Put – Basiswert – Laufzeit – Basispreis – Ausübungsart

Eine Option wird folgendermaßen definiert:

Der Käufer einer Option hat das Recht, eine genau definierte Leistung auszuüben.

Der Zeitraum/Zeitpunkt, für den dieses Recht gilt, wird in der Option exakt festgelegt. Es handelt sich um die Laufzeit der Option. Sie endet mit ihrem Fälligkeitstermin. Eine Option ist also keine Aktie und kein Wertpapier, sondern ein rechtlich verbindlicher Vertrag. Der Käufer eines Calls oder Puts hat das Recht, die in der Option genau definierte

Leistung abzurufen. Es besteht allerdings seitens des Käufers keine Verpflichtung dazu.

Es gibt zwei Arten dieser Rechte durch Optionen:

1. Call-Option

Das Recht zum Kauf eines Basiswerts (z. B. Aktien) innerhalb (amerikanischer Typ) oder am Ende (europäischer Typ) einer fest vereinbarten Zeit (Laufzeit) zu einem vereinbarten Preis (Basispreis). Dieses Recht erlangen Sie durch den Kauf einer Call-Option. Eine Call-Option wird wegen des „Rechts auf Kauf" auch Kauf-Option genannt.

2. Put-Option

Das Recht zum Verkauf eines Basiswerts innerhalb (amerikanischer Typ) oder am Ende (europäischer Typ) einer fest vereinbarten Zeit zu einem vereinbarten Preis. Dieses Recht erhalten Sie durch den Kauf einer Put-Option. Eine Put-Option wird wegen des „Rechts auf Verkauf" auch Verkaufs-Option genannt.

Mit diesen beiden Definitionen haben Sie auch sofort die wichtigen Ausstattungsmerkmale einer jeden Option:

- **Call oder Put-Option**
- **Basiswert**
- **Laufzeit**
- **Basispreis**

Mit diesen wenigen Angaben haben Sie eine jede Option fast vollständig beschrieben.

3. So lesen Sie ein Gewinn-/Verlustdiagramm einer Option

Um Ihnen die Funktionsweise einer Option auch visuell zu veranschaulichen, habe ich einige Schaubilder eingefügt. Diese helfen Ihnen, Optionen leichter zu verstehen.

Auf dieser Linie wird jede mögliche Entwicklung des Kurses des Basiswerts berücksichtigt. Minimal kann der Kurs auf 0 € fallen, dann wäre er ganz links und maximal ins Unendliche steigen, dann wäre er ganz rechts.

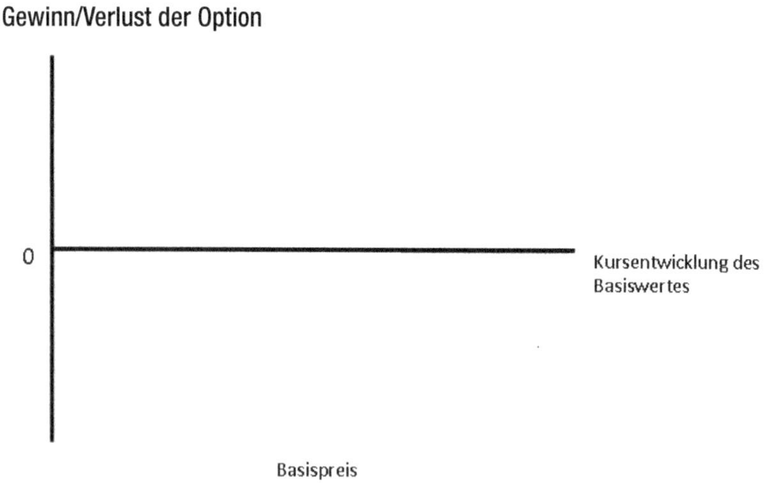

Auf der Linie, die die Kursentwicklung des Basiswerts schneidet, wird abgetragen, ob ein Gewinn oder ein Verlust mit der Option erzielt wird.

Gewinn/Verlust der Option

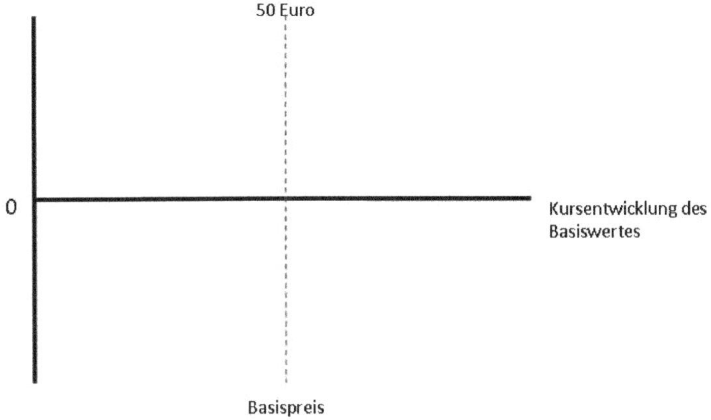

Nun fügen wir den Basispreis der Option ein. Nehmen Sie bitte beispielhaft an, dieser läge bei 50 €.

Gewinn/Verlust der Option

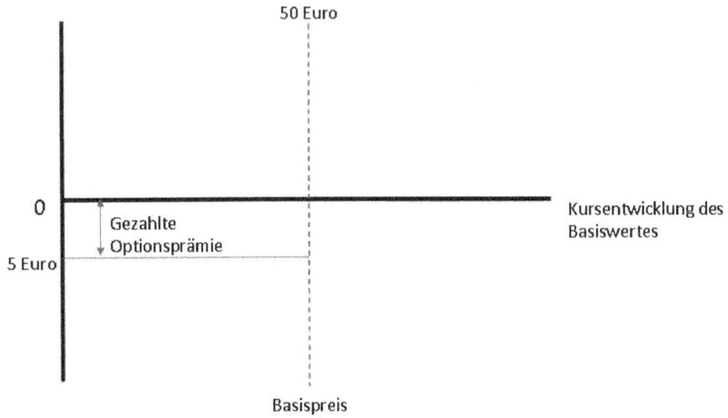

Als Beispiel wähle ich nun den Kauf eines Calls. Hier bezahlen Sie zunächst den Optionspreis, der bei 5 € liegt. Notiert der Aktienkurs nun unterhalb der 50 €, so ist Ihre Option „aus dem Geld“ und vor allem nicht im Gewinn. Der Zeitwert der Option bleibt hier unberücksichtigt.

Long Call Gewinn-/Verlustdiagramm

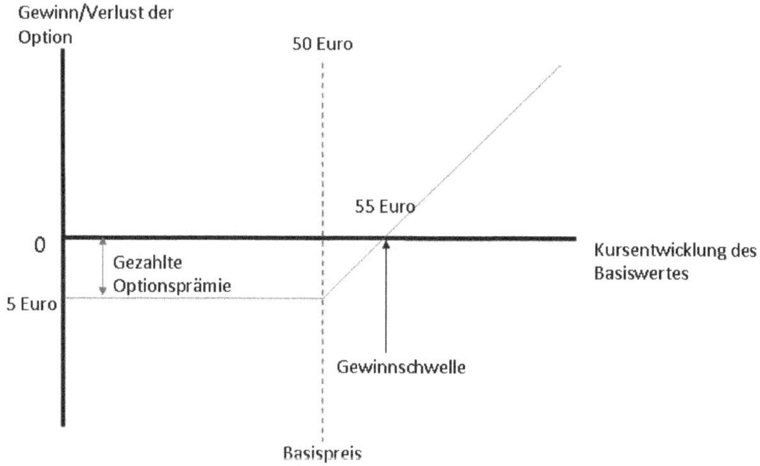

Überschreitet der Kurs des Basiswerts nun den Basispreis der Option, so sind Sie zunächst in der Zone des verminderten Verlustes. Allerdings befindet sie sich bereits in Geld, da der Kurs des Basiswerts höher liegt als der Basispreis. Die Gewinnschwelle liegt hier in der Addition des Basispreises und der gezahlten Optionsprämie. Das heißt, ab einem Kurs von 55 € sind Sie im Gewinn.

Europäische oder amerikanische Art der Ausübung

„Mit diesen wenigen Angaben haben Sie eine jede Option *fast* vollständig beschrieben", haben sie gerade gelesen, weil ein Ausstattungsmerkmal fehlt. Das ist die Art der Ausübung. Gleich vorweg: Die hat beim typischen Kauf und späteren Verkauf einer Option keine Bedeutung.

Optionen haben entweder die amerikanische oder die europäische Form der Ausübung. Der Unterschied:

Amerikanische Art der Ausübung:

Hier können Sie das Recht auf Kauf oder Verkauf des Basiswerts (Ausübung) jederzeit während der Laufzeit wahrnehmen. Gemacht wird es kaum, ich empfehle es auch nicht, denn: Sie verlieren dabei den Zeitwert der Option. Dazu komme ich später in den Abschnitten „Zeitwert" und „Ausübung einer Call- bzw. Put-Option".

Europäische Art der Ausübung:

Hier können Sie das Recht auf Kauf oder Verkauf des Basiswerts (Ausübung) nur am Ende der Laufzeit, also am letzten Handelstag, wahrnehmen.

Der Name „europäisch" bzw. „amerikanisch" hat nichts mit dem Land zu tun, in dem die Optionen gehandelt werden (z. B. Deutschland oder USA). Die meisten Optionen in Europa und in den USA sind amerikanischen Typs. Das betrifft z. B. fast alle Optionen auf Aktien. Einige wenige Optionen in Europa und den USA haben die europäische Form der Ausübung. Das sind z. B. in Deutschland die Optionen auf den DAX oder in den USA die Optionen auf den Volatilitätsindex (VIX). Auch einige Optionen auf Aktien bietet die Eurex mit europäischem Typ an.

Eine kleine Eselsbrücke (Gedächtnisstütze) dazu:

Wie war das noch? Amerikanisch, europäisch? Eines war Ausübung am Ende, das andere während der ganzen Laufzeit. Die folgende kleine Eselsbrücke hilft Ihnen, sich immer richtig zu erinnern.

Amerikanisch: Das fängt mit *„Amer"* an, das klingt ähnlich wie *„immer"*. Optionen mit *amer*ikanischer Ausübungsform können Sie während der Laufzeit *immer* ausüben.

Europäisch: = fängt mit *„E“* an, ebenso wie *E*nde. Optionen mit **e**uropäischer Ausübungsform können Sie nur am **E**nde der Laufzeit ausüben. Viel Text zum nebensächlichen Ausstattungsmerkmal europäisch oder amerikanisch. Kommen wir zu den wichtigeren Ausstattungsmerkmalen.

Die 4 (wichtigen) Ausstattungsmerkmale jeder Option:

1. Call oder Put-Option
2. Basiswert
3. Laufzeit
4. Basispreis

Mit diesen 4 Merkmalen haben Sie alle Informationen, um eine Optionen eindeutig zu definieren und zu handeln. Ein Beispiel:

1. **Option:** Call
2. **Basiswert:** Siemens (Kürzel SIE)
3. **Laufzeit:** Juni 2022
4. **Basispreis:** 120 €

Die Beschreibung dieser Option in Kurzform: Call - SIE - Jun.22 - 120 €. Mit diesen Angaben können Sie die Option eindeutig bestimmen und kaufen.

Keine WKN oder ISIN

Vielleicht vermissen Sie die Wertpapierkennnummer (WKN) oder die International Securities Identification Number (ISIN)? Wie bereits beschrieben: Optionen unterscheiden sich formal von den Derivaten der Emittenten durch ihre Beschreibung bzw. Definition, die keine WKN oder ISIN beinhaltet. **WKN und ISIN gibt es bei Optionen nicht!**

Der Vorteil:
Wenn Sie eine WKN sehen, haben Sie zwar eine eindeutige Bestimmung des Wertpapiers. Aber Sie haben keinerlei Information, um was es sich dabei handelt. Bei einer Option beinhaltet ihre Beschreibung gleichzeitig die Ausstattung.

Kurze Erläuterung dieser 4 Ausstattungsmerkmale

Jedes der 4 Ausstattungsmerkmale erkläre ich in diesem Buch ausführlich im Zusammenspiel mit den jeweils anderen Ausstattungsmerkmalen und Strategien. Hier eine kurze Erläuterung:

1. Call oder Put-Option
Mit Calls setzen Sie auf steigende, mit Puts auf fallende Kurse.

2. Basiswert
Die Option hebelt die Kursbewegung einer Aktie, eines Indexes, von Edelmetallen wie Gold oder Silber etc. Der einer Option zugrunde liegende Wert nennt sich Basiswert der Option.

3. Laufzeit
Jede Option hat eine begrenzte und exakt festgelegte Laufzeit. Diese wird in der Beschreibung bzw. den Ausstattungsmerkmalen der Option genannt. Üblich ist die Nennung von Verfallsmonat und -jahr. Typisch ist, dass die Option am dritten Freitag des genannten Monats verfällt.

Das bedeutet:
Das Recht auf Kauf (Call) oder Verkauf (Put) eines Basiswerts gilt nur bis zu diesem Tag. Entsprechend muss die Gewinnkalkulation beim Kauf der Option diesen Termin zwingend berücksichtigen.

4. Basispreis
Jede im Depot befindliche gekaufte Option hat ein Recht zum Kauf bzw. Verkauf des Basiswerts zu einem bestimmten, festgelegten Preis. Dieser Preis ist der Basispreis, englisch auch Strike genannt.

Sehen Sie sich vor diesem Hintergrund die bereits oben erwähnte Option nochmals an:

1. **Option:** Call
2. **Basiswert:** Siemens (Kürzel SIE)
3. **Laufzeit:** Juni 2022
4. **Basispreis:** 120 €

Diese Option beinhaltet folgendes Recht für den Käufer: Der Käufer der Calls hat das Recht, die Siemens-Aktie (Basiswert) bis zum 3. Freitag im Juni 2022, also am 17. Juni 2022, zum Kurs von 120 € (Basispreis) zu kaufen.

Hier vorab der Hinweis: Auch wenn der Aktienkurs auf 140 €, 160 € oder auch 200 € steigt, hat der Inhaber dieser Call-Optionen das Recht, die Papiere für 120 € zu kaufen. Nach dem Kauf hat er sofort den Wert des Tageskurses der Aktie im Depot. Für dieses Recht hat er den Kaufpreis (die Prämie) bezahlt.

Typischerweise wird dieses Recht allerdings nicht ausgeübt. Der Käufer wird diese Option gegebenenfalls mit hohem Gewinn verkaufen.

Optionen werden in Kontrakten zusammengefasst

Optionen werden immer in Kontrakten zusammengefasst. Typischerweise beinhaltet ein Kontrakt 100 Optionen. Ausnahmen sind Optionen auf den DAX. Diese werden in Kontrakten zu 5 Optionen zusammengefasst.

Achtung beim Kauf: Anzahl der Optionen je Kontrakt klären

Bei Ihrem Broker oder an der Terminbörse sehen Sie immer den Kauf- oder Verkaufspreis *einer* Option. Wenn Sie dann „eine" Option zum Kauf ordern, kaufen Sie automatisch einen Kontrakt.

Zahlenbeispiel für den Kauf:
Kostet die Option z. B. 2,50 € und Sie kaufen 3 Kontrakte, bezahlen Sie 2,50 € mal 100 Optionen je Kontrakt mal 3 Kontrakte = 750 €.

Bevor Sie ordern, müssen Sie also immer kurz klären, wie viele Optionen ein Kontrakt enthält. Diese Information bekommen Sie über Ihren Broker. Ein Mausklick genügt.

Bei meinem Broker geht es so:

Klick mit rechter Maustaste auf den Namen der in der Handelsmaske befindlichen Option. Dann „Kontraktinfo / Beschreibung". Dort steht z. B. Multiplikator 100. Das heißt: Der Kontrakt enthält 100 Optionen.

Bei jedem anderen Broker gibt es eine vergleichbare Vorgehensweise und entsprechend einfaches Abklären der Anzahl Optionen je Kontrakt.

Rechte und Pflichten im Optionen-Handel

Sie haben bisher schon mehrfach von den Rechten des Optionen-Traders gelesen. Von den Pflichten habe ich nur einmal kurz nebenbei gesprochen. Das war im Vergleich Optionen zu Futures. Dass Sie von den Pflichten gekaufter Optionen noch nicht mehr gelesen haben, hat einen ganz einfachen Grund: Sie haben die Pflicht, den Kaufpreis (auch Prämie genannt) zu bezahlen. Als Käufer der Option haben Sie danach keine Pflichten mehr. Sie haben das Recht, die Option zu verkaufen, auszuüben oder – der Vollständigkeit halber sei es genannt – auch verfallen zu lassen. Das ist alles. Sie haben Rechte, keine Pflichten.

Mir wird von Einsteigern in den Optionen-Handel oft die Frage gestellt: Was passiert denn, wenn eine Option am Ende der Laufzeit wertlos verfällt? Habe ich dann Verpflichtungen?

Klare Antwort: Gegebenenfalls verfällt die Option wertlos. Dies passiert immer dann, wenn die Option keinen „inneren Wert“ besetzt, also nicht „ins Geld“ gelaufen ist. Ärgerlich genug. Aber: Mehr passiert nicht. Eine Nachschusspflicht oder ein zwangsweises Ein- oder Ausbuchen von Aktien (also des jeweiligen Basiswerts) bzw. ein zu zahlender Barausgleich ist bei gekauften Optionen und deren wertlosem Ausbuchen ohne Wenn und Aber und zu 100% ausgeschlossen. Wenn Sie solche Optionen einfach liegen lassen, werden sie am Montag nach dem Verfallstag nicht mehr in Ihrem Depot sein. Das ist alles.

Wichtige Unterscheidung:

Ich schreibe hier immer vom „Käufer der Option“. Das hat seinen Grund.

Kurzer Exkurs: Optionen, die Sie nicht Depot haben, können Sie auch verkaufen. Das ist mit einem Leerverkauf von Aktien vergleichbar. Sie sind dann ein sogenannter Stillhalter. Als Stillhalter haben Sie all das als Verpflichtung, was der Käufer als Recht einfordern kann. Eine spannende Strategie. Dazu komme ich ausführlich im Kapitel „2.5 Stillhalter-Geschäfte – Die Königsklasse". (Nur) ein Stillhalter hat Pflichten im Optionen-Handel.

2.1.2 Der Call: Gewinn durch steigende Kurse des Basiswerts

Sie haben schon gelesen, dass Sie als Käufer einer Call-Option das Recht haben, den im Call definierten Basiswert zu kaufen. Das ist bisher abstrakt. Sehen Sie sich deshalb ein praktisches Geschäft an, das wie der Kauf eines Call abläuft und diesen gut erklärt.

Das Beispiel eines Autokaufs zeigt, wie ein Call funktioniert

Stellen Sie sich vor, Sie sind auf der Suche nach einem Jahreswagen. Sie haben genaue Vorstellungen davon, wie dieser ausgestattet sein soll (Farbe: 1. Wahl schwarz oder 2. Wahl grau-metallic, Benziner, 100 PS, Klima, maximaler Kaufpreis 25.0000 €, Km-Stand maximal 10.000 etc.).

Bei Ihrer Suche finden Sie bei einem Autohändler ein Auto, das Ihren Vorstellungen fast entspricht. Lediglich die Farbe ist Ihre zweite Wahl. Aber ansonsten – top. Sie fragen nach dem Preis. 25.000 € ist die Antwort. Das passt zu Ihrer Preisvorstellung. Sie überlegen: Diesen Wagen würden Sie eigentlich kaufen. Aber Sie haben für die kommende Woche noch mehrere interessante Termine bei anderen Autohändlern. Vielleicht finden Sie ja doch noch das farblich perfekte Auto. Sie sprechen den Verkäufer an und bieten ihm einen Handel an:

„Ich gebe Ihnen jetzt und hier 500 €. Dafür garantieren Sie mir schriftlich, dass ich genau diesen Wagen in den nächsten zehn Tagen von Ihnen für 25.000 € kaufen kann. Wenn ich mich nicht melde, können Sie die 500 € behalten." „Perfekt", antwortet der Verkäufer und freut sich über das schnelle 500-€-Geschäft.

Abends sind Sie eingeladen. Sie erfahren von einem anderen Gast, dass er das gleiche Auto sucht wie Sie. Er benötigt es dringend und er ist deshalb bereit, bis zu 27.000 € zu bezahlen. Schnell werden Sie handelseinig. Sie verkaufen diesem Gast Ihr Recht, das Auto für 25.000 € kaufen zu können. Der Gast zahlt Ihnen für dieses Recht 2.000 €. Sie haben damit quasi ein Auto verkauft, das Ihnen zwar nicht gehörte, über das Sie aber eine begrenzte Zeit vollständig verfügen konnten. Sie haben dem Händler 500 € gegeben. Jetzt erhalten Sie 2.000 €.

Call am Beispiel eines Autokaufs

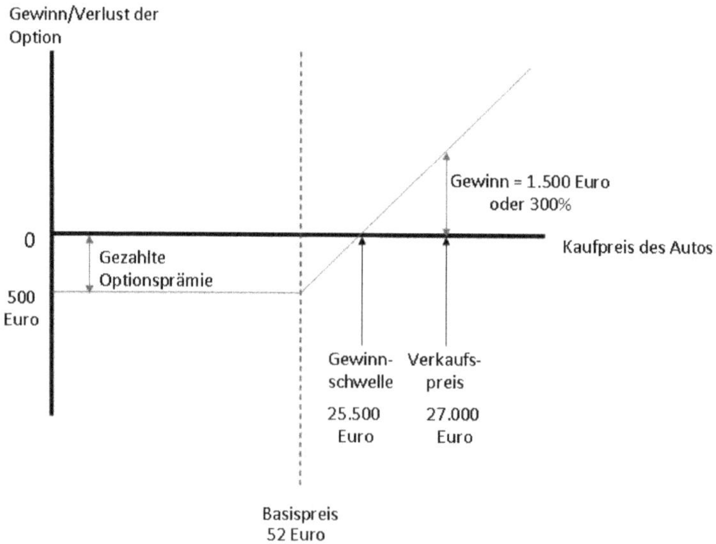

Ein Gewinn von +300% innerhalb weniger Stunden

Das ist einfacher und mit viel weniger Kapitaleinsatz verbunden, als das Auto zuerst zu kaufen und dann teurer zu verkaufen. Und weniger riskant. Für den tatsächlichen Kauf müssten Sie nämlich 25.000 € einsetzen. Und dann hoffen, dass Sie das Auto wirklich teurer verkaufen können. Wollten Sie bei einem tatsächlichen Kauf und anschließendem Verkauf des Autos auch 1.500 € Gewinn machen (so wie beim Beispiel des verkauften Rechts), müssten Sie 26.500 € beim Verkauf erhalten. Dann hätten Sie im Verhältnis zum eingesetzten Kapital (25.000 €) „nur" 6% Gewinn gemacht. **Beim verkauften Recht (Einsatz 500 €, Verkauf für 2.000 €) haben Sie jedoch 300% Gewinn erzielt.**

Im Beispiel mit dem Auto haben Sie für die vereinbarte Zeit von 10 Tagen **3 Möglichkeiten:**

1. Sie können das Auto zum verbindlich vereinbarten Preis kaufen.

2. Sie können Ihr Recht auf diesen Autokauf (mit Gewinn) verkaufen.

3. Sie tun nichts und lassen das Recht verfallen. Denn vielleicht können Sie an anderer Stelle ein vergleichbares Auto 2.000 € günstiger kaufen.

Kurz: Sie können das Auto kaufen, das Recht zum Kauf verkaufen oder auch verfallen lassen – und das ist exakt die Beschreibung für einen Call.

Hier haben Sie die praktische Darstellung einer Call-Option, wie ich sie weiter vorn abstrakt beschrieben habe.

Eine Call-Option gibt Ihnen das Recht (aber verpflichtet Sie nicht), beispielsweise eine Aktie (Basiswert) innerhalb einer genau festgelegten Zeit (Laufzeit) für einen konkreten Preis (Basispreis) zu kaufen.

Zum Vergleich: Im obigen Autobeispiel hatten Sie das Recht (aber nicht die Verpflichtung), das Auto (Basiswert) innerhalb einer festgelegten Zeit (10 Tage) für 25.000 € (Basispreis) zu kaufen. Nach der in der Option festgelegten Zeit (Verfallstag) verfiel das Recht. Es ist also wichtig, vor diesem Termin zu entscheiden, ob Sie den Basiswert kaufen oder dieses Recht an einen anderen Interessenten verkaufen.

Für Optionen gibt es spezielle Terminbörsen. Anders als in diesem Autobeispiel gibt es dort laufend Angebot und Nachfrage. Das garantiert faire Preise.

Die Call-Option an der Terminbörse

An den Terminbörsen handeln Sie natürlich nicht mit Autos, sondern mit Derivaten. Aber die dahinter liegenden Geschäfte sind mit dem eben beschriebenen Autohandel vergleichbar. Dabei bieten Ihnen Call-Optionen unbegrenzt hohe Gewinn-Chancen. Denn im Gegensatz zum obigen Autobeispiel, bei dem der mögliche Kaufpreis doch nach oben begrenzt war, kann eine Aktie letztlich unbegrenzt steigen. Gewinne von 100% oder auch mehr sind deshalb keine Utopie sondern Alltag im Leben eines Optionen-Traders. Dass es dabei ein Risiko gibt, verschweige ich nicht. Das gehört an der Börse dazu. Auf das Thema Risiko komme ich noch mehrfach zu sprechen.

Kommen wir aber zu den Gewinn-Chancen, denn um die geht es bei der Spekulation mit Optionen. Ich zeige Ihnen diese anhand realer Börsendaten (Stand April 2018) auf. Aber alle grundsätzlichen Beschreibungen zum Call sind völlig zeitlos.

Ausgangspunkt ist die Überlegung, Calls auf die BASF-Aktie zu kaufen

Vorbemerkung: Hier geht es nur um die prinzipielle Wirkungsweise einer Call-Option. Um jedoch die charttechnischen Aspekte der Entscheidung zu verdeutlichen, habe ich das Beispiel einer realen Aktie (BASF) gewählt, anstatt einer „Muster-Aktie".

BASF: Ausgangspunkt des (fiktiven) Trades

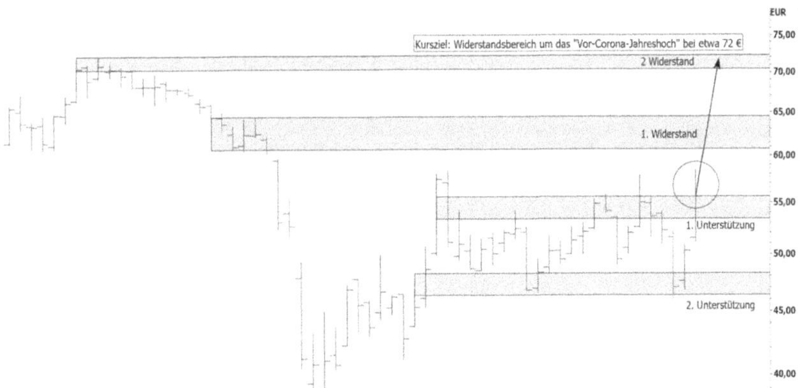

Die BASF-Aktie notiert bei 56 €. Fundamentale und charttechnische Überlegungen haben in diesem Beispiel zu der Entscheidung geführt, Call-Optionen auf BASF zu kaufen.

Die gekaufte Call-Option:

Option: Call
Basiswert: BASF (Kürzel BAS)
Laufzeit: Juni 2022
Basispreis: 56 €
Kaufpreis der Option: 5,10 € (510 € für den Kontrakt mit 100 Calls)

Call am Beispiel einer Option auf BASF

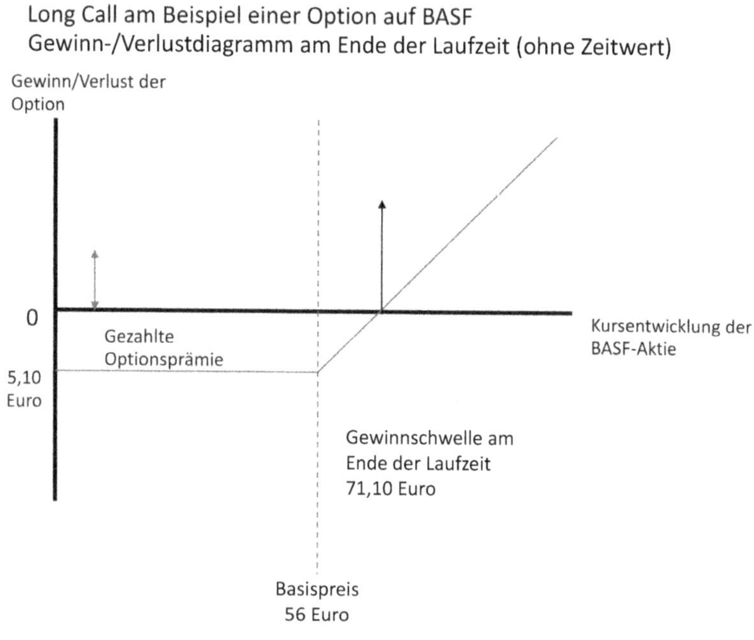

Calls bieten Ihnen unbegrenzt hohe Gewinn-Chancen

Die BASF-Aktie kann theoretisch unbegrenzt im Kurs steigen. Entsprechend hat auch die Call-Option eine unbegrenzt hohe Gewinn-Chance. Bleiben wir aber realistisch. Ein Gewinn von +100% im Call wäre ein schönes Ziel. Sollte der Gewinn sogar +272% erreichen, wäre das hervorragend. Beide Gewinnmöglichkeiten erkläre ich im Folgenden.

Eine kurze Bemerkung vorab:
Ich schreibe oft vom Kauf der Aktie. Das mache ich nur zur Verdeutlichung. Typischerweise werden die Rechte auf Optionen nicht ausgeübt, sondern die Option wird mit entsprechendem Gewinn verkauft. Das dahinter liegende Recht erklärt aber die Kursentwicklung der Option.

Ausgangspunkt: Kauf der Calls

Zu dem Zeitpunkt des (fiktiven) Call-Kaufs notiert die BASF-Aktie mit 55 €. Der Basispreis der Calls beträgt 56 € und die Laufzeit noch etwa 18 Monate. Sie haben also das Recht, die BASF-Aktie zum Kurs von 56 € (Basispreis) zu kaufen.

Es scheint ein schlechtes Geschäft: An der Börse können Sie die BASF-Aktie zu 55 € kaufen. Rechnen Sie noch den Kaufpreis der Calls hinzu, kommt Sie dieses Recht insgesamt viel teurer. Aber: Dieses Recht haben Sie noch lange 18 Monate. In dieser Zeit bleibt das Recht unverändert, die Aktie kann aber im Kurs immer weiter zulegen.

Nach z. B. 3 Monaten: Kurs der Aktie ist auf 64 € gestiegen

Die Aktie steigt zunächst, wie von Ihnen erwartet, in den Bereich des 1. charttechnischen Widerstands. Nehmen wir also an, der Aktienkurs ist nach 3 Monaten auf 64 € gestiegen. Ihr Recht auf Kauf der Aktie zum Basispreis von 56 € ist unverändert. Sie könnten die Aktien über das Recht Ihrer Calls schon billiger kaufen als direkt an der Börse. Ein echter „Mehrwert".

Also könnten Sie die Aktie zum Kurs von 56 € kaufen und sofort an der Börse für 64 € verkaufen. Ihr Gewinn je Aktie betrüge 8 €. Dafür haben Sie 5,10 € je Aktie (Kaufpreis des Calls) bezahlt. Schon hier zeigt sich ein Gewinn von (8 € minus 5,10 € =) 2,90 €.

Hinzu kommt aber: Sie haben dieses Recht noch weitere 15 Monate. Wie Sie gerade gesehen haben, ist dieses Recht viel wert. In der Fachsprache nennt sich das Zeitwert. Dieser Zeitwert lässt sich mit einem Optionen-Rechner in etwa kalkulieren. (Zeitwert und Berechnung einer Option erkläre ich noch ausführlich.) Ich habe den Kurs der Option berechnet. Er läge hier bei etwa 10,60 €. Sie könnten die Option also nach 3 Monaten zum Kurs von 10,60 €, also mit +107,8% Gewinn (abzgl. Gebühren) verkaufen.

9 Monate nach Kauf: Kurs der Aktie ist auf 72 € gestiegen

Die Aktie von BASF entwickelt sich weiterhin wie von Ihnen erwartet und steigt auf etwa 72 €. Im weiter oben stehenden Chart *„BASF: Ausgangspunkt des (fiktiven) Trades“* der BASF-Aktie sehen Sie bei einem Aktienkurs von 72 € den 2. Widerstand. Das Jahreshoch vor dem Corona-Crash wirkt hier als starker charttechnischer Widerstand. Nehmen wir an, die Aktie notiert rund 9 Monate nach Kauf der Calls genau an diesem Widerstand. Immer noch haben Sie das Recht, die Aktie für 56 € zu kaufen. Und sofort könnten Sie diese zum Tageskurs von (angenommenen) 72 € an der Börse verkaufen. Auch hier zeigt sich sofort der Gewinn je Aktie: Er liegt bei 16 €. Die Kalkulation des Optionspreises, unter Berücksichtigung des Zeitwerts für die Restlaufzeit von etwa 9 Monaten ergibt einen Kurs von etwa 17,90 €. Das ist ein Gewinn von +251%, gemessen am Kaufpreis von 5,10 €.

Nur aus Spaß: Aktienkurs steigt auf 200 €

Die BASF-Aktie wird innerhalb von 18 Monaten kaum von 55 € auf

200 € steigen. Ich will hier auch nur demonstrieren, dass es nach oben nur theoretische Grenzen gibt. Bei einem Aktienkurs von 200 € hätte diese Option allein einen „inneren Wert“ von 144 € (200 € – 56 €). Das wäre ein Gewinn von mindestens +2.723,5%, bezogen auf den Kaufpreis der Call-Option von 5,10 €. In der Praxis käme auch hier der restliche Zeitwert hinzu. Hintergrund: Nach wie vor könnten Sie die Aktie für 56 € kaufen und dann für 200 € verkaufen. Die Call-Optionen hätten entsprechend zugelegt.

Hinweis: Das ist theoretisch möglich. In der Praxis würde man wohl (lange) vorher aussteigen.

Risiko: Laufzeit und Basispreis der Option beachten

Lassen Sie uns nicht von +2.723,5% Gewinn träumen, sondern realistisch bleiben. Bei den Empfehlungen im Optionen-Profi haben wir mehr als 300-mal einen Gewinn von +100% oder mehr realisiert (Stand: Dezember 2020). +100% Gewinn wäre auch im obigen Trade ein realistisch mögliches Ergebnis. Auf dem Weg dahin gilt es aber, immer 2 Dinge akribisch im Auge zu halten: Das sind Basispreis und Laufzeit der Option. Alle vorhin beschriebenen Rechnungen sind Schall und Rauch, wenn sich das Ganze nicht innerhalb der Laufzeit abspielt.

Klartext: Notiert die Aktie beispielsweise in 15 Monaten noch bei 55 €, müssen Sie mit Verlust verkaufen. Die Chance, dann noch in den Gewinn zu kommen, ist sehr klein. Hat die Aktie dann keine realistische Aussicht mehr, deutlich über den Basispreis zu notieren, gilt es ebenfalls zu verkaufen.

Die Gewinn-Aussichten, die eine Option hat, ergeben sich aus der eingangs gestellten einfachen Frage (auf die ich immer wieder zurückkomme):

Frage: Wird der Kurs des Basiswerts nach dem Kauf der Call-Option steigen und bis etwa 3 Monate vor dem letzten Handelstag des Calls über dem Basispreis des Calls bzw. am letzten Handelstag deutlich darüber notieren?

Die Bewertung: Kann ich diese Frage bejahen, hat der Call gute Gewinn-Aussichten.

Die Antwort „ja“ oder „nein“ lässt sich ganz einfach in einem Chart ablesen. Ich zeige Ihnen hier einen Chart aus der Praxis, den ich den Lesern des Optionen-Profi im Februar 2020 geschickt habe. Es ging um die Bewertung, ob der von mir empfohlene Call auf die Aktie der Deutschen Post gute Aussichten hatte, den angestrebten Gewinn von 100% zu erreichen.

Calls: Gewinn-Chancen im Chart ablesen

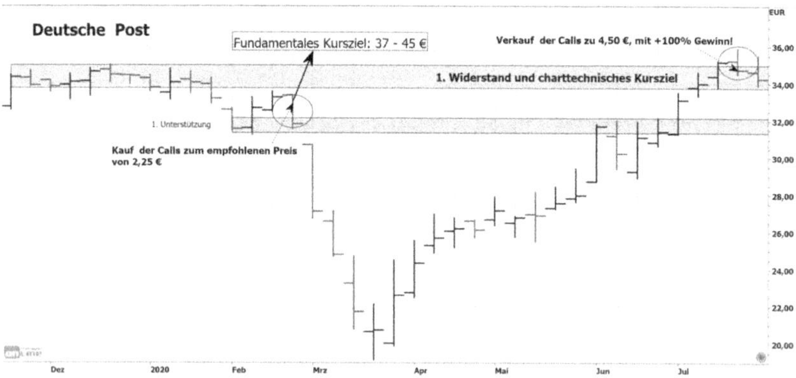

Dieser Chart zeigt, wie ich die Gewinn-Aussichten von Optionen bewerte. Nicht der Kurs der Option entscheidet, sondern die Aussicht, ob der Kurs des Basiswerts das von mir kalkulierte Kursziel innerhalb der Laufzeit der Option

erreichen oder übertreffen kann. Dazu schrieb ich meinen Lesern: Im Chart sehen Sie, dass der Kurs des Basiswerts überwiegend seitwärts verläuft. Anfang Februar fiel er wieder auf die 1. Unterstützung zurück.

Beachten Sie: Die Aktie brach nach dem Kauf der Calls noch einmal deutlich ein. Das wirkt sich zwar im Kurs der Calls erheblich aus. Die Gewinnaussichten verändern sich aber nicht wesentlich. Hier würde zudem meine bewährte Zweitkauf-Strategie greifen und wir würden günstig nachkaufen. Diese Strategie erläutere ich Ihnen in Kapitel 3.3.2 noch genauer.

Das Ergebnis sehen Sie im Chart: Bereits am 21.07.2020 empfahl ich meinen Lesern den Verkauf zu 4,50 €. Wir hatten unseren +100%-Ziel-Gewinn wieder einmal erreicht, trotz des zwischenzeitlichen Rücksetzers des Basiswerts!

Aus dem bisher Geschriebenen wird die Bedeutung klar, die Laufzeit und Basispreis im Zusammenspiel mit dem aktuellen Kurs des Basiswerts haben. Die folgende, mir oft gestellte Frage, können Sie eventuell schon selbstständig beantworten:

Warum steigt der Kurs der Call-Option nicht, obwohl der Kurs des Basiswerts deutlich steigt?

Einsteiger in Optionen wundern sich oft, warum eine Option nicht im Kurs steigt, obwohl der Basiswert deutlich zugelegt hat. Die Erklärung ergibt sich aus der Ihnen schon bekannten Frage:

Wird der Kurs des Basiswerts nach dem Kauf der Call-Option steigen und bis etwa 3 Monate vor dem letzten Handelstag des Calls über dem Basispreis des Calls bzw. am letzten Handelstag deutlich darüber notieren?

Schauen Sie sich dazu den folgenden Chart der Commerzbank-Aktie an: Der weitere Anstieg auf über 14 Euro, und damit über das Hoch vom Januar 2018, ist innerhalb der verbleibenden Restlaufzeit von 6 Monaten äußerst unwahrscheinlich.

Commerzbank AG: Kann der Kurs auf über 14 € steigen?

Im November 2020 notierte die Aktie der Commerzbank (CBK) bei knapp 4,77 €. Stellen Sie sich die (fiktive) Schlagzeile in der Zeitung vor: CBK-Aktie explodiert: 50% Kursgewinn. Dann wäre der Aktienkurs gerade mal von 4,77 € auf 7,15 € gestiegen.

Stellen Sie sich jetzt weiter vor, Sie halten einen (fiktiven) Call auf die CBK-Aktie. Basispreis 14 €, Laufzeit bis Juni 2021 (also zum damaligen Zeitpunkt noch rund 6 Monate). Hier stellt sich also die Frage: Kann der Kurs der CBK-Aktie in nur 6 Monaten auf deutlich über 14 € steigen?

Die Aussichten darauf haben sich kaum verändert, egal, ob die Aktie bei 4,77 € oder 7,15 € notiert. Entsprechend verhalten sich Optionen, die keine Aussicht auf positive Beantwortung der obigen Frage haben. In der Fachsprache sagt man, diese Call-Optionen notieren „weit aus dem Geld“. Diese Call-Optionen werden erst dann deutlich an Wert gewinnen, wenn der Basiswert tatsächlich innerhalb der Laufzeit in die Nähe der 14 € kommen sollte. Dies ist aber, wie wir eben gesehen haben, doch sehr unwahrscheinlich.

Call-Optionen: Hebel nutzt kleine Bewegungen für Gewinne

Im vorigen Abschnitt haben Sie alle Informationen, die die grundsätzliche Funktionsweise von Call-Optionen erklären und die Frage, warum Sie diese für gehebelte Gewinne bei steigenden Kursen der Basiswerte nutzen können. Bevor ich zu der Berechnung der Optionspreise von Call-Optionen und der praktischen Umsetzung komme, wenden wir uns einem weiteren wichtigen Kapitel zu: den Put-Optionen – Gewinn erzielen, weil die Kurse der Basiswerte fallen.

2.1.3 Der Put: Gewinn durch fallende Kurse des Basiswerts

Weiter oben haben Sie gelesen, dass Sie als Käufer einer Put-Option das Recht haben, den im Put definierten Basiswert zu *ver*kaufen. Das ist bisher abstrakt. Sehen Sie sich deshalb ein praktisches Geschäft an, das erläutert, wie der Kauf eines Put abläuft und diesen gut erklärt.

Das Beispiel eines Auto*ver*kaufs zeigt, wie ein Put funktioniert

Weiter oben im Buch, im Kapitel „Das Beispiel eines Autokaufs zeigt, wie ein Call funktioniert“, habe ich an einem möglichen Autokauf die

Funktionsweise einer Call-Option gezeigt. Dieses Beispiel lässt sich schön „umstricken“, um auch die Funktionsweise einer Put-Option darzustellen. Sie sind in diesem Fall nicht der potenzielle Käufer eines Autos, sondern der Autohändler.

Sie haben einen Kunden, der einen Neuwagen kaufen will. Er will Ihnen seinen Gebrauchten für 20.000 € in Zahlung geben. Ein anderer Kunde sucht genau ein solches Auto und will maximal 22.000 € bezahlen. Sie sind grundsätzlich bereit, den Wagen, den Sie in Kürze in Zahlung nehmen, für 22.000 € zu verkaufen. Denn damit verdienen Sie schnelle 2.000 €. Sie haben aber in den nächsten 10 Tagen noch mehrere Interessenten für ein solches Auto. Da kann es sein, dass Sie das Auto in den kommenden Tagen sogar für 25.000 € (oder mehr) verkaufen können. Es kann aber auch sein, dass Sie am Ende aller Verkaufsgespräche mit leeren Händen dastehen, weil alle anderen Interessenten abgesagt haben.

Sie bieten dem Interessenten ein Geschäft an: *„Ich gebe Ihnen jetzt und hier 500 €. Dafür unterschreiben Sie mir, dass Sie dieses Auto 10 Tage lang auf jeden Fall zum Preis von 22.000 € kaufen werden. Wenn ich Ihnen das Auto innerhalb der 10 Tage nicht anbiete, können Sie das Geld behalten.“* Der Kunde hat es mit seinem Kauf überhaupt nicht eilig. Deshalb ist er hocherfreut. Er nimmt die schnell verdienten 500 € und zieht von dannen.

Sie als Autohändler wissen aber, dass Sie das Auto auf jeden Fall mit Gewinn verkaufen können. Ihr Einkaufspreis liegt bei 20.000 €. Ihr Mindestverkaufspreis liegt bei 22.000 €. Davon ziehen Sie die 500 € ab, die Sie dem Interessenten gegeben haben. Bleiben sichere 1.500 € Gewinn.

Nun stellen Sie sich vor, es dringt eine Nachricht an die Öffentlichkeit, dass es in naher Zukunft ein Auto geben wird, das dieselbe Ausstattung wie dieser Gebrauchte haben wird. Das Auto soll aber sehr kostengünstig gebaut werden. Neupreis: 22.000 €. Die Gebrauchtwagenpreise stürzen sofort in den Keller. Ihr Neuwageninteressent ist jetzt bereit, Ihnen das Auto für 17.000 € in Zahlung zu geben. Sie haben aber nach wie vor das Recht, dieses Auto für 22.000 € zu verkaufen.

Für dieses Recht haben Sie 500 € bezahlt. Jetzt ist das Recht aber 5.000 € wert.

Sie haben für die vereinbarte Zeit von 10 Tagen wieder 3 Möglichkeiten:

1. Sie können das Auto zum verbindlich vereinbarten Preis verkaufen.

2. Sie können Ihr Recht auf diesen Autoverkauf mit Gewinn verkaufen.

3. Sie tun nichts und lassen das Recht verfallen.

Kurz: Sie können das Auto verkaufen, das Recht zum Verkauf verkaufen oder auch verfallen lassen – und das ist exakt die Beschreibung für einen Put.

Hier haben Sie die praktische Darstellung einer Put-Option, wie ich sie bereits abstrakt beschrieben habe. Eine Put-Option gibt Ihnen das Recht (aber verpflichtet Sie nicht), beispielsweise eine Aktie (Basiswert) für eine genau festgelegte Zeit (Laufzeit) für einen konkreten Preis (Basispreis) zu *ver*kaufen.

Hinweis: Im obigen Autobeispiel hatten Sie das Recht (aber nicht die Verpflichtung), das Auto (Basiswert) eine festgelegte Zeit (10 Tage) für 22.000 € (Basispreis) zu *ver*kaufen. Nach der in der Option festgelegten Zeit (Verfallstag) verfiel das Recht. Es ist also wichtig, vor diesem Termin zu entscheiden, ob Sie den Basiswert *ver*kaufen oder dieses Recht an einen anderen Interessenten verkaufen.

Die Put-Option an der Terminbörse

An den Terminbörsen handeln Sie natürlich nicht mit Autos, sondern mit Derivaten, hier Optionen. Aber die dahinter liegenden Geschäfte sind mit dem eben beschrieben Autohandel vergleichbar.

Mit Put-Optionen erzielen Sie Gewinne, weil die Märkte fallen

Dass sich an der Börse Geld verdienen lässt, weil die Kurse steigen, ist auch den meisten Nicht-Börsianern geläufig oder schnell verständlich. Ist ja einfach: Heute kaufen, später teurer verkaufen. Die Differenz ist der Gewinn. Von Einsteigern an der Börse werde ich aber oft gefragt: „Wie kann ich Gewinne erzielen, wenn doch die Kurse fallen?“

Diese Frage ergibt sich aus der Beschreibung und Funktionsweise einer Put-Option. Daraus können Sie dann ganz einfach nachvollziehen, warum Gewinne möglich sind, gerade weil die Kurse fallen. Das obige Beispiel des Auto*ver*kaufs hat bildlich gezeigt, wieso mit einer Put-Option Geld zu verdienen ist. Kommen wir aber jetzt zu einem „richtigen“ Put an der Terminbörse.

Definition eines Puts

Vorab nochmals kurz die Definition einer Put-Option: Der Kauf von Put-Optionen gibt dem Käufer das Recht, den Basiswert (z. B. eine Aktie) zu dem in der Option festgelegten Preis (Basispreis) innerhalb oder am Ende eines bestimmten Zeitraums zu *ver*kaufen. Ein einfaches

Beispiel zeigt die Funktionsweise von Puts. **Ausgangspunkt ist die Überlegung, Puts auf die Aktie der Deutschen Bank zu kaufen**

Ich nehme als reales Beispiel die Aktie der Deutschen Bank (DBK). Hier geht es nicht darum, einen realen Trade zu zeigen, sondern die hohen Gewinn-Chancen von Put-Optionen in Crash-Phasen darzustellen.

DBK: Ausgangspunkt des (fiktiven) Trades

Die DBK-Aktie notierte Anfang Februar 2020 bei etwa 10 €. Insbesondere auch infolge des Corona-Crashs stürzte sie bis Mitte März auf 4,50 € ab.

Die Aktie der Deutschen Bank prallte zunächst am 1. Widerstand um 10,50 € nach unten ab. Im Corona-Crash durchbricht sie dann auch die 1. Unterstützung um 9,30 €. Dies führte zur Entscheidung zum Kauf des Puts. Nehmen wir an, Sie hätten Ende Februar, als die Aktie bei 8,90 € notierte, Puts auf diese Aktie mit einem Basispreis bei 5,20 € und einer Laufzeit bis März 2021 gekauft.

Die gekaufte Put-Option:

Option: Put
Basiswert: Deutsche Bank (Kürzel DBK)
Laufzeit: März 2021
Basispreis: 5,20 €
Kaufpreis der Option: 0,35 € (35 € für den Kontrakt mit 100 Puts)

Als Käufer dieser Puts haben Sie das Recht, pro Kontrakt jeweils 100 Aktien zum Kurs von 5,20 € (Basispreis der Puts) zu verkaufen. Dieses Recht haben Sie bis März 2021 (Laufzeit). Der exakte Termin ist der dritte Freitag im Verfallsmonat, hier also der 19.03.2021. Für dieses Recht haben Sie 0,35 € pro Put, das heißt 35 € für je einen Kontrakt mit 100 Puts bezahlt.

Put am Beispiel einer Put-Option auf die Aktie der Deutschen Bank

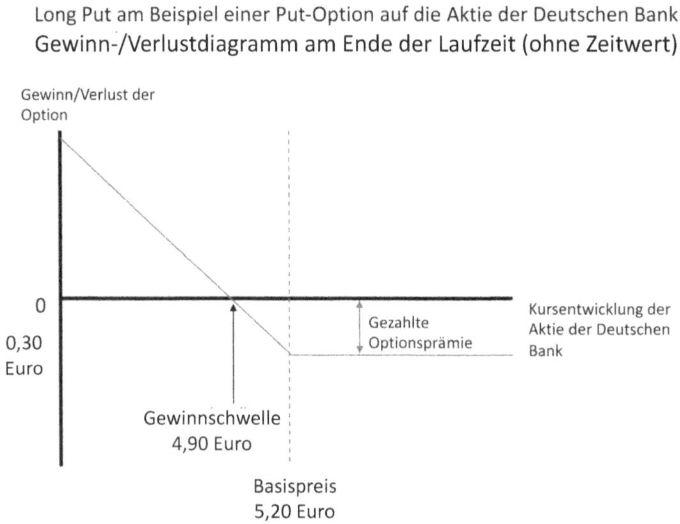

So läuft der Put in den Gewinn.

Beim Kauf der Puts sah die Rechnung so aus:

Nehmen wir an, die Aktie notiert bei 8,90 €. Sie hatten das Recht, die Aktie für 5,20 € zu verkaufen. Also konnten Sie die Aktie für 8,90 € an der Börse kaufen und – durch Ausübung Ihrer Option – sofort für 5,20 € verkaufen. Ein schlechtes Geschäft, das zu dem Zeitpunkt keinen Sinn gemacht hätte.

Der Wert der Puts lag aber darin, dass Sie dieses Recht, die Aktien für 5,20 € zu verkaufen, noch bis März 2021, also etwa 12 Monate lang, haben. Dieses Recht ist völlig unabhängig davon, zu welchem Kurs die Aktien während dieses Zeitraums real gehandelt werden.

Die Aktie fiel im Kurs – die Puts explodierten

Im März stürzte die Aktie der Deutschen Bank in den Crash-Wirren 2020 bis in den Bereich um 4,50 €. Zu diesem Zeitpunkt sah die Rechnung folgendermaßen aus:

Die Aktie notierte bei 4,50 €. Sie hatten das Recht, die Aktie für 5,20 € zu verkaufen. Also hätten Sie die Aktie für 4,50 € an der Börse kaufen und – durch Ausübung Ihrer Put-Option – sofort für 5,20 € verkaufen können. Ihr Gewinn pro Aktie läge bei 0,70 € (innerer Wert). Hinzu kommt der Zeitwert, denn die Put-Option läuft ja noch bis März 2021. Der verbleibende Zeitwert bis zum Ende der Laufzeit im März 2021 beträgt im März 2020 nochmals etwa 0,28 € pro Option. Der Wert des Puts liegt damit bei etwa 0,98 €. Sie haben aber nur 0,30 € je Put-Option bezahlt Ein Gewinn von stolzen +226,67%!

Sie erzielen Gewinn, gerade weil die Kurse fallen

Eine Put-Option wird immer mehr wert, je weiter der Kurs der Aktie (oder eines anderen Basiswerts der Put-Option) fällt. Je länger die Put-Option noch läuft, desto höher ist die Chance, dass der Aktienkurs immer weiter fällt. Dadurch gewinnt die Option sehr schnell stark an Wert. Das ist die Hebelkraft der Optionen.

Sie erzielen mit Puts hohe Gewinne, gerade weil die Kurse der Basiswerte fallen. Dieser Gewinn ergibt sich durch die Konstruktion der Put-Optionen. Als Käufer von Put-Optionen erhalten Sie das Recht, Basiswerte zum festgelegten Basispreis zu verkaufen. Das ist völlig unabhängig davon, zu welchem Kurs die Basiswerte an der Börse gehandelt werden. Der Put wird folglich immer mehr wert, je tiefer der Kurs des Basiswerts (in diesem Beispiel die DBK-Aktie) fällt.

Auch hier gilt, wie oben beschrieben: Typischerweise realisieren Sie den Gewinn nicht durch Kauf der Basiswerte und deren Verkauf durch Ausübung Ihrer Option. Stattdessen kaufen Sie die Put-Option an der Terminbörse. Und wenn diese den angestrebten Gewinn erreicht hat, wird dieser durch Verkauf der Option realisiert. Ein Rückgang der Aktienkurse oder gar ein „Börsen-Crash" bieten folglich eine Riesen-Gewinn-Chance für die Inhaber von Put-Optionen.

Risiko: Laufzeit und Basispreis der Option beachten

Wie bei den Calls gilt auch hier: Die +226,67% Gewinn sind nicht unrealistisch dargestellt. Aber auch hier wäre man wohl weit vorher ausgestiegen. Und es gilt auch hier: Basispreis und Laufzeit der Option müssen im Blickfeld des Anlegers sein. Denn wäre im Beispiel der Puts auf die DBK der Kurs nicht so schnell oder überhaupt nicht oder zu spät (nach dem 19. März 2021) gefallen, hätte es Verluste gegeben.

Klartext: Notiert die Aktie in diesem Beispiel wenige Wochen vor Ablauf der Laufzeit immer noch deutlich oberhalb von 5,20 €, hätten Sie die Puts mit Verlust verkaufen müssen. Die Aussichten, dass die Aktie dann noch unter 5,20 € fällt, wären wohl sehr gering.

Die Gewinn-Aussichten einer Put-Option ergeben sich aus der eingangs gestellten einfachen Frage (auf die ich immer wieder zurückkomme):

Frage: Wird der Kurs des Basiswerts nach dem Kauf der Put-Option fallen und bis etwa 3 Monate vor dem letzten Handelstag des Puts unter dem Basispreis des Puts bzw. am letzten Handelstag deutlich darunter notieren?

Die Bewertung: Kann ich diese Frage bejahen, hat der Put gute Gewinn-Aussichten.

Zur Beantwortung der Frage „ja" oder „nein" ist die Betrachtung des Charts hilfreich. Ich zeige Ihnen hier den Chart der DBK-Aktie, wie er sich im März und April 2020 dem Käufer der Puts darstellte. Es ging für ihn um die Bewertung, ob sein Put auf die DBK-Aktie gute Aussichten hatte, weitere Gewinne zu erzielen. Es ging also darum, die Wahrscheinlichkeit zu beurteilen, ob die DBK-Aktie noch weiter fällt oder eher wieder ansteigt. In letzterem Fall sollte der Put mit Gewinn verkauft werden. Der Blick auf den Chart *„Puts: Gewinn-Chancen im Chart ablesen"* hätte dem Anleger wichtige Kriterien für seine Entscheidung „halten" oder „verkaufen" geliefert.

Der hier beispielhaft vorgestellte Trade und die im März und April 2020 resultierende Situation der Unsicherheit, war eine absolut typische Börsensituation.

Puts: Gewinn-Chancen im Chart ablesen

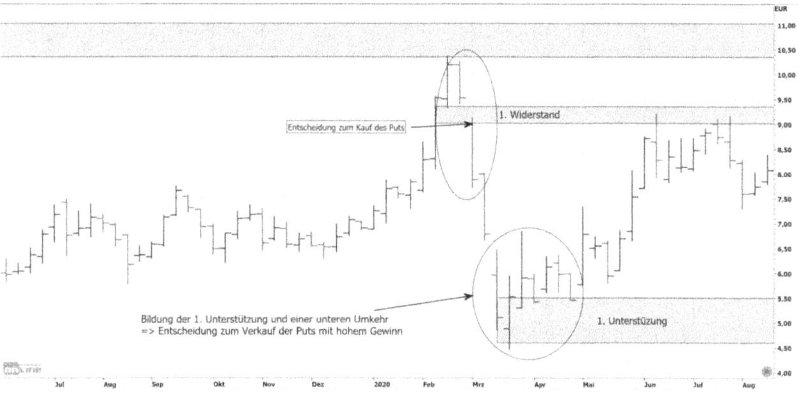

Die Aktie der DBK prallte von der 1. Unterstützung nach oben ab. Der richtige Zeitpunk,t, um die Puts zu verkaufen und hohe Gewinn zu realisieren.

Der Käufer hatte im März 2020 bereits über +226,67% Gewinn mit seinen Puts erzielt (DBK-Kurs etwa 5 €). Er musste nun entscheiden: Prallt die Aktie an der Unterstützung um 5 € nach oben ab, oder bricht sie nach unten weg?

Im März 2020 war die Frage, wie es weitergehen würde, nicht klar zu beantworten. Nicht untypisch an der Börse. Es gibt regelmäßig Wenn-dann-Entscheidungen. Im Chart sehen Sie, wie die Aktie dann im April eine untere Umkehrbewegung ausführt und zu steigen beginnt. Im April 2020 wäre also aus charttechnischer Sicht ein günstiger Zeitpunkt, die Puts zu verkaufen und den Gewinn zu realisieren. Die genaue Höhe des Put-Gewinns hängt dann natürlich wiederum vom dem Kurs des Basiswerts zum Zeitpunkt des Verkaufs ab. In jedem Fall wäre jedoch ein hoher Gewinn erzielt worden.

Warum steigt der Kurs der Put-Option nicht, obwohl der Kurs des Basiswerts deutlich fällt?

Bringen Sie sich nochmals kurz diese Frage in Erinnerung: Wird der Kurs des Basiswerts nach dem Kauf der Put-Option fallen und bis etwa 3 Monate vor dem letzten Handelstag des Puts unter dem Basispreis des Puts bzw. am letzten Handelstag deutlich darunter notieren? Schauen Sie sich dazu noch einmal auf den Chart der Deutschen Bank auf der vorherigen Seite *„Puts: Gewinn-Chancen im Chart ablesen"*.

Nehmen wir nun an, Sie würden im März 2020 einen Put mit dem Basispreis 3 € kaufen, der vielleicht nur noch 3 Wochen Restlaufzeit hätte. Hier stellt sich also ebenfalls die Frage: Kann der Kurs des Basiswerts in der kurzen Restlaufzeit der Optionen (nur noch 3 Wochen) noch auf unter 3 € fallen? Die Aussichten darauf sind sicher extrem gering!

Ist der Basispreis zu weit unterhalb des aktuellen Aktienkurses gewählt, wird die Put-Option zunächst nur sehr langsam reagieren und kaum teurer werden. Auch hier gilt: Der Basispreis der Put-Option wurde „zu weit aus dem Geld" gewählt.

Zudem nimmt die Restlaufzeit natürlich jeden Tag um einen Tag ab. Es ist nun aber so, dass wenige Wochen vor dem Ende der Laufzeit der Zeitwert sehr stark abnimmt. Die Put-Option verliert also jeden Tag an Wert, selbst wenn die DBK-Aktie ihren Preis nicht ändern sollte. Selbst wenn die Aktie leicht fällt, kann es sein, dass der Zeitwertverlust des Puts stärker wirkt als der eigentlich in diesem Fall zu erwartende Kursgewinn des Puts. Der Put verliert trotzdem an Wert.

Optionen: Hebel nutzt kleine Bewegungen für Gewinne

Jetzt haben Sie alle Informationen, die die grundsätzliche Funktionsweise von Call- und Put-Optionen erklären und die Erläuterung, warum Sie diese für gehebelte Gewinne bei steigenden und fallenden Kursen der Basiswerte nutzen können.

Damit besitzen Sie das Basiswissen für Optionen. Alle Geschäfte, Spekulationen, Strategien, Gewinn-Chancen und auch Risiken basieren auf diesem Rüstzeug.

Sie sind jetzt an der Stelle, an der Sie (wie z. B. beim Schachspiel) die Regeln kennen. Sie wissen grundsätzlich, wie Sie jede Figur (Call-/Put-Option) einsetzen und bewerten können. Wie Sie erfolgreich mit Optionen handeln, lesen Sie auf den folgenden Seiten.

2.2 Der Optionen-Handel in Deutschland und in den USA

Der Optionen-Handel ist im Mutterland der Börsen, in den USA, eine Selbstverständlichkeit für jeden Anleger, der in Hebelprodukte investiert. Einfacher Grund: Wie weiter vorn beschrieben, die ganze verwirrende Vielfalt der Emittenten-Produkte, wie z. B. Optionsscheine, Zertifikate, K.o.-Scheine und wie sie alle heißen, gibt es in den USA nicht – sie sind wegen ihrer Manipulationsanfälligkeit verboten.

USA: Optionen sind eine Selbstverständlichkeit

Machen Sie einmal den Test wie weiter oben schon kurz skizziert: Gehen Sie z. B. auf die deutsche Internetseite der US-Großbank Goldman Sachs (www.gs.de). Zunächst müssen Sie bestätigen, dass Sie

Ihren Wohnsitz in Deutschland oder Österreich haben. Der Zugang zu anderen Emittenten-Seiten im Internet sieht ähnlich aus.

Der Umkehrschluss: US-Bürger dürfen diese Internetseiten mit den Angeboten der Emittentin Goldman Sachs nicht nutzen. Ein vorbildlicher Anlegerschutz der USA für seine Bürger. In diesem Zusammenhang bekommt die Aussage vom „stupid german money" (deutsch: dummes deutsches Geld) gleich eine ganz reale Bedeutung. Vom „stupid german money" spricht man in den USA wegen der Leichtgläubigkeit und des naiven Vertrauens vieler deutscher Anleger.

Dieses „stupid german money" sammeln aber deutsche Emittenten genauso gern ein.

Deutschland: Optionen auf dem Vormarsch

In Deutschland erschweren millionenschwere Werbe-Etats großer Banken die schnelle Verbreitung von Optionen. Wertpapierberater der Banken sollen die eigenen Produkte verkaufen. Das geht so weit, dass viele Wertpapierberater Optionen überhaupt nicht kennen bzw. diese mit Optionsscheinen verwechseln. Die „Macher in den Banken" halten ihre Mitarbeiter oft bewusst dumm. Denn was die Mitarbeiter nicht kennen, empfehlen sie natürlich auch nicht. Das wird mir in Gesprächen von Anlegern immer wieder bestätigt, wenn die von ihren Wertpapierberatern bei der Hausbank zurückgekommen sind.

Erschwerend kommt hinzu, dass Sie im Internet kaum Informationen zu Optionen finden. Vor allem die servicefreundlichen Seiten, die Ihnen alle Informationen über Emittenten-Produkte bereitstellen, suchen Sie für Optionen vergeblich.

Trotzdem lässt sich der Siegeszug der Optionen nicht aufhalten. Die Vorteile sind dermaßen gravierend, dass sie sich durchsetzen werden. Die jährlich zunehmenden Umsätze an der Terminbörse Eurex belegen das.

2.2.1 Die Rolle der Terminbörse

Optionen können Sie nicht über die Ihnen vermutlich bekannten Börsenplätze Xetra (elektronische Börse), Frankfurt, Stuttgart oder ähnliche handeln. Standardisierte Optionen werden an speziellen Terminbörsen gehandelt.

US-Terminbörsen

In den USA gibt es mehrere Terminbörsen. Die größte und wohl bekannteste US-Terminbörse ist die Chicago Board of Exchange (CBOE). Die folgenden Angaben zur Eurex können Sie fast 1:1 auf die US-Terminbörsen übertragen.

Deutsche, europäische Terminbörse Eurex

Optionen handeln Sie im deutschsprachigen Raum an der elektronischen Terminbörse Eurex, die zur Deutschen Börse AG gehört. Sie ordern über Ihren Broker direkt an der Terminbörse.

Vorteil Terminbörse

Terminbörsen sind der „Marktplatz“ für Optionen. Hier treffen sich Angebot und Nachfrage. Das unterscheidet sich deutlich vom Handel mit Emittenten-Produkten, bei denen Sie typischerweise direkt mit dem Emittenten handeln (OTC = over the counter / außerbörslich).

Der Unterschied: Der Handel an der Börse ist transparent und damit nicht manipulierbar. Der Handel direkt mit einem Emittenten ist wenig transparent. Kursmanipulationen sind möglich und leider auch gängige Praxis.

Optionen: Ablauf eines Kaufs bzw. Verkaufs

Stellen Sie sich den Kauf einer Option in dieser Kette vor:

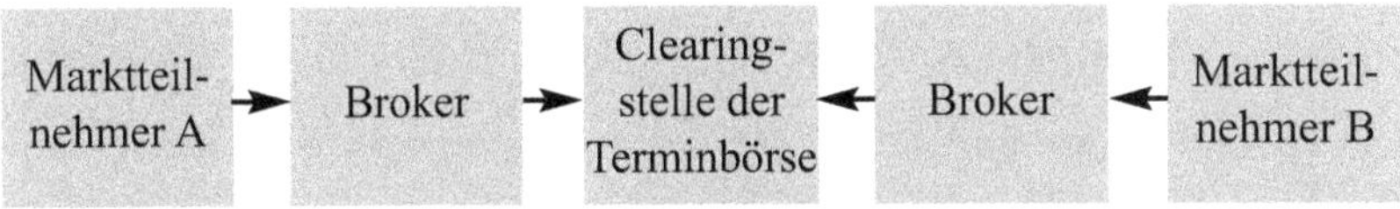

A und B sind und bleiben gegenseitig anonym. Einer von beiden kann immer ein Market-Maker sein. Der Market-Maker hat sich gegenüber der Börse verpflichtet, jederzeit faire Kauf- und Verkaufskurse zu stellen.

Durch Angebot und Nachfrage schließen A und B ein Geschäft. Beide haben bei Ihrem Broker in ihrem Depot eine entsprechende Sicherheit hinterlegt in Form von Bargeld (oder Wertpapieren). Als Vertragspartner für A und B tritt jeweils die Clearingstelle der Terminbörse ein. Das heißt A und B haben Ihren Anspruch gegen die Clearingstelle und die wiederum gegen den jeweils anderen Marktteilnehmer. Da A und B bei ihrem Broker jeweils entsprechende Sicherheiten hinterlegt haben, ist eine Abwicklung des Geschäftes jederzeit möglich.

Wenn Sie also Ihr Recht ausüben und Aktien einfordern (Calls) oder verkaufen (Puts), wickelt die Clearingstelle das Geschäft mit Ihnen ab. Und in Echtzeit führt sie den Ausgleich mit dem Marktteilnehmer B durch. Dazu ein kurzer Hinweis: Marktteilnehmer B ist nicht immer dieselbe Person. Typischerweise ist sie sogar nicht die Person, die den ursprünglichen Kauf mit Ihnen durchgeführt hat. Von einem Kontrakt mit gleicher Ausstattung sind in der Regel viele Tausend als offene Positionen im Markt. Und von diesen vielen Tausend wird, wenn Sie Ihr Recht ausüben, einer ausgelost und muss das Gegengeschäft bedienen.

Typischerweise werden Optionsgeschäfte durch späteren Verkauf (Glattstellung) wieder geschlossen. Dann kommt es wieder zur obigen „Kette".

Die Clearing-Stelle der Eurex garantiert reibungslosen Handel

Ein Tochterunternehmen der Eurex sorgt für einen reibungslosen Handel. Das ist die Eurex Clearing AG. Alle Käufe und Verkäufe werden hier zentral verwaltet. Die automatisierte Clearing-Stelle der Eurex garantiert die Erfüllung aller getätigten Geschäfte. Das bedeutet, Ihr Vertragspartner ist nie ein Ihnen unbekannter Marktteilnehmer, sondern immer die Clearing- Stelle der Eurex. Die Eurex Clearing AG gewährleistet also als zentraler Kontrahent die Erfüllung sämtlicher Geschäfte, die an der Eurex abgeschlossen werden. Dadurch entfällt für die Marktteilnehmer das individuelle Kontrahentenrisiko.

Faire Marktpreise von Optionen durch Angebot und Nachfrage

Da Angebot und Nachfrage sowie Kauf- und Verkaufskurse über die allen Marktteilnehmern zugänglichen Terminbörsen ausgehandelt werden, sind faire Preise garantiert. Das ist vergleichbar mit einem Marktplatz. Bietet ein Händler seine Ware zu teuer an, gibt es keinen Umsatz. Will ein Kunde zu billig kaufen, gibt es keine Ware. Man trifft sich beim „fairen Preis", so wie an den Terminbörsen.

Weltweiter Zugang zur Eurex sorgt für großes Angebot und riesige Nachfrage

Die Eurex bietet über einen kostengünstigen elektronischen Zugang eine breite Palette internationaler bankenunabhängiger Produkte an. Dazu gehören die Optionen auf Einzelwerte (Aktien) und Indizes, wie beispielsweise den DAX. Von mehreren hundert Standorten auf der ganzen Welt sind die Marktteilnehmer an der Eurex miteinander verbunden. Im Jahr 2020 erzielten sie ein Handelsvolumen von mehr als 2 Milliarden Kontrakten. Damit ist die Eurex einer der weltweit größten Handelsplätze für Derivate.

Elektronisches Handelssystem

Eine einseitige Beeinflussung durch Banken ist ausgeschlossen. Findet sich für ein Kauf- oder Verkaufsangebot kein Marktteilnehmer, stellen in der Regel Market-Maker Kauf- und Verkaufskurse. In der Praxis wird der Handel an der Eurex voll elektronisch abgewickelt. Das heißt konkret: Über ihren Broker stellen die Investoren ihre Kauf- und Verkaufsaufträge ins Handelssystem der Eurex. Angebot und Nachfrage treffen über einen Zentralrechner zusammen. Dieser schließt das Geschäft vollautomatisch ab.

Die standardisierte Ausstattung von Optionen sorgt für ein hohes Maß an Transparenz

Die Eurex lebt von einem hohen Handelsvolumen. Denn (nur) dadurch erzielt sie ihre Einnahmen. Dazu zählen beispielsweise die Gebühren aus dem Optionen-Handel. Deshalb sorgt die Eurex mit standardisierten und völlig klaren und eindeutigen Kontraktspezifikationen und Preistabellen für ein hohes Maß an Transparenz. Dadurch schafft sie Akzeptanz für diese Produkte bei den Anlegern.

Die Eurex berechnet Gebühren im Cent-Bereich

Die Eurex berechnet Ihrem Broker für den von Ihnen getätigten Umsatz pro Kontrakt Gebühren, die lediglich im Cent-Bereich liegen. Das Handelsvolumen von insgesamt mehr als 2 Milliarden Kontrakten im Jahr 2020 macht klar: Es rechnet sich für die Eurex.

Von Lesern höre ich immer wieder, dass Banken Ihnen, dem Optionen-Anleger, zu hohe Gebühren abverlangen. Die Begründung lautet dann oft, die Eurex sei so teuer. Das ist eine glatte Lüge. Ein Beispiel:

Für den Kauf oder Verkauf eines Kontraktes Optionen auf einen deutschen Basiswert berechnet die Eurex Ihrem Broker nur wenige Cent, auch in Abhängigkeit des insgesamt gehandelten Volumens. Mehr nicht. Natürlich muss der Broker seinen eigenen Aufwand und Gewinn auf diese wenigen Cent aufschlagen. Dafür berechnet Ihnen ein preiswerter Broker vielleicht 0,90 € bis 3 €. Ein mehr als fairer Preis. Ein anderer Broker verlangt dafür aber durchaus 20 € und auch mehr. Deswegen als Faustregel: Alles über etwa 10 Cent Gebühr je Optionen-Kontrakt ist einzig durch die Kalkulation Ihres Brokers bedingt und nicht durch die Gebühren im Cent-Bereich der Eurex.

Hinweis: Berechnet Ihnen der Broker zu hohe Gebühren, wechseln Sie diesen sofort.

2.2.2 Marktpreis einer Option

Optionen werden von der Terminbörse definiert (nicht von dieser emittiert). Bei einer neuen Option werden der Basiswert, der Basispreis und die Laufzeit, sowie Call oder Put definiert. Diese Optionen werden in Kontrakten zusammengefasst. Für den Kontrakt wird noch festgelegt, wie viele Optionen er umfasst (typischerweise 100, davon gibt es Abweichungen). Außerdem werden Market-Maker bestimmt, die für faire An- und Verkaufskurse sorgen (müssen), damit die Optionen jederzeit gehandelt werden können.

Danach kann dieser Kontrakt an der Börse gehandelt werden. Stellen Sie sich diese Option zu dem Zeitpunkt vor, wie ein Vertragsvordruck, der noch nicht unterschrieben ist. Wenn sich dann zwei Marktteilnehmer finden (einer kann ein Market-Maker sein), die diese Option kaufen bzw. verkaufen, wird dieser Vertrag mit Leben gefüllt und es gibt erste Umsätze. Auf diese Weise kann es sein, dass es in einem Kontrakt nie einen Umsatz gibt und von anderen Kontrakten mehrere 100.000 Stück gehandelt werden.

Wichtige Kriterien für den Kurs einer Option

Zum Zeitpunkt der ersten Notierung an der Terminbörse wird vom Market-Maker sofort ein Kauf- und Verkaufskurs gestellt. Diesen kalkuliert er mit einem Optionsrechner (dazu mehr am Ende dieses Kapitels). Für diese Kalkulation sind die folgenden 6 Angaben notwendig

1. Kurs des Basiswerts (Aktie, Edelmetall, Währung etc.)
2. Basispreis der Option
3. Laufzeit der Option
4. Zinsen
5. Erwartete Dividenden während der Laufzeit der Option
6. Erwartete (implizite) Volatilität vom Kurs des Basiswerts

Schauen wir uns diese 6 Angaben im Einzelnen an:

1. Kurs des Basiswerts

Dies ist das wichtigste und auch einleuchtendste Kriterium.

Call-Option:

Wenn Sie bei einer Call-Option das Recht haben, den Basiswert für (z. B. Basispreis) 50 € zu kaufen und der Basiswert wird an der Börse immer teurer, ist es logisch, dass der Kurs der Call-Option im Preis steigt.

Sie können in diesem Beispiel immer den Basiswert für 50 € kaufen (Ausübung der Option) und sofort an der Börse zum Tageskurs verkaufen. Je höher der Tageskurs, desto größer der Vorteil.

Put-Option:
Umgekehrt leuchtet es sofort ein, dass eine Put-Option immer teurer wird, wenn der Preis des Basiswerts fällt. Denn Sie haben ja das Recht, den Basiswert für (z. B. Basispreis) 50 € zu verkaufen, auch wenn der Kurs des Basiswerts auf 40 €, 30 € oder sogar 10 € fällt. Sie können den Basiswert immer zum Tageskurs an der Börse kaufen und sofort zum Basispreis *ver*kaufen (Ausübung der Option). Je billiger Sie den Basiswert kaufen, desto größer der Vorteil.

Kurz: Je höher der Kurs des Basiswerts, desto mehr kostet die Call-Option. Je tiefer der Kurs des Basiswerts, desto mehr kostet die Put-Option.

Daraus folgt …

…für Call-Optionen: Je höher der Basispreis einer Call-Option (festgelegt wird), desto günstiger ist diese. Denn Sie haben ja das Recht, den Basiswert zum Basispreis zu kaufen. Kostet der Basiswert an der Börse 60 €, ist Ihr Vorteil beim Kauf des Basiswerts bei einem Basispreis von 50 € weit höher als bei einem Basispreis von 55 €.

… für Put-Optionen: Je höher der Basispreis einer Put-Option (festgelegt wird), desto teurer ist diese. Denn Sie haben ja das Recht, den Basiswert zum Basispreis zu *ver*kaufen. Kostet der Basiswert an der Börse 40 €, ist Ihr Vorteil beim Verkauf des Basiswerts bei einem Basispreis von 55 € weit höher als bei einem Basispreis von 50 €.

Kurz: Je tiefer der Basispreis, desto mehr kostet die Call-Option. Je höher der Basispreis, desto mehr kostet die Put-Option.

2. Basispreis der Option

Der vorherige Abschnitt (1. Kurs des Basiswerts) ist untrennbar mit dem Basispreis der Option verbunden. Dort sehen Sie, dass dem Basispreis einer Option eine entscheidende Rolle für den Preis einer Option zufällt. Je 2 Beispiele für Call und Put:

Call-Option: Ein Basiswert (Aktie) kostet an der Börse 60 €.

a) Ihre Call-Option hat den Basispreis von 50 €. Sie können die Aktie für 50 € kaufen und für 60 € verkaufen. Alles klar. Die Call-Option hat einen Wert.

b) Ihre Call-Option hat den Basispreis von 500 €. Sie haben das Recht, den Basiswert (Aktie) für 500 € zu kaufen, obwohl die Aktie an der Börse nur 60 € kostet. Dieses Recht ist so gut wie wertlos. Die Call-Option wird nicht gehandelt. In der Praxis gibt es solche Optionen auch nicht.

Call-Option:
Dieses realistische Beispiel a) dem theoretischen und letztlich unsinnigen Beispiel b) gegenübergestellt, zeigt die elementare Bedeutung des Basispreises für den Preis einer Option.

Put-Option:
Ein Basiswert (Aktie) kostet an der Börse 40 €.

a) Ihre Put-Option hat den Basispreis von 50 €. Sie können die Aktie für 40 € kaufen und für 50 € verkaufen. Alles klar. Die Put-Option hat einen Wert.

b) Ihre Put-Option hat den Basispreis von 5 €. Sie haben das Recht den Basiswert (Aktie) für 5 € zu *ver*kaufen, obwohl die Aktie an der Börse 40 € kostet. Dieses Recht ist so gut wie wertlos. Die Put-Option wird nicht gehandelt. In der Praxis gibt es solche Optionen auch nicht.

Put-Option:
Dieses realistische Beispiel a) dem theoretischen und letztlich unsinnigen Beispiel b) gegenübergestellt, zeigt die elementare Bedeutung des Basispreises für den Preis einer Option.

3. Laufzeit der Option

Der vorherige Abschnitt (2. Basispreis der Option) hängt untrennbar mit der Laufzeit der Option zusammen. Immer geht es um ein Recht, das Sie innerhalb einer bestimmten Zeit (Laufzeit) haben. Es ist das Recht zum Kauf des Basiswerts beim Call und das Recht zum Verkauf des Basiswerts beim Put. Je länger Sie dieses Recht haben, desto wertvoller ist es. Das gilt für die Call-Option ebenso wie für die Put-Option.

Einfacher Grund: Je länger dieses Recht läuft, desto höher ist die Wahrscheinlichkeit, dass sich der Kurs des Basiswerts in die von Ihnen gewünschte Richtung (beim Call aufwärts, beim Put abwärts) bewegt.

Auch hier verdeutliche ich Ihnen dies durch je ein kleines Beispiel für Call und Put:

Call-Option:
Ein Basiswert (Aktie) kostet an der Börse 60 €. Sie haben eine Call-Option mit dem Basispreis von 70 €.

a) Ihre Call-Option hat eine Laufzeit von 2 Wochen. Damit Sie einen Vorteil durch Ihr Recht haben (die Aktie über das Recht der Call-Option billiger kaufen als direkt an der Börse), muss die Aktie in den 2 Wochen auf über 70 € steigen. Nicht ganz unmöglich, aber doch wenig wahrscheinlich. Ergebnis: Die Call-Option ist günstig.

b) Ihre Call-Option hat die Laufzeit von 1 Jahr. Damit Sie einen Vorteil durch Ihr Recht haben (die Aktie über das Recht der Call-Option billiger kaufen als direkt an der Börse), muss die Aktie in einem Jahr auf über 70 € steigen. Richtige Analyse und Bewertung vorausgesetzt, ist das sehr gut möglich. Ergebnis: Die Call-Option ist teurer als die im ersten Fall unter a).

Put-Option:
Ein Basiswert (Aktie) kostet an der Börse 50 €. Sie haben eine Put-Option mit dem Basispreis von 40 €.

a) Ihre Put-Option hat die Laufzeit von 2 Wochen. Damit Sie einen Vorteil durch Ihr Recht haben (die Aktie über das Recht der Put-Option teurer *ver*kaufen als direkt an der Börse), muss die Aktie in den 2 Wochen auf unter 40 € fallen. Nicht ganz unmöglich, aber doch wenig wahrscheinlich. Ergebnis: Die Put-Option ist billig.

b) Ihre Put-Option hat die Laufzeit von 1 Jahr. Damit Sie einen Vorteil durch Ihr Recht haben (die Aktie über das Recht der Put-Option teurer zu *ver*kaufen als direkt an der Börse), muss die Aktie in einem Jahr auf unter 40 € fallen. Richtige Analyse und Bewertung vorausgesetzt, ist das sehr gut möglich. Ergebnis: Die Put-Option ist teurer als die im ersten Fall unter a).

4. Zinsen

Der aktuelle Tageszins hat einen (nicht sehr hohen) Einfluss auf den Preis von Optionen. Dabei unterscheidet man zwischen Call- und Put-Optionen.

Call-Optionen: Wenn Sie Call-Optionen kaufen, investieren Sie deutlich weniger Geld, als wenn Sie direkt in Aktien (Basiswerte) investieren. Sie haben also mehr Bargeld / Kapital, das Sie zum tagesüblichen Zins anlegen können. Dieser Zinsvorteil wird bei der Berechnung von Call-Optionen berücksichtigt. Je höher der Tageszins, desto teurer werden also Call-Optionen.

Put-Optionen: Wenn Sie Put-Optionen kaufen, wird vorausgesetzt, dass Sie vorhandene Aktien (Basiswerte) nicht sofort verkaufen, sondern nur das Recht dazu gekauft haben. Ihr Bargeld / Kapital ist also niedriger als beim direkten Verkauf der Aktien (Basiswerte). Dieses Kapital können Sie nicht zum Tageszins anlegen. Ein Nachteil. Desto höher der Tageszins, desto größer der Nachteil / Zinsverlust. Also werden Put-Optionen billiger, wenn der Tageszins steigt.

5. Erwartete Dividenden während der Laufzeit der Option

Aktiengesellschaften zahlen oft Dividenden. Am Tag nach der Dividenden-Zahlung notiert der Aktienkurs um die Höhe der Dividende niedriger (Kursbewegungen dieses Tages außer Acht gelassen). Man sagt, die Aktie notiert Ex-Dividende. Hintergrund: Da die Dividenden-Zahlung aus dem Kapital der Aktiengesellschaft erfolgt, wird diese weniger wert. Also sinkt der Kurs.

Die Höhe der Dividende ist meist auf Jahre hinaus bekannt bzw. wird annähernd genau geschätzt. Diese geschätzte Dividende wird in den Preis einer Option eingerechnet. Notiert eine Aktie z. B. mit 50 € und zahlt eine Jahresdividende von 4%, werden bei Optionen entsprechende Abschläge von 2 € je Dividenden-Stichtag während der Laufzeit der Option berücksichtigt.

Daraus folgert:

- **Call-Optionen verlieren nicht bei Dividenden-Zahlungen**

- **Put-Optionen gewinnen nicht bei Dividenden-Zahlungen**

Der „Trick“, vor einer Dividenden-Zahlung Put-Optionen zu kaufen und diese am Tag nach der Dividenden-Zahlung mit Gewinn zu verkaufen, funktioniert nicht. (So einfach ist Börse leider nicht.)

Kommt es aber zu einer vorher nicht bekannten Sonderdividende oder einer deutlichen Abweichung von der eingepreisten Dividende, wirkt sich das auf den Preis von Optionen aus.

6. Erwartete (implizite) Volatilität vom Kurs des Basiswerts

Von den genannten 6 Einflussgrößen auf den Kurs einer Option sind die oben beschriebenen Punkte „1. Kurs des Basiswerts, 2.Basispreis der Option“ und „3. Laufzeit der Option“ die wichtigsten. Genauso bedeutsam ist auch dieser 6. Punkt: „Erwartete (implizite) Volatilität vom Kurs des Basiswerts“. Deshalb spreche ich diesen Punkt ausführlich an.

Eine kurze Erklärung vorab: Die implizite Volatilität drückt die erwartete Schwankungsbreite eines Basiswerts aus. Ist diese hoch, werden Optionen teurer und umgekehrt: Liegt die implizite Volatilität niedrig, werden Optionen billiger.

Begründung: Wenn eine Aktie z. B. 50 € kostet und die Anleger erwarten **sehr hohe** Kursschwankungen (**hohe** implizite Volatilität), ist die Wahrscheinlichkeit hoch, dass die Aktie z. B. auf 60 € steigt oder auch auf 40 € fällt. Gekaufte **Call- und Put-Optionen haben gute Aussichten** auf einen schnellen Gewinn – sie sind relativ teuer.

Wenn eine Aktie 50 € kostet und die Anleger erwarten **sehr niedrige** Kursschwankungen (**niedrige** implizite Volatilität), ist die Wahrscheinlichkeit gering, dass die Aktie z. B. auf 60 € steigt oder auch auf 40 € fällt. **Call- und Put-Optionen haben keine guten Aussichten** auf einen schnellen Gewinn – sie sind relativ billig.

Ausführlich:
Gradmesser für Gewinn-Chancen mit Optionen: Die Volatilität

Die Volatilität ist ein statistisches Maß für die Schwankungen eines Kursverlaufs eines Basiswerts (Aktie, Index, Rohstoff etc.). Die Angabe erfolgt in Prozent. An der Börse wird zwischen der **historischen** und der **impliziten Volatilität** unterschieden. Die historische Volatilität berechnet die Schwankungsbreite aus vergangenen Kursen eines Basiswerts über einen bestimmten Zeitraum in der Vergangenheit. Die historische Volatilität sagt jedoch nichts über die von den Marktteilnehmern erwartete Schwankungsbreite der Zukunft aus.

Die implizite Volatilität ist wichtig für den Preis einer Option

Beim Kauf einer Option wird auf künftig steigende oder fallende Kurse des Basiswerts spekuliert. Entscheidend für die Kurse der Optionen ist deswegen die voraussichtliche Volatilität des Kurses des Basiswerts der Zukunft, die „implizite Volatilität" während der Laufzeit der

Option. Die implizite Volatilität lässt sich nicht errechnen, sie kann nur geschätzt werden.

Hinweis: Gerade haben Sie gelesen, die zukünftige Schwankungsbreite der Optionen kann nur geschätzt werden. Und das ist der Grund, warum sich der zukünftige Preis einer Option nicht exakt errechnen lässt. Deshalb spreche ich lieber von der Kalkulation des Optionspreises als von dessen Berechnung.

Je höher die implizite Volatilität eines Basiswerts, **desto chancenreicher,** aber auch desto risikoreicher ist die Investition in die entsprechende Option und desto „teurer“ ist eine Option. Denn: Je höher die Volatilität, desto größer ist die Wahrscheinlichkeit, dass die Option am Ende der Laufzeit in den Gewinn läuft. Geht die Volatilität zurück, wird dies unwahrscheinlicher und daher hat die Option einen geringeren Wert. Deswegen können Sie bei Optionen auch beobachten, dass sich der Kurs einer Option verändert, obwohl der Basiswert sich nicht bewegt. Eine sich verringernde Volatilität des Basiswerts bedeutet einen sinkenden Options-Kurs. Entsprechend führt eine sich erhöhende Volatilität dazu, dass der Kurs einer Option steigt.

Mit veränderter Volatilität ändern sich Angebot und Nachfrage – das führt zum fairen Preis einer Option

Das lässt sich an einem einfachen Zahlenbeispiel gut darstellen: Nehmen Sie an, eine Aktie notiert bei exakt 50 €. Für die Realisierung eines angestrebten Gewinns von 100% benötigen Sie eine größere Bewegung der Aktie. Beispielsweise 15% bis 20% Kurssteigerung der Aktie sind für einen Call und zum Beispiel 15% bis 20% Kursrückgang der Aktie sind für den Put notwendig, um 100% Gewinn zu erzielen.

Nehmen wir zuerst an, für die Zukunft erwarten die Anleger so gut wie keine Schwankung in dieser Aktie. Die Folge? Die Chancen auf Gewinne durch Optionen sind sehr gering. Am Markt gibt es kaum Nachfrage nach Optionen auf diese Aktie. **Angebot und Nachfrage führen zum fairen Preis einer Option.** Und wo keine Nachfrage ist, sinkt der Preis. Calls und Puts werden billiger.

Nehmen wir jetzt an, die Marktteilnehmer erwarten eine große Schwankungsbreite der Aktie. Das heißt, der Wert hat eine **hohe implizite Volatilität.** Die Chance auf eine 15%-ige Kursbewegung der Aktie steigt stark an. Optionen auf diesen Wert haben eine deutlich **höhere Gewinn-Chance.** Die Anleger sind bereit, für diese Chance einen „Preis" zu bezahlen. Die Nachfrage nach diesen Optionen steigt. Und entsprechend werden diese Optionen „teurer". Je höher die implizite Volatilität geschätzt wird, desto höher ist auch der kalkulierte Optionspreis für die Zukunft.

Exkurs zu Optionsscheinen der Banken

Bei den von Banken emittierten Optionsscheinen wird die implizite Volatilität auch geschätzt. Und zwar von den Banken selbst. Je höher diese die Volatilität schätzen, desto teurer ist der Optionsschein.

Mit der Schätzung der impliziten Volatilität können die Banken bei ihren Optionsscheinen die Kurse manipulieren, wie sie wollen. Und das geht zum Beispiel so:

Eine Bank emittiert einen Optionsschein. Die implizite Volatilität wird von der Bank hoch geschätzt. Der Optionsschein ist teuer. Er wird von der emittierenden Bank *ver*kauft und seitens der Anleger *ge*kauft. Sind kurze Zeit später zum Beispiel 90% dieses Optionsscheins in Anlegerhand, sinkt „wie durch ein Wunder" die implizite Volatilität. Der Preis des Optionsscheins fällt deutlich. Und die Bank steht für 90% dieser Papiere potenziell auf der Käuferseite zum billigen Rückkauf ihrer Produkte.

Die implizite Volatilität aus anderer Betrachtungsweise

Bei Optionen können Sie manchmal folgendes Phänomen beobachten: Sie haben einen Call gekauft, weil Sie steigende Kurse des Basiswerts (beispielsweise einer Aktie) erwarten. Der Kurs der Aktie bewegt sich zwar insgesamt seitwärts, schwankt dabei jedoch stark hin und her. Ihr Call legt trotzdem im Wert zu. Umgekehrt kann es sein, dass Sie einen Call auf eine Aktie beobachten, den Sie vielleicht kaufen wollen. Der Aktienkurs legt zu, der Call wird trotzdem billiger. Ähnliches gilt auch für einen Put. Es kann sein, dass ein Put im Wert zulegt, obwohl der Basiswert im Kurs steigt. Dieses „Phänomen" ist erklärbar.

Schauen Sie auf die Börsensituation im Jahr 2020. Der DAX brach infolge des Corona-Crashs ein. Die Schwankungsbreite der Kursbewegung, im Vergleich zu dem ruhigen Verlauf im Januar und Anfang Februar erhöhte sich stark. Der VDAX-New explodierte auf über 85%.

Der VDAX-New gibt Ihnen wertvolle Hinweise auf die Optionspreise

Die Schwankungsbreite des DAX wird im VDAX-New (Volatilität des DAX) festgehalten. VDAX-New bildet die von den Börsianern für die nächsten 30 Tage erwartete Schwankungsbreite des DAX ab. Die Angabe erfolgt in Prozent.

Anfang des Jahres 2020 stand der VDAX-New beispielsweise bei Werten um 12%. In der Spitze des Corona-Crashs in 2020 notierte dieser Wert über 85%! Das war an einem Tag, an dem sich der DAX in einer Handelsspanne von über 1.800 Punkten bewegte (extrem hohe Volatilität).

Um die „implizite Volatilität“ annäherungsweise festzulegen, werden die von den Anlegern gehandelten Calls und Puts berücksichtigt, die in den kommenden 30 Tagen fällig werden. Diese Zahlen stellen immer nur eine Momentaufnahme dar und lassen entsprechend nur eine grobe Schätzung der impliziten Volatilität zu.

Der VDAX-New ist im folgenden Chart dargestellt, wieder am Beispiel der drastischen Veränderung der Volatilität während des Corona-Crashs 2020.

VDAX-New und die Auswirkung auf Optionspreise

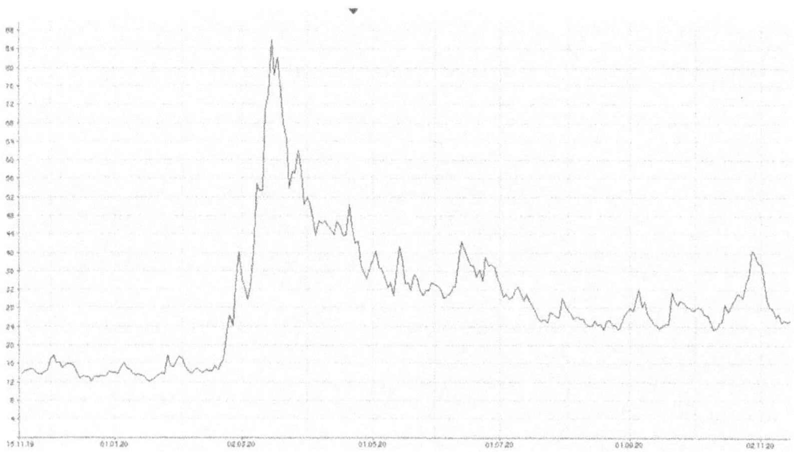

Der Chart zeigt den Verlauf des VDAX-New von November 2019 bis November 2020. Deutlich zu erkennen ist der dramatische Anstieg des VDAX-New im März und der schnelle Rückgang, als sich der DAX wieder etwas stabilisierte.

Nehmen Sie für die folgende Betrachtung als Beispiel einen Call auf eine fiktive Muster-Aktie. Für einen Put gelten die hier gemachten Angaben entsprechend. Der Kurs des Calls entspricht dem eines realen vergleichbaren Calls an der Börse.

Basiswert: Muster-Aktie
Aktueller Kurs der Aktie: 69 €
Optionstyp: Call
Laufzeit bis zum Verfallstag des Calls: 180 Tage
Basispreis des Calls: 70 €
Kurs des Calls an der Börse: 5 €

Mit einem Optionsrechner (dazu später mehr) habe ich die Volatilität bestimmt. Sie ist mit 25% im Kurs dieses Calls eingepreist. Im obigen Chart des VDAX-New *„VDAX-New und die Auswirkung auf Optionspreise"* sehen Sie, dass dies ein hoher Wert ist. Das heißt, die Anleger erwarten für diese Aktie stark schwankende Kurse.

Stark schwankende Kurse können dazu führen, dass die Aktie schnell im Kurs steigt. Das erhöht die Chance, dass der Call entsprechend schnelle Gewinne erzielt. Es erhöht natürlich auch das Risiko für Verluste. Die Anleger sind bereit, für den Call mehr zu bezahlen. Der Call wird somit teurer.

Nehmen wir an, die Anleger rechnen nicht mit hohen Kursschwankungen. Die Volatilität ist niedrig. Wenn ich die Volatilität mit 20% (statt 25%) ansetze und alle anderen Angaben (Kurs der Aktie 69 €, Laufzeit des Calls 180 Tage, Basispreis des Calls 70 €) unverändert lasse, errechnet sich ein Kurs des Calls von 4,05 €. Setze ich die Volatilität auf 13%, einen Wert wie Anfang 2007, errechnet sich ein Call-Kurs von 2,70 €.

Den VDAX-New beim Kauf von Optionen beachten

Sie haben die extremen Werte des VDAX-New während des Corona-Crashs gesehen. Schauen wir im nächsten Chart in die Vergangenheit. Wie hoch ist die Implizite Volatilität im Verlauf der Finanzkrisen der vergangenen Jahre gewesen? Die implizite Volatilität ist im historischen Vergleich mit unter 15% sehr niedrig, mit 25% relativ hoch und mit 50% sehr hoch ist. Das sehen Sie im folgenden Chart:

Langfristige Volatilität des DAX

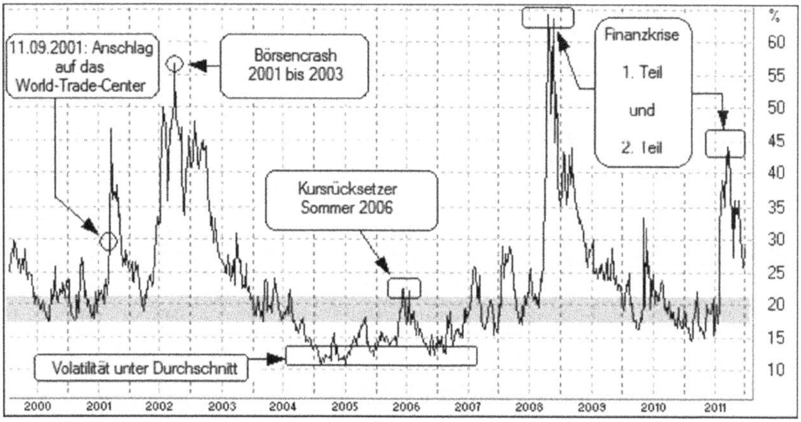

Im Chart sehen Sie den VDAX-New auf Basis seiner Wochenschluss-Notierungen. Der Normalbereich der Jahre 2000 bis 2011 pendelt um 20% (grau markiert). Extreme Ausschläge nach oben gab es unmittelbar nach dem Terroranschlag auf das World-Trade-Center. Und im Oktober 2002 explodierte der VDAX-New auf einen Extremwert. Das war in der Spitze des Börsen-Crashs der Jahre 2001 bis März 2003. Danach notierte der VDAX-New überwiegend unterhalb des Normalbereiches. Bei der Hypotheken-/Banken-/Finanz-/Eurokrise erreichte der VDAX-New wieder Extremwerte.

Der VDAX-New während Seitwärtsphasen und Kurseinbrüchen der letzten Jahre

Während der Seitwärtsphasen der Jahre 2015 und 2016, in denen die Bewegung des DAX von starken Anstiegen zu starken Kursrückgängen wechselte, lassen sich die Volatilitäts-Anstiege während der Phasen des Kursrückgangs im VDAX-New sehr gut erkennen. Im Jahr 2017 stieg der DAX kontinuierlich an. Daher sank der VDAX-New kontinuierlich in den Bereich seiner tiefsten Werte um 12%. Der Kurseinbruch im Februar und März 2018 ließ den VDAX-New dann wiederum auf etwa 40% explodieren. Im April beruhigte sich die Börse wieder und der VDAX-New sank in den Bereich um 15% zurück.

Hohe Volatilität und Gewinn-Chancen

Je höher die implizite Volatilität eines Basiswerts, desto chancenreicher, aber auch risikoreicher ist der Kauf einer Option. Entsprechend wird sie teurer. Denn: Je höher die Volatilität, desto größer ist die Wahrscheinlichkeit, dass die Option während ihrer Laufzeit in den Gewinn läuft. Geht die Volatilität zurück, wird dies unwahrscheinlicher. Deshalb sinkt der Preis einer Option.

Das ist der Grund, warum Sie bei Optionen beobachten können, dass sich der Kurs verändert, obwohl sich der Kurs des Basiswerts nicht oder kaum bewegt. Eine sich verringernde Volatilität des Basiswerts bedeutet einen sinkenden Options-Kurs. Umgekehrt führt eine zunehmende Volatilität dazu, dass der Kurs einer Option steigt.

Kennzahlen zur Kalkulation und Berechnung eines Optionspreises

In der vorherigen Betrachtung haben Sie gesehen, dass die implizite Volatilität wichtig für den Preis einer Option ist. Die implizite Volatilität können Sie aber nur schätzen. Eine auf den Cent genaue Berechnung des künftigen Optionspreises gibt es daher nicht.

Berechnung eines Optionspreises setzt Annahmen voraus

Die Berechnung: Eine Aktie YX steigt im Kurs von 50 € auf 55 €, deshalb steigt der Kurs der Call-Option um einen exakt bestimmbaren Euro-/Cent-Betrag ist nicht möglich. Trotzdem lassen sich künftige Kurse von Optionen berechnen. Das setzt aber Annahmen voraus, die in die Berechnung einfließen. Verändern sich die Annahmen, verändert sich der künftige Preis einer Option. Das ist logisch. Denn wie Sie gesehen haben, wirkt sich z. B. ein veränderter Zinssatz auf den Preis einer Option aus und ebenso die gerade erläuterte implizite Volatilität.

Black & Scholes, Cox und die Griechen

Für die Berechnung der Optionspreise gibt es 2 gebräuchliche Modelle: Black-Scholes und Cox-Rubinstein. Die Unterschiede liegen in komplizierten mathematischen Formeln, auf die ich hier aber nicht näher eingehen werde.

Aus den Optionspreis-Modellen lassen sich die sogenannten „Griechen" ableiten. Die Griechen beschreiben die Preisänderung von Call-

und Put-Optionen während der Laufzeit in Abhängigkeit der verschiedenen Berechnungs-Parameter. Die Berechnung der „Griechen" habe ich Ihnen nachfolgend kurz erläutert.

Delta:
Delta bezeichnet die Veränderung des Optionspreises im Vergleich zur Kursveränderung des Basiswerts, der der Option zugrunde liegt.

Gamma:
Das Gamma misst die Veränderung des Delta in Bezug auf eine Veränderung des Kurses des Basiswerts.

Rho:
Rho bezeichnet die Kursveränderung einer Option, wenn sich der Zinssatz um einen Prozentpunkt verändert.

Theta:
Theta ist der Zeitwertverlust einer Option (dazu unten mehr).

Vega (auch Kappa oder Thau):
Vega bezeichnet die Kursveränderung einer Option, wenn sich die implizite Volatilität um einen Prozentpunkt verändert.

Wenn Sie Preise von Optionen berechnen bzw. kalkulieren, können Sie mithilfe von Optionsrechnern, beispielsweise dem der EUREX, auch die Griechen entnehmen.

Der Zeitwert einer Option

Bevor wir zur Berechnung von Optionspreisen kommen, betrachten wir uns eine Sache ganz genau: den Zeitwert einer Option (Theta).

Weiter oben haben Sie schon gelesen, dass die Chance auf die prognostizierte Kursentwicklung eines Basiswerts umso größer ist, je länger die Option noch läuft. Diese Zeit hat einen Wert: Das ist der Zeitwert einer Option.

Beispiel: Eine Aktie notiert mit 50 €. Sie erwarten, dass der Kurs auf 55 € steigt. Wenn Sie dafür 12 Monate Zeit haben, ist die Chance auf den Kurs von 55 € natürlich viel höher, als wenn der Kurs in 4 Wochen bei 55 € stehen soll. Also ist eine ansonsten gleich ausgestattete Call-Option mit der Laufzeit von 12 Monaten deutlich teurer als eine mit einer Laufzeit von 4 Wochen.

Zeitwert: Kritische Entwicklung für den Käufer einer Option

Beim Kauf einer Option bezahlen Sie also immer auch den Zeitwert der Option. Da dieser abnimmt, entwickelt er sich also gegen Ihre Investition. Wenn Sie in Optionen mit langer Laufzeit investieren und diese frühzeitig verkaufen (glattstellen), müssen Sie dem Zeitwertverfall keine zu hohe Beachtung beimessen.

Verlauf des Zeitwertes einer Option

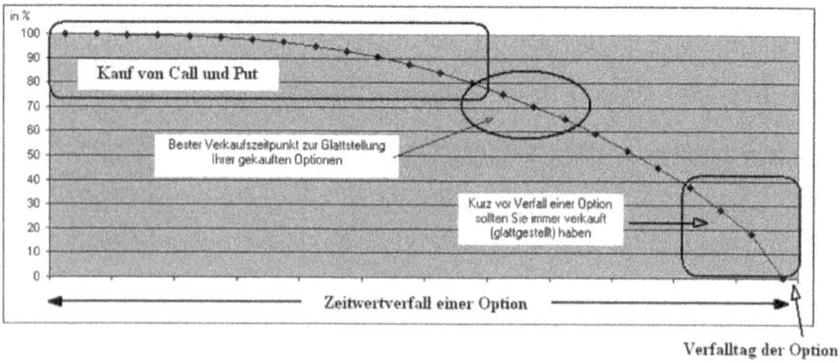

Bei langer Laufzeit einer Option ist der Zeitwertverfall am Anfang sehr gering. Je näher sich eine Option ihrem Verfallstag nähert, desto stärker nimmt der Zeitwertverfall zu. Am Verfallstag beträgt der Zeitwert exakt null.

Hinweis: Achten Sie beim Kauf einer Option immer darauf, dass diese eine ausreichend lange Restlaufzeit hat. Die Restlaufzeit sollte immer an die geplante Zeitdauer Ihrer Investition angepasst sein.

Optionen: Am Geld, im Geld, aus dem Geld, innerer Wert

Der Preis einer Option setzt sich immer aus dem Zeitwert und dem inneren Wert zusammen. Dabei können der Zeitwert oder innerer Wert auf null fallen, so, dass der Kurs der Option dem Zeitwert oder inneren Wert entspricht.

Der Zeitwert ist beim Verfall der Option (letzter Handelstag und letzte Minute) gleich null. Der innere Wert ist gleich Null, wenn die Option genau „im Geld" oder "aus dem Geld" notiert.

Hinweis: Man bezeichnet im allgemeinen eine Option auch dann „am Geld", wenn Sie nur geringfügig, also ein paar Cent „im Geld" oder „aus dem Geld" notiert. Daher hat eine Option, die nur einige Cent im Geld notiert, entsprechend einen inneren Wert von einigen Cent.

Basispreis der Option ist entscheidend für „im Geld, am Geld" oder „aus dem Geld"

Vergleichen Sie den Basispreis der Option mit dem aktuellen Kurs des Basiswerts, dann erkennen Sie, ob eine Option „im Geld, am Geld" oder „aus dem Geld" notiert. Der Basispreis einer Option ist der Preis, zu dem der Käufer einer Option den der Option zugrunde liegenden Basiswert (typischerweise eine Aktie) erwerben oder verkaufen kann.

Beispiel zum einfachen Verständnis:

Bei einer **Call-Option** haben Sie das Recht, den Basiswert zum Basispreis von 50 € zu kaufen. Die Ausübung (Kauf des Basiswerts) lohnt sich nur, wenn der Basiswert über 50 € notiert. Bei einer **Put -Option** haben Sie das Recht, den Basiswert zum Basispreis von 50 € zu *ver*kaufen. Die Ausübung (*Ver*kauf des Basiswerts) lohnt sich nur, wenn der Basiswert unter 50 € notiert.

Nun kann der Kurs der Aktie genau 50 € entsprechen, darüber oder darunter liegen. Mit diesen 3 Möglichkeiten lassen sich die Begriffe „im Geld, am Geld, aus dem Geld" sowie „innerer Wert" abschließend definieren.

Optionen am Geld

Eine Option, deren Basispreis, so wie oben erläutert, in etwa dem aktuellen Kurs des Basiswerts entspricht ist „am Geld". Ein Beispiel: Wenn eine Aktie als Basiswert bei einem Kurs von 50 € steht und Sie eine Call-Option oder Put-Option auf diese Aktie kaufen, die als Basispreis 50 € hat, steht diese Option „am Geld". Ein Call oder Put mit dem Basispreis 50 € gibt Ihnen das Recht, eine Aktie zum Preis von 50 € zu kaufen oder zu *ver*kaufen. Wenn der Aktienkurs aber genau 50 € beträgt, haben Sie dadurch keinen Vorteil, keinen „inneren Wert".

Eine Option „am Geld" hat keinen oder nur einen sehr geringen „inneren Wert". Also besteht der Optionspreis fast ausschließlich aus dem Zeitwert.

Optionen aus dem Geld

Eine **Call-Option** ist „aus dem Geld", wenn der Basispreis der Call-Option über dem aktuellen Kurs einer Aktie notiert. Wenn eine Aktie bei einem Kurs von 50 € steht und Sie kaufen eine Call-Option mit einem Basispreis von 51 € oder höher, ist diese Call-Option „aus dem Geld“.

Für eine **Put-Option** gilt das entsprechend umgekehrt. Bei dem angenommenen Kurs von 50 € liegt eine Put-Option mit dem Basispreis 49 € oder niedriger „aus dem Geld“.

Eine Option „aus dem Geld“ hat nie einen „inneren Wert“. Also besteht der Optionspreis nur als Zeitwert.

Optionen im Geld (innerer Wert)

Eine **Call-Option** ist „im Geld“, wenn der Basispreis der Call-Option unter dem aktuellen Kurs einer Aktie liegt. Wenn eine Aktie bei einem Kurs von 50 € steht und Sie kaufen eine Call-Option auf diese Aktie mit einem Basispreis von 49 € oder tiefer, dann liegt diese Call-Option „im Geld“.

Sie haben mit diesem Call das Recht, während oder am Ende der Laufzeit des Calls den Basiswert zum Kurs von 49 € zu kaufen, auch wenn der Kurs der Aktie über 49 € notiert. Diese Differenz zwischen Basispreis des Calls und dem Kurs der Aktie nennt man „inneren Wert“ der Option, sie ist „im Geld“.

Für eine **Put-Option** gilt das wieder entsprechend umgekehrt. Bei dem angenommenen aktuellen Kurs einer Aktie von 50 € liegt eine Put-Option auf diese Aktie mit dem Basispreis von 51 € oder höher „im Geld“. Sie haben mit diesem Put das Recht, während oder am Ende der Laufzeit des Puts den Basiswert zum Kurs von 51 € zu *ver*kaufen, auch wenn der Kurs der Aktie unter 51 € notiert. Diese Differenz zwischen Basispreis des Puts und dem Kurs der Aktie nennt man „inneren Wert“ der Option.

Jede Option „im Geld“, sowohl Call als auch Put, hat also immer auch einen „inneren Wert“. Bei Optionen „im Geld“ besteht der Optionspreis immer aus innerem Wert und Zeitwert.

Hinweis: Das eine Option „im Geld“ notiert, bedeutet aber nicht automatisch, dass der Investor mit seiner Position bereits im Gewinn ist.

Status „am Geld – im Geld – aus dem Geld“ verändert sich

Während der Laufzeit jeder Option kann sich der Status „am Geld – im Geld – aus dem Geld“ verändern. Es ist sogar typisch, dass sich dieser Status verändert.

Hinweis: Statt „Status“ wird oft das englische Wort *Moneyness* verwendet. Ebenso wie für die Begriffe „am Geld“: *At the Money, ATM*, „im Geld“: *In the Money, ITM* und „aus dem Geld“: *Out the Money, OTM.*

Auch hier je ein Beispiel für Call und Put:

Sie kaufen eine Call-Option mit dem Basispreis von 50 €. Die Aktie (der Basiswert) notiert zu dem Zeitpunkt mit 48 €. Der Basispreis der Call-Option liegt über dem aktuellen Kurs des Basiswerts. Die Call-Option ist „aus dem Geld“. Steigt der Kurs der Aktie nun auf 50 €, ist diese Call-Option „am Geld“. Und steigt der Aktienkurs weiter, ist diese Call-Option „im Geld“, solange der Aktienkurs über 50 € notiert.

Sie kaufen eine Put-Option mit dem Basispreis von 50 €. Die Aktie (der Basiswert) notiert zu dem Zeitpunkt mit 52 €. Der Basispreis der Put-Option liegt unter dem aktuellen Kurs des Basiswerts. Die Put-Option ist „aus dem Geld“. Fällt der Kurs der Aktie nun auf 50 €, ist diese Put-Option „am Geld“. Und fällt der Aktienkurs weiter, ist diese Put-Option „im Geld“, solange der Aktienkurs unter 50 € notiert.

Innerer Wert am Verfallstag

Am Verfallstag, konkret in der letzten Handelsminute, beträgt der Zeitwert einer Option null. Hat sie keinen inneren Wert (notiert also nicht „im Geld"), ist die Option wertlos. Deshalb lässt sich da die einfache Formel aufstellen:

Call-Option: Positive Differenz vom Kurs des Basiswerts abzüglich des Basispreises der Option = innerer Wert bzw. „im Geld".

Bei einem Call mit dem Basispreis von 50 € und einem Kurs des Basiswerts von z. B. 51 € hat diese Option einen inneren Wert von 1 € und liegt damit „im Geld".

Put-Option: Positive Differenz vom Basispreis der Option abzüglich des Kurses des Basiswerts = innerer Wert bzw. „im Geld".

Bei einem Put mit dem Basispreis von 50 € und einem Kurs des Basiswerts von z. B. 48 € hat diese Option einen inneren Wert von 2 € und liegt damit „im Geld".

Marktpreis einer Option: Reduzierung auf das Wesentliche

Mit einiger Erfahrung sind die oben genannten wichtigen Faktoren für den Preis einer Option schnell verinnerlicht. Für den Einsteiger in den Optionen-Handel geht das vielleicht auch schon etwas zu tief in die Theorie. Deshalb können Sie das in der Praxis reduzieren auf die bereits mehrfach genannte eine Frage für Call bzw. Put:

Frage zur Call-Option: Wird der Kurs des Basiswerts nach dem Kauf der Call-Option steigen und bis etwa 3 Monate vor dem letzten Handelstag des Calls über dem Basispreis des Calls bzw. am letzten Handelstag deutlich darüber notieren?

Die Bewertung: Können Sie diese Frage bejahen, hat der Call gute Gewinn-Aussichten.

Frage zur Put-Option: Wird der Kurs des Basiswerts nach dem Kauf der Put-Option fallen und bis etwa 3 Monate vor dem letzten Handelstag des Puts unter dem Basispreis des Puts bzw. am letzten Handelstag deutlich darunter notieren?

Die Bewertung: Können Sie diese Frage bejahen, hat der Put gute Gewinn-Aussichten.

Der Optionsrechner: Kalkulation von Optionspreisen

Um den zukünftigen Preis einer Option zu berechnen, müssen Sie bestimmte Annahmen treffen. Deshalb spreche ich bei der Prognose für den Kurs einer Option, wie weiter vorn geschrieben, auch von der Kalkulation.

Sehen Siehier nochmals die Komponenten, die für die Kalkulation des Optionspreises wichtig sind.

So setzt sich der Optionspreis zusammen

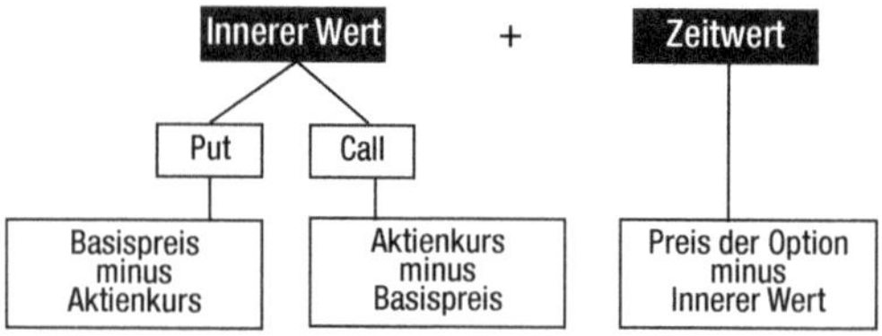

Jede Option hat einen inneren Wert und einen Zeitwert. Die Addition dieser beiden Werte führt zum Optionspreis. Am Verfallstag liegt der Zeitwert einer Option bei null.

Einflussfaktoren für den Optionspreis

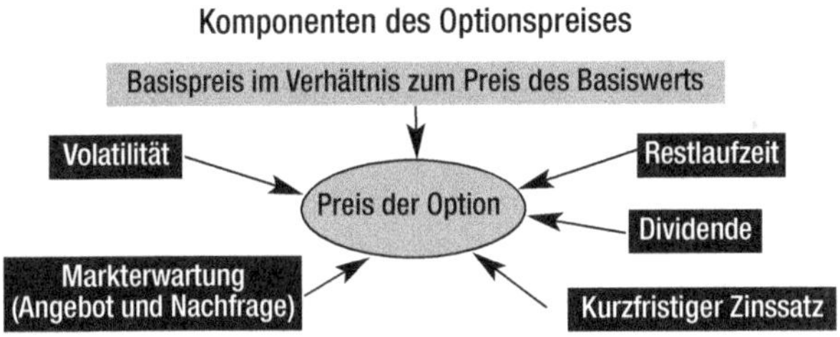

Diese Grafik zeigt die auf den vorherigen Seiten beschriebenen Komponenten des Optionspreises auf einen Blick. Diese Faktoren fließen alle in die folgenden Kalkulationen/Berechnungen ein.

Kalkulation von Optionspreisen mit Optionsrechner

Die Kalkulation können Sie mittels eines Optionsrechners und einiger weniger Angaben vornehmen. Der Optionsrechner der Eurex ist eine Software, die Sie kostenfrei auf der Webseite der Eurex verwenden können (www.eurexchange.com > Handelsprogramme > OptionMaster).

Optionsrechner: Nur auf den ersten Blick verwirrend

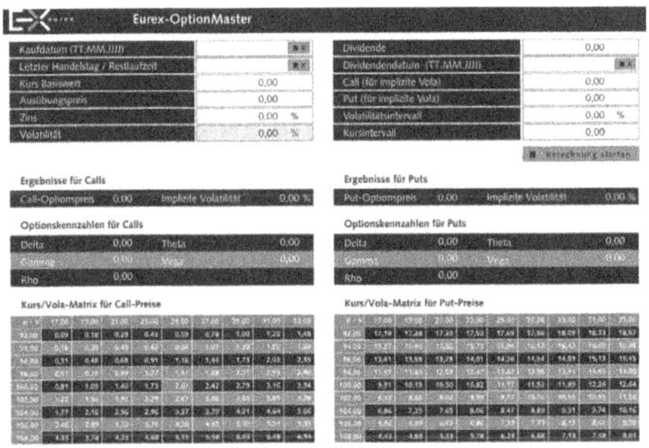

Dieser Optionsrechner sieht komplex aus. Die Bedienung ist jedoch recht einfach, wenn Sie die Angaben auf die wesentlichen Punkte reduzieren.

Optionspreis eines Calls und eines Puts kalkuliert

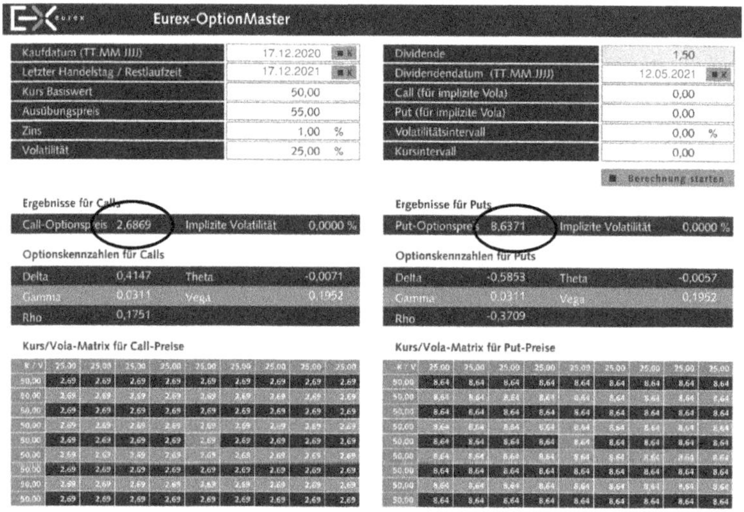

Hier sind die wesentlichen Angaben aus der vorherigen Darstellung ausgefüllt. Die Angaben sind von mir angenommen, aber mit der Realität vergleichbar. Kurze Erläuterung:.

- *Der Kurs des Basiswerts, z. B. eine Aktie, liegt bei 50 €*
- *Die Option hat einen Basispreis von 55 €.*
- *Die Volatilität habe ich mit 25% kalkuliert (dazu unten mehr).*
- *Den Zinssatz trage ich gerundet mit 1% an.*
- *Die Option hat hier eine Restlaufzeit von 1 Jahr (z. B. 17.12.2020–17.12.2021)*
- *Die Dividende von 1,50 € entspricht einer 3%-igen Dividende.*
- *Diese Dividende wird während der Laufzeit 1 x gezahlt, hier habe ich fiktiv 12.05.2021 gewählt.*

Ergebnis für die Call-Option:

Eine Call-Option auf diesen Basiswert mit den o. a. Angaben ist „aus dem Geld" und kostet zum Zeitpunkt der Kalkulation 2,68 € (siehe Markierung in der Grafik *Optionspreis eines Calls und eines Puts kalkuliert* oben).

Put-Optionen rechnen sich vergleichbar

Am Rande: Der Optionsrechner nennt immer auch den Preis der anderen Option, hier der Put-Option. In den folgenden Betrachtungen bleibe ich aber bei einer Call-Option. Gleichwohl: Hätten Sie einen Put mit den o. a. Werten, läge der kalkulierte Preis bei 8,64 € (siehe Markierung in der Grafik *Optionspreis eines Calls und eines Puts kalkuliert* auf der vorherigen Seite). Alle folgenden Angaben zum Optionsrechner können Sie also natürlich auch auf Put-Optionen übertragen. Dann würden Sie aber einen fallenden Kurs des Basiswerts kalkulieren.

Angaben im Optionsrechner variieren

Wie schon erwähnt, werden hier auch die „Griechen" angegeben, da diese sich aus der verwendeten Formel für die Optionspreis-Berechnung ableiten. Ich werde auf die Interpretation der Griechen hier aber im Detail nicht näher eingehen. Denn was uns als Börsen-Praktiker interessiert, ist die Entwicklung des Optionspreises selbst. Diese gibt Ihnen der Optionsrechner ja explizit an. Wenn Sie einen solchen Optionsrechner nutzen, können Sie mit den Angaben unter den Menüpunkten „Eingabe" und „erweiterte Eingabe" spielen. Sie verändern einfach die Restlaufzeit, die Volatilität, den Zinssatz oder die Dividende und sehen, dass sich der Optionspreis logischerweise verändert.

Unwichtige Angaben nicht berücksichtigen

Diese Veränderungen machen aber nur für die Kalkulation eines zukünftigen Optionspreises einen Sinn. Denn den aktuellen Optionspreis sehen Sie ja in Ihrer Handelsmaske. Für die zukünftige Kalkulation ist es aber nur nebensächlich, ob der Zins z. B. mit 0,5% oder 1,5% eingegeben wird. Dasselbe gilt für die Dividende: ob 1,50 € oder 1,55 € hat keine große Auswirkung. Da sich diese Angaben auch nicht gravierend ändern (der Zins wird während der Laufzeit nie und nimmer von 1% auf 3% oder gar 5% steigen), ist es wenig sinnvoll, diese Angaben zu verändern.

Wichtige Angaben berücksichtigen

Entscheidend für die Kalkulation eines künftigen Optionspreises sind 2 Fragen:

1. **Welchen Kurs des Basiswerts erwarten Sie zu welchem Zeitpunkt?**
2. **Wie schätzen Sie zu dem Zeitpunkt die implizite Volatilität ein?**

Kurs des Basiswerts soll in 6 Monaten 20% steigen

Nehmen wir an, Sie erwarten eine Kurssteigerung des Basiswerts von rund 20% innerhalb eines halben Jahres. Also müsste in diesem Beispiel der Kurs des Basiswerts bei 60 € liegen (Ausgangswert 50 € plus 20% = 60 €) und die Laufzeit von 360 Tagen hat sich auf 180 Tage reduziert. Diese Angaben habe ich in den Optionsrechner eingegeben.

Kalkulation eines Optionspreises für 6 Monate im Voraus

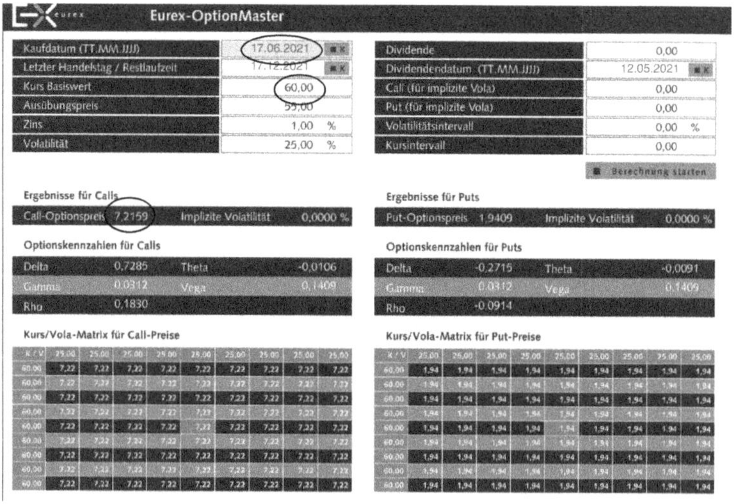

Die drei Veränderungen in der Eingabe:

1. Kurs des Basiswerts auf 60 € (erwarteter Zielkurs) gesetzt.

2. *Restlaufzeit von 1 Jahr auf 1/2 Jahr reduziert. Ich habe dazu einfach den Kauftag um 6 Monate auf den 17.06.2021 nach vorn verschoben. Restlaufzeit daher jetzt 6 Monate.*
3. *Ich gehe hier davon aus, dass die Dividende bereits gezahlt wurde. Also Dividende und DiviTage auf 0 gesetzt.*

Ergebnis und Gewinn-Kalkulation für die Call-Option:

Diese Call-Option wird unter den gemachten Voraussetzungen 7,21 € wert sein. Das ist gemessen am Kaufpreis von 2,68 € ein Gewinn von +169,03%.

Kalkulation statt Berechnung

Natürlich läuft innerhalb der Software eine präzise Rechnung ab. Sie sehen, dass die den Kurs einer Option bis auf die vierte Stelle hinter dem Komma berechnet. Aber eine Cent-genaue Berechnung des Optionspreises aus heutiger Sicht für den Preis in der Zukunft ist es gleichwohl nicht. Deshalb spreche ich lieber von der Kalkulation eines Optionspreises als von der Berechnung.

Kalkulation eines Optionspreises – Sonderfall: Implizite Volatilität

Im obigen Beispiel habe ich die implizite Volatilität auf 25% gesetzt. In der Praxis ist Ihnen der aktuelle Preis einer Option bekannt. Wenn Sie diesen jetzt in den Optionsrechner eingeben, und zwar in das Feld „Call (implizite Vola)“, und alle anderen notwendigen Parameter der Option gleich lassen, berechnet Ihnen das Modell die implizite Volatilität, die in der Option eingepreist ist. Der Rechner zeigt also wieder die 25% an, hier genau: 24,9578%.

Berechnung der impliziten Volatilität

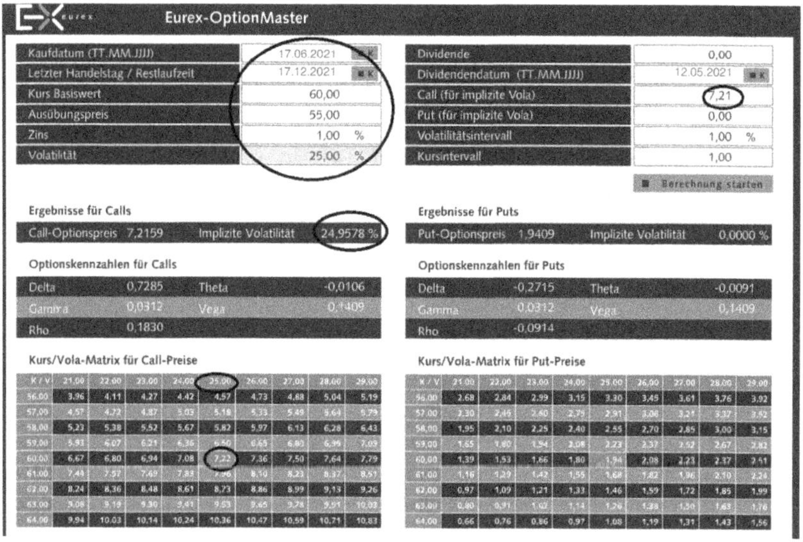

Eingaben für die zu kalkulierende Option sowie die Ergebnisse der Berechnungen erkennen Sie an den Markierungen

Am (möglichen) Kauftag sind der Kurs des Basiswerts, Zins, Dividende, Restlaufzeit und Kurs der Call-Option bekannt. Diese Angaben sind wie weiter oben beschrieben. Zusätzlich geben Sie unter „erweiterte Eingabe" den aktuellen Kurs der Call-Option ein. Unter „Ergebnisse für Calls" sehen Sie als letzten Wert die „implizite Volatilität".

Diesen Wert von (hier) 25% habe ich dann für die obige Kalkulation unverändert gelassen. Daraus ergab sich der Optionspreis von 7,21 €. (Den Wert von 7,21 € sehen Sie in der vorletzten Grafik.)

Ob die implizite Volatilität aber für z. B. 180 Tage unverändert bleibt, ist nicht sicher, eher sogar unwahrscheinlich. Steigen die Aktienmärkte kontinuierlich, bleibt die implizite Volatilität typischerweise konstant oder fällt. Sind die Märkte nervös oder fallen (crashartig), steigt die implizite Volatilität an.

Veränderung der impliziten Volatilität verändert Optionspreis deutlich

Die implizite Volatilität ist im Grunde das, was sich in Angebot und Nachfrage widerspiegelt.

- Fallen die Märkte, dann werden mehr Put-Optionen nachgefragt: Deren Kurs steigt.
- Steigen die Märkte, dann werden mehr Call-Optionen nachgefragt: Deren Kurs steigt.

Diese implizite Volatilität müssen Sie für die Kalkulation schätzen. Dafür müssen Sie eine Annahme der Marktentwicklung treffen.

Für diese Annahme habe ich in der obigen „Kalkulation eines Optionspreises für 6 Monate im Voraus" die implizite Volatilität unverändert bei 25% gelassen. Der kalkulierte Preis der Option lag danach bei 7,21 €. Jetzt nehme ich 2 deutliche Veränderungen der impliziten Volatilität vor, um die Auswirkung darzustellen.

Implizite Volatilität fällt stark

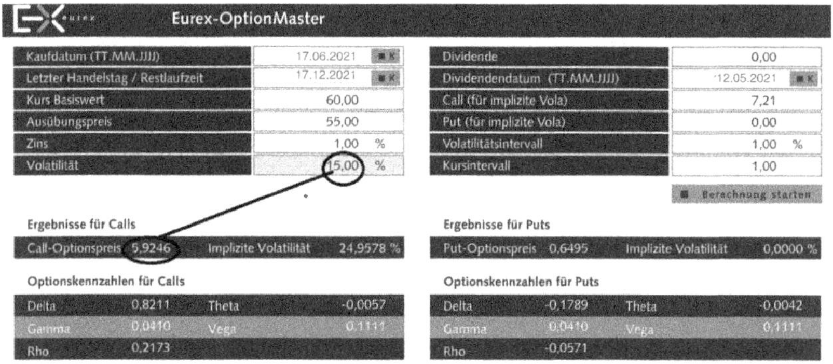

Alle Angaben außer der impliziten Volatilität sind unverändert. Die implizite Volatilität habe ich mit 15% angesetzt. Unter dieser Voraussetzung liegt der Optionspreis in einem halben Jahr bei 5,92 €. Ein hervorragender Gewinn von +120,9% gemessen am Kaufpreis von 2,68 €. Aber doch ein deutlicher Unterschied zu den 7,21 € bei einer implizite Volatilität von 25%.

Implizite Volatilität steigt deutlich

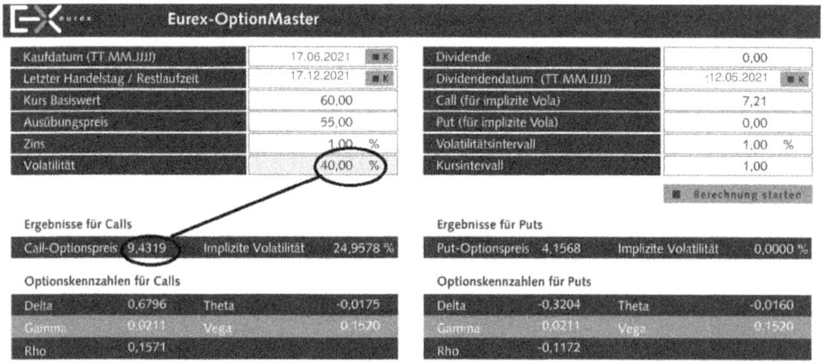

Wieder sind alle Angaben außer der impliziten Volatilität unverändert. Die implizite Volatilität habe ich jetzt aber mit 40% angesetzt. Unter dieser Voraussetzung liegt der Optionspreis in einem halben Jahr bei 9,43 €. Ein grandioser Gewinn von +251,9% gemessen am Kaufpreis von 2,68 €. Ein enormer Unterschied zu den 7,21 € bei einer implizite Volatilität von 25%.

Auswirkung der impliziten Volatilität

Ich habe 3 Annahmen für die Marktsituation in einem halben Jahr getroffen. Das führte zu sehr starken Abweichungen der kalkulierten Optionspreise. Die Gegenüberstellung:

Veränderung des Optionspreises bei unterschiedlicher impliziten Volatilität

Kaufpreis der Option	Implizite Volatilität	Wert der Option nach 6 Monaten	Prozentualer Gewinn
2,68 €	15%	5,92 €	+120,9%
2,68 €	25%	7,21 €	+169,0%
2,68 €	40%	9,43 €	+251,9%

Die Annahme der impliziten Volatilität für die Zukunft hat einen hohen Einfluss auf die Bewertung der Option für die Zukunft.

Kurs des Basiswerts ist entscheidend für Optionspreis

Ich habe hier die Auswirkungen einer sich verändernden impliziten Volatilität ausführlich dargestellt. Der Grund: Ich weiß aus vielen Gesprächen mit Anlegern, dass es hier oft große Unsicherheit gibt.

Diese breite Darstellung darf aber nicht davon ablenken, dass der mit großem Abstand entscheidendste Einfluss auf den Optionspreis in der Kursbewegung des Basiswerts liegt.

Nehmen wir an, der Kurs des Basiswerts steigt in diesem Beispiel nicht „nur" auf 60 €, sondern auf 65 €. Dann liegt der innere Wert der Call-Option schon bei 10 € (Kurs des Basiswerts 65 € abzüglich Basispreis 55 €). Hinzu kommt der sich verändernde Zeitwert durch die unterschiedlichen Werte der impliziten Volatilität. Alleine der innere Wert von 10 € entspricht dann schon einem Gewinn von +278,8%.

Das heißt: Letztlich entscheidet die Kursbewegung des Basiswerts über die Entwicklung eines Optionspreises.

Exkurs: So können Emittenten die Kurse von Optionsscheinen nach Belieben manipulieren

Sie haben gesehen, welch großen Einfluss die eingerechnete Volatilität auf den Optionspreis hat. Wichtig ist: Bei Optionen wird die Volatilität von der Börse anhand gehandelter Optionen berechnet. Darauf kann niemand Einfluss nehmen.

Vorsicht – das ist bei Options*scheinen* völlig anders. Dort legt der Emittent die implizite Volatilität fest und rechnet sie ein. Dabei ist er an keinerlei Vorgaben oder Regeln gebunden. Meint der Emittent, die implizite Volatilität wird steigen oder fallen, verändert er diese nach Belieben. Auf diese Weise kann der Emittent die Kurse seiner Options*scheine* völlig willkürlich nach oben oder unten manipulieren.

2.3 Die zwei Grund-Geschäftsarten: Kauf von Call und Put

Das bekannteste und wohl auch meist verbreitete Geschäft mit Optionen ist der Kauf von Calls und Puts. Bei diesen Geschäften wirkt die Hebelkraft der Optionen am stärksten und ermöglicht die höchsten Gewinne.

Sie kaufen die „richtige" Call-Option, um von einer erwarteten Aufwärtsbewegung vom Kurs des Basiswerts zu profitieren. Und umgekehrt kaufen Sie die „richtige" Put-Option, um den Abwärtstrend eines Kurses von einem Basiswert für Gewinne zu nutzen.

2.3.1 Die richtige Option finden

Das „Problem" oder besser die Aufgabe besteht darin, den Basiswert zu analysieren und dann die „richtige" Option zu finden.

Analyse des Basiswerts

Basiswerte für Trades mit Optionen sind oft Aktien, aber auch Indizes, Fonds, Edelmetalle etc. Abgeleitet aus dem Wort „Basiswert" lässt sich sagen: Basis eines jeden erfolgreichen Trades mit Optionen ist die gründliche Analyse des Basiswerts.

Für diese Analyse muss jeder Anleger seinen eigenen Weg finden. Es gibt wohl fast so viele Wege, wie es Trader und Anleger gibt. Ich persönlich analysiere sowohl die fundamentalen Daten eines Basiswerts (Aktiengesellschaft), der Branche, der das Unternehmen zugehörig ist, die Stimmung der Anleger und zudem nutze ich die Charttechnik.

Analyse des Basiswerts: 3 Kriterien müssen bestimmt werden

Wichtig ist, dass am Ende der Analyse diese 3 Punkte feststehen:

1. Sie erwarten einen aufwärts oder abwärts gerichteten Kursverlauf.

2. Sie haben ein Kursziel für die Auf- oder Abwärtsbewegung.

3. Sie haben einen Zeitraum oder Zeitpunkt, bis zu dem das erwartete Kursziel erreicht sein soll.

Bestimmung der Option

Entsprechend der obigen 3 Kriterien erhalten Sie diese Ergebnisse:

1. Sie kaufen eine Call- oder Put-Option.

2. Sie haben einen Anhaltspunkt für den Basispreis.

3. Sie haben eine Orientierung für die Laufzeit der Option.

Diese Aufgabenstellung können Sie mit den schon erwähnten Fragen für Calls oder Puts lösen. Zur Erinnerung:

Frage zur Call-Option:

Wird der Kurs des Basiswerts nach dem Kauf der Call-Option steigen und bis etwa 3 Monate vor dem letzten Handelstag des Calls über dem Basispreis des Calls bzw. am letzten Handelstag deutlich darüber notieren?

Die Bewertung:

Kann ich diese Frage bejahen, hat der Call gute Gewinn-Aussichten.

Frage zur Put-Option:

Wird der Kurs des Basiswerts nach dem Kauf der Put-Option fallen und bis etwa 3 Monate vor dem letzten Handelstag des Puts unter dem Basispreis des Puts bzw. am letzten Handelstag deutlich darunter notieren?

Die Bewertung:

Kann ich diese Frage bejahen, hat der Put gute Gewinn-Aussichten.

Die hier jeweils genannten Zeiträume („bis etwa 3 Monate") gelten für die mittelfristige Beurteilung. Je nach Zeitraum Ihres geplanten Trades können und müssen Sie diese Zeiten auf Wochen oder Tage anpassen. Das ändert aber nichts an der grundsätzlichen Vorgehensweise.

Die richtige Option: Beispiel aus der Praxis

Ich gebe Ihnen dazu ein reales Beispiel, wie ich die richtige Option auf einen werthaltigen Basiswert finde. In der Monatsausgabe 06/2020 meines Börsendienstes „Der Optionen-Profi" habe ich einen Call auf die Aktie von Ally Financial (ALLY), empfohlen, einen US-Finanzwert. Für meine Empfehlung wählte ich den Titel: „Ally Financial: Das Finanz-Schnäppchen für unseren +100%-Gewinn". Wie sehr sich dieser Titel bewahrheiten sollte, schauen wir uns gleich genauer an.

Zunächst muss man natürlich einen werthaltigen Basiswert zu finden, um dann die richtige Option darauf zu bestimmen. Dabei folge ich zunächst meinem 3-Schritte-Analysemodell zur Bestimmung eines werthaltigen Basiswerts:

Mein 3-Schritte-Analyse-Modell

1. Schritt: Bewertung der Konjunkturdaten

Ich analysiere und bewerte zunächst die Konjunkturdaten. Dies gibt mir einen groben Anhaltspunkt, wie sich, übergeordnet betrachtet, allgemein die Märkte entwickeln werden.

2. Schritt: Die Analyse und Bewertung der konkreten Unternehmensdaten

Ich bewerte dabei Unternehmen und Branchen und bestimme die Kursziele dieser Basiswerte anhand meiner fundamentalen Kriterien.

3. Schritt: Zeitpunkt und Timing des Ein- und Ausstiegs
Den Zeitpunkt für den optimalen Einstieg und den richtigen Ausstieg bemesse ich anhand von charttechnischen Kriterien des Basiswerts, denn: Beim Trading spielt das Timing eine entscheidende Rolle. Erst wenn der Chart uns Signale gibt, dass sich die maßgeblichen Investoren in Bewegung setzen, also kaufen, und damit einen neuen Trend auslösen, wird die sich anschließende Trendbewegung die Call-Optionen mithilfe der enormen Hebelwirkung in die Gewinnzone katapultieren.

Aus charttechnischer Sicht stand die Aktie von Ally Financial kurz davor, über den 1. Widerstand um 19 $ nach oben auszubrechen. Zu diesem Zeitpunkt notierte die Aktie genau in diesem Bereich. Anhand der Fundamentaldaten ließ sich ein Kursziel zwischen etwa 23 $ und 25 $ errechnen. Das passt zu meiner Strategie, den bei etwa 23 $ würden wir bereits den +100%-Ziel-Gewinn einkassieren. Damit waren zunächst die Voraussetzungen für einen gewinnbringenden Trade mit einer Call-Option gegeben.

Ally Financial: „Die richtige Call-Option"

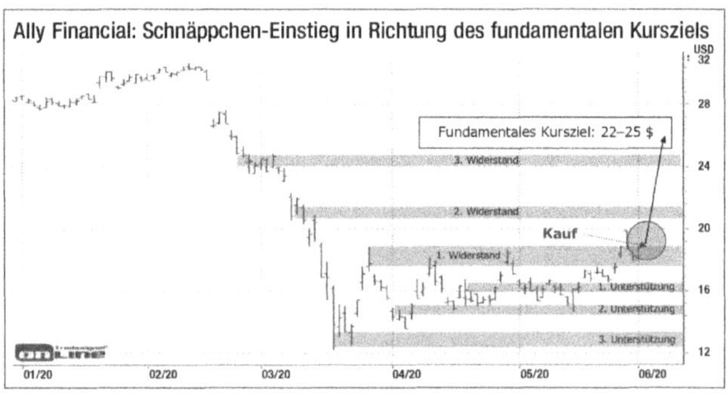

Meine Strategie: Der Aktienkurs von Ally Financial verläuft seit April 2020 in einer schwankungsintensiven Seitwärtsphase. Das eröffnet uns hohe Chancen auf den +100%-Ziel-Gewinn!

Hier meine Überlegungen, die seinerzeit zur „richtigen" Option führten:
Ich hatte den Basiswert gefunden, die Aktie von Ally Financial. Und ich hatte eine konkrete Vorstellung, in welcher Zeit die ALLY-Aktie welchen Kurs erreichen wird. Um danach genau die eine richtige Option zu finden, müssen Laufzeit und Basispreis einer Option zusammenpassen, das heißt:

Entscheidung für Call-Option: Aber welche ...?

Ich habe den Basispreis und die Laufzeit so ausgewählt, dass die bestmöglichen Aussichten bestehen, dass der Kurs der ALLY-Aktie bis deutlich vor dem Ende der Laufzeit der Call-Optionen deren Basispreis erreichen oder, besser noch, übertreffen kann.

Um infrage kommende Optionen zu vergleichen, habe ich mir diese mit unterschiedlichen Basispreisen und Laufzeiten in die Handelsmaske gelegt. Damit hatte ich alle wichtigen Angaben auf einen Blick.

Angestrebter Gewinn realistisch erreichbar?

Mit dem Ihnen weiter vorn vorgestellten Optionsrechner habe ich verschiedene Kursbewegungen des Basiswerts ALLY gerechnet.

Die eine richtige Option

Herauskristallisiert hatte sich dann die Option mit der **Laufzeit** bis Januar 2022. Diese verhältnismäßig lange Laufzeit hatte den Vorteil, dass der Gewinn schnell realisierbar war (auch nach wenigen Tagen). Auf der anderen Seite gab es genügend Zeit, wenn die erwartete Kursbewegung auf sich warten ließ.

Dann musste ich noch den richtigen **Basispreis** bestimmen. Hier wählte ich einen Basispreis von 20 $, also etwa 10% aus dem Geld.

Diese Option wies einerseits einen guten Hebel auf, reagierte aber trotzdem schnell auf Kursveränderung des Basiswerts. Wäre der Basispreis zu weit „aus dem Geld“ gewählt gewesen, wäre das Verlust-Risiko zu hoch gewesen. Hätte ich einen Basispreis „im Geld“ gewählt, hier wurde beispielsweise auch ein Basispreis von 15 $ angeboten, hätte dieser Kontrakt bereits etwa 900 $–1000 $ gekostet.

Möglich wäre noch ein Kontrakt mit dem Basispreis 18 $ gewesen. Dieser wäre dann jedoch ebenfalls teurer gewesen und hätte zudem einen etwas geringeren prozentualen Hebel gehabt. Daher fiel die Entscheidung für folgenden Call: ALLY - Jan.22 - 20 $.

Die +100%-Ziel-Verkauf-Strategie
Vergleichbare Überlegungen stelle ich für jede Kaufentscheidung an. Die Entscheidung für diesen Call erwies sich als goldrichtig. Meine Leser konnten den Call für 5 $ kaufen. Bereits am 06.10.2020, also nur knapp 4 Monate später, empfahl ich den Verkauf und wir realisierten einen Gewinn von +100%! Dabei verfolge ich konsequent genau diese +100%-Ziel-Verkauf-Strategie. Hat der Call um +100% zugelegt, realisieren wir im Optionen-Profi unsere Gewinne.

2.3.2 Long-Call: Kauf und Glattstellung

Der Grund für den Kauf von Call-Optionen ist einfach nachzuvollziehen. Der Trader kauft einen Call, um von einer erwarteten Steigerung des Kurses eines Basiswerts zu profitieren. Das sehen Sie im folgenden Diagramm:

Long-Call Gewinn-/Verlustdiagramm

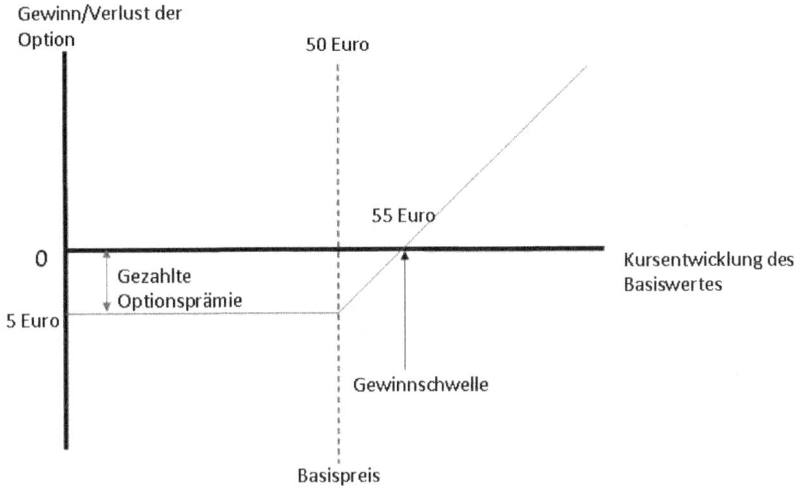

Überschreitet der Kurs des Basiswerts den Basispreis der Option, so sind Sie zunächst in der Zone des verminderten Verlustes. Die Gewinnschwelle liegt hier in der Addition des Basispreises und der gezahlten Optionsprämie. Das heißt, ab einem Kurs von 55 € sind Sie im Gewinn.

Long-Call: Positionseröffnung durch Kauf

In der Börsensprache nennt man den Kauf auch, in einem Call long gehen. Der im Depot befindliche Call ist entsprechend nach dem Kauf der Long-Call. Das Ziel für diesen Kauf ist klar: Der Call soll zu einem höheren Preis als dem bezahlten Kaufpreis verkauft werden. Dafür muss der Basiswert im Kurs steigen.

Long-Call: Glattstellung

Gekaufte Optionen werden in den meisten Fällen durch späteren Verkauf glattgestellt. Das geschieht, um Verluste zu begrenzen, aber vor allem, um Gewinne zu realisieren. Es gibt aber auch die Möglichkeit, den Call durch Ausübung, also durch Kauf des Basiswerts, glattzustellen. Der Vollständigkeit halber sei erwähnt, Sie können einen Call auch am Ende seiner Laufzeit wertlos verfallen lassen. Dieses Szenario beleuchten wir in der Folge nicht näher. Sehen wir uns die drei Möglichkeiten an.

1. Long-Call: Glattstellung durch Verkauf

Billig kaufen – teuer verkaufen, lautet die einfache und einleuchtende Formel. In meinem Börsendienst, dem Optionen-Profi, arbeite ich dazu mit der 100%-Ziel-Verkauf-Strategie. Ich empfehle, eine Option nach dem Kauf mit ihrem doppelten Kaufpreis unbefristet zum Verkauf zu stellen. Wird dieser Kurs erreicht bzw. um einen Cent übertroffen, ist der Gewinn realisiert.

„Um einen Cent übertroffen“, schreibe ich, weil dann sicher gestellt ist, dass auch wirklich alle Verkaufsaufträge ausgeführt worden sind. Wird der Kurs „nur“ erreicht, ist nicht gesagt, dass alle zum Verkauf stehenden Kontrakte auch wirklich verkauft worden sind. Denn das Verkaufsangebot (Volumen der Ask-Seite) kann größer sein als die Nachfrage.

2. Long-Call: Glattstellung durch Ausübung

Eine Call-Option können Sie auch durch Ausübung Ihres Rechtes auf Kauf des Basiswerts glattstellen. In der Praxis geht das genauso schnell wie der Verkauf zur Glattstellung. In Echtzeit werden die Call-Optionen aus- und der Basiswert, z. B. 100 Aktien, eingebucht. Die Ausübung ist sinnvoll, wenn Sie den Basiswert wirklich im Depot haben wollen.

Es kann aber auch sein, dass kurz vor Verfall wenig Umsatz in einer Option „im Geld“ und dadurch der Spread (Differenz zwischen An- und

Verkaufskurs) zu hoch ist. Dann kann es günstiger sein, die Option auszuüben und den Basiswert gegebenenfalls sofort wieder zu verkaufen.

Long-Call: Achtung – letzter Handelstag

Optionen „im Geld" werden am Verfallstag von der Clearing-Stelle der jeweiligen Terminbörse automatisch ausgeübt. Das heißt, den wertlosen Verfall von Optionen „im Geld" gibt es nicht. Ich empfehle aber immer, Optionen vor dem Verfall an der Börse zu verkaufen.

Hinweis: Sollten Sie eine derart infrage kommende Option „im Geld" im Depot und diese – warum auch immer – nicht glattgestellt haben, finden Sie am Montag nach dem Verfallstag den entsprechenden Basiswert im Depot eingebucht. Diesen müssen Sie dann aktiv betreuen: Das bedeutet in einem solch eher theoretischen Fall vermutlich, ihn zu verkaufen.

2.3.3 Long-Put: Kauf und Glattstellung

Der Kauf von Put-Optionen, um von einem erwarteten Kursrückgang eines Basiswerts zu profitieren, ist in der Praxis genauso einfach wie das Geschäft mit dem Call.

Long-Put: Positionseröffnung durch Kauf

Der im Depot befindliche Put ist nach dem Kauf, analog zur Call-Option, ein Long-Put. Das Ziel für diesen Kauf ist identisch zum Call. Der Put soll zu einem höheren Preis als dem bezahlten Kaufpreis verkauft werden. Dafür muss der Basiswert im Kurs aber fallen. Auch hier habe ich das in einem Diagramm verdeutlicht:

Long-Put Gewinn-/Verlustdiagramm

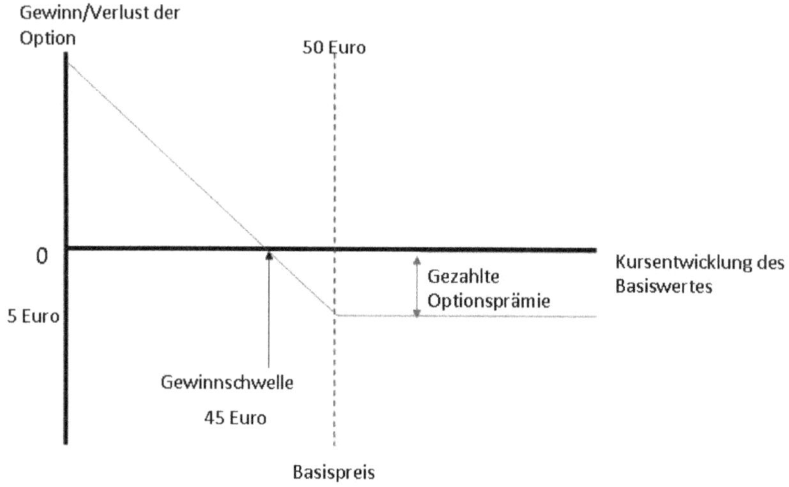

Sie zahlen die Optionsprämie, um den Long-Put zu eröffnen. Unterschreitet der Kurs des Basiswerts nun den Basispreis der Option, so sind Sie zunächst in der Zone des verminderten Verlustes. Die Gewinnschwelle liegt hier in der Subtraktion des Basispreises und der gezahlten Optionsprämie. Das heißt, ab einem Kurs von 45 € sind Sie im Gewinn. Sie können auch sehr schön erkennen, dass ein Long-Put ein begrenztes Gewinnpotenzial hat, da der Kurs des Basiswerts nicht unter 0 € fallen kann.

Long-Put: Glattstellung

Auch gekaufte Put-Optionen werden typischerweise durch späteren Verkauf glattgestellt. Und wie beim Call geschieht das, um Gewinne zu realisieren oder, um Verluste zu begrenzen. Auch hier gibt es die Möglichkeit, den Put durch Ausübung, also durch Verkauf des Basiswerts, glattzustellen. Voraussetzung: Sie haben den Basiswert, also z. B. die Aktien, im Depot. Und auch hier können Sie den Put am Ende seiner Laufzeit wertlos verfallen lassen. Die drei Möglichkeiten.

1. Long-Put: Glattstellung durch Verkauf

Dazu gibt es oft Fragen von Einsteigern: *„Wie kann es sein, dass der Put im Kurs steigen muss, wenn ich doch gewinne, weil ein Kurs fällt?"* Auch hier gilt die einfache Formel: „Billig kaufen – teuer verkaufen." Wenn Ihnen das nicht klar ist (und damit wären Sie nicht der Erste), schlage ich zum besseren Verständnis vor: Lösen Sie sich zuerst kurz von den Begriffen Call und Put. Nehmen Sie dafür einfach den Oberbegriff „Option". Denn Calls und Puts sind Optionen.

Sie kaufen eine Option für beispielsweise 7 €. Später verkaufen Sie diese für 14 €. Wie die Option heißt (Call oder Put), spielt keine Rolle.

Nun sagen wir, die Option heißt Call. Sie kaufen den Call für 7 €. Später verkaufen Sie den Call für 14 €. 100 Prozent Gewinn sind realisiert.

Jetzt sagen wir, die Option heißt Put. Sie kaufen den Put für 7 €. Später verkaufen Sie den Put für 14 €. 100 Prozent Gewinn sind realisiert.

Der Hintergrund: Der Basiswert (z. B. eine Aktie) muss zwar im Kurs fallen, damit der Kurs des Puts steigt. Das beinhaltet aber, der Kurs des Puts muss steigen. Wenn der Basiswert also im Kurs fällt, wird der Put mehr wert. Das Ergebnis: Sie verkaufen den Put für einen teureren Preis als Sie beim Kauf gezahlt haben.

Für Ihre Order bedeutet das: Wenn Sie einen Put z. B. für 2 € gekauft haben und wollen +100% Gewinn erzielen, dann geben Sie einfach eine Verkaufsorder für 4 € an die Börse. Genau wie beim Call. Dass beim Put der Basiswert des Puts im Kurs fallen muss, damit der Kurs der Put-Option steigt, spielt für die Umsetzung im Optionen-Trading keine Rolle.

2. Long-Put: Glattstellung durch Ausübung

Auch Put-Option können Sie durch Ausübung Ihres Rechtes glattstellen. Dabei üben Sie gegebenenfalls das Recht aus, den Basiswert zu *ver*kaufen. Wenn Sie diesen im Depot haben, kann auch das eine sinnvolle Form der Glattstellung sein.

Long-Put: Achtung – letzter Handelstag

Am letzten Handelstag werden Put-Optionen „im Geld" behandelt wie Call-Optionen „im Geld", also durch die Terminbörsen ausgeübt. Bitte lesen Sie dazu vorn die entsprechenden Hinweise unter „Long-Call: Achtung – letzter Handelstag".

2.4 Fortgeschrittene Strategien mit Optionen

Strategien der Investment-Elite

Auf den vorherigen Seiten haben Sie die Funktionsweise von Optionen kennengelernt. Die einfachste Umsetzung ist die des Kaufs von Call oder Put (Long-Call oder Long-Put). Und das ist gleichzeitig die Anlageform, die den höchsten prozentualen Gewinn ermöglicht. Nicht zuletzt deswegen ist das auch die am weitesten verbreitete Form der Nutzung von Optionen.

Das Fantastische an Optionen ist aber, dass Sie mit diesem Hebelinstrument für wohl jede denkbare Marktsituation an den Börsen die richtige Strategie finden.

Sie erwarten eine starke Bewegung des Marktes, wissen aber nicht in welche Richtung?

Prima – bei Optionen sind Sie richtig. Es bietet sich ein Long-Straddle an. Sie gewinnen in stark steigenden und stark fallenden Märkten.

Sie erwarten eine sehr starke Bewegung des Marktes, wissen aber nicht, in welche Richtung? Sie möchten weniger Kapital investieren als bei einem Long-Straddle?
Super – bei Optionen sind Sie richtig. Es bietet sich ein Long-Strangle an. Sie gewinnen in stark steigenden und stark fallenden Märkten.

Sie erwarten eine zähe Seitwärtsbewegung der Märkte?
Hervorragend – Stillhalter-Geschäfte mit Optionen sind die Lösung. Sie gewinnen, wenn sich die Märkte nur gering bewegen.

Sie halten Aktien im Depot und wollen diese absichern oder auch zusätzliche Gewinne erzielen?
Ausgezeichnet – Optionen ermöglichen das in einzigartiger Weise. Mit Optionen können Sie auch gewinnen, wenn die Aktie im Depot fallen.

Schauen wir uns diese Möglichkeiten an, die ich unter dem Titel „Strategien der Investment-Elite“ zusammengefasst habe.

2.4.1 Der Long-Straddle: Gewinne mit Optionen in stark schwankenden, aber trendlosen Aktienmärkten

Mit der Strategie Long-Straddle können Sie profitieren, selbst wenn Sie zum Zeitpunkt des Kaufes von Call- und Put-Optionen, also der Bildung eines Long-Straddles, noch gar nicht wissen, in welche Richtung eine Kursbewegung stattfindet. Statt einer theoretischen Abhandlung zeige ich Ihnen das anhand von 2 realen Long-Straddles, wie Sie im Optionen-Profi konkret empfohlen und umgesetzt wurden.

1. Trade: Long-Straddle auf Nokia

Vor einiger Zeit hatten wir diese Situation bei Nokia: Eine große Kursbewegung war zu erwarten. Die Richtung war völlig unklar. Die Lösung: Kauf von Call und Put, um einen Long-Straddle zu bilden. Anhand dieses realen Trades können Sie die Gewinn-Chance durch einen Long-Straddle ganz einfach nachvollziehen.

Am Rande: Diesen Long-Straddle haben wir real empfohlen. Unser Gewinn-Ziel lag bei +30%. Schon nach 6 Wochen haben wir diesen Long-Straddle mit dem geplanten Gewinn glattgestellt.

Der Aktienkurs von Nokia lag zum Zeitpunkt der Empfehlung bei 15,70 €. In den Jahren vor dieser Empfehlung pendelte die Aktie trendlos unter hohen Kursschwankungen hin und her, und zwar zwischen etwa 30 € und 10 €.

Sowohl der alleinige Kauf von Calls als auch der von Puts auf Nokia wäre zu jenem Zeitpunkt ein Glücksspiel gewesen. Mit einer analytisch begründeten Investition hätte einer dieser Käufe nichts zu tun gehabt. Ich hatte deswegen empfohlen, sowohl Calls als auch Puts auf dieses Unternehmen zu kaufen, um dadurch einen Long-Straddle zu bilden.

Long-Straddle – die Definition

Ein Long-Straddle ist der

- **gleichzeitige Kauf**
- **derselben Anzahl Puts und Calls**
- **auf denselben Basiswert**
- **mit demselben Basispreis**

Aus dieser Definition des Long-Straddles ergibt sich: Der Käufer profitiert von einer *großen* Schwankung des Basiswerts, ganz **unabhängig davon, in welche Richtung der Kurs geht.**

Long-Straddle Gewinn-/Verlustdiagramm

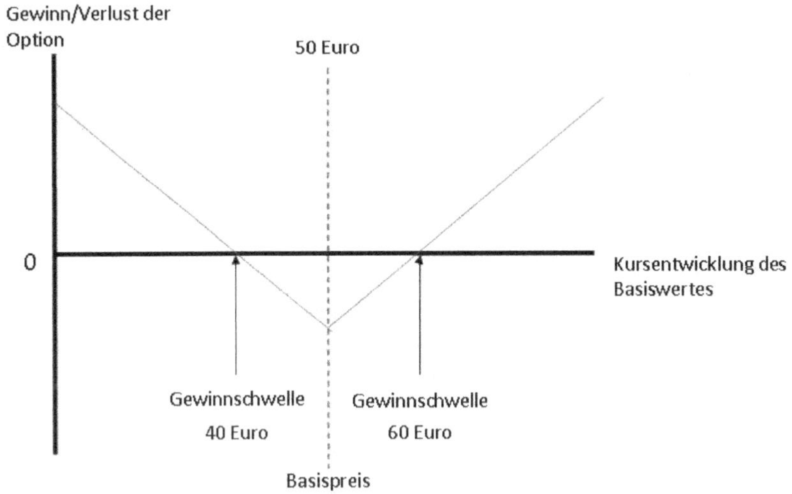

Um den Long-Straddle zu eröffnen, kaufen Sie einen Call und einen Put mit gleichem Basispreis. Sie setzen dabei auf eine starke Kursbewegung des Basiswerts unabhängig von deren Richtung. Im Beispiel liegt der Basispreis bei 50 €. Sie setzen dabei auf eine starke Kursbewegung des Basiswerts unabhängig von deren Richtung. In obigen Beispiel haben Sie eine addierte Optionsprämie (für Call und Put) von 10 € bezahlt und kommen dementsprechend ab einem Kurs des Basiswerts von 40 oder 60 € in den Gewinn.

Long-Straddle kein Nullsummen-Spiel

Vorab ein ganz einfaches Zahlen-Beispiel: Stellen Sie sich vor, ein Call kostet 1,70 € und ein Put kostet 1 €. Sie kaufen Call und Put und bezahlen zusammen 2,70 €. Der Kurs des Basiswerts steigt deutlich.

Der Call ist nach einer Zeit 3,20 € wert. Der Put hat nur noch einen Restwert von 0,50 €. Sie verkaufen Call und Put für zusammen 3,70 €. Bezahlt haben Sie 2,70 €. Ihr Gewinn beträgt 1 €, das sind +37 % Gewinn auf die ursprüngliche Investition. Die Investition in den Long-Straddle war und ist kein Nullsummen-Spiel!

Mit Kauf eines **Calls** setzen Sie auf **steigende,** mit Kauf eines **Puts** setzen Sie auf **fallende Kurse** eines Basiswerts. Sowohl mit dem Kauf eines Calls als auch mit Kauf eines Puts können Sie (fast) **unbegrenzt hohe Gewinne** erzielen. Das maximale Verlustrisiko ist dabei immer auf den Kaufpreis begrenzt, den Sie für den Call oder den Put bezahlt haben.

Zur Bildung eines Long-Straddles kaufen Sie dieselbe Anzahl **Calls und Puts** mit **demselben Basispreis** auf **denselben Basiswert.** Bei einer Aufwärtsbewegung des Basiswerts wird Ihr Call im Kurs steigen und Ihr Put verlieren. Umgekehrt gewinnt der Put bei einem Kursrückgang des Basiswerts und der Call verliert an Wert. Bei kleinen Bewegungen des Basiswerts kommt es in der Addition der Preise von Call und Put zu keinen großen Veränderungen. Da ist es tatsächlich kurzfristig ein Nullsummenspiel.

Verlust-Risiko:

Bei einer Seitwärtsbewegung des Kurses des Basiswerts besteht das Risiko, dass sowohl Call als auch Put an Wert verlieren und der Long-Straddle insgesamt einen Verlust erleidet. Deswegen empfehle ich die Bildung eines Long-Straddles nur, wenn Sie eine deutliche Kursbewegung des Basiswerts erwarten. Tritt eine **große Kursbewegung des Basiswerts** ein, **gewinnt bei** einer **Kurssteigerung** der **Call erheblich mehr** an Wert, als der Put verliert. Sie erzielen mit Ihrer Gesamtposition, dem Long-Straddle, **hohe Gewinne.**

Umgekehrt gilt: Kommt es zu einem großen Kursverlust des Basiswerts, gewinnt der Put erheblich mehr an Wert, als der Call verliert. Sie erzielen mit Ihrer Gesamtposition, dem Long-Straddle, **hohe Gewinne.**

Das heißt, **sowohl bei großem Kursgewinn des Basiswerts als auch** bei großem **Kursverlust** des Basiswerts erzielen Sie mit einem Long-Straddle **sichere Gewinne.**

Bei der Bildung eines Long-Straddles profitieren wir auch von der stark steigenden impliziten Volatilität. Bewegt sich nämlich ein Basiswert sehr schnell nach oben oder nach unten, steigt die implizite Volatilität deutlich an. Dies bedeutet: Call und Put werden tendenziell höher gepreist, als wenn sich die implizite Volatilität nicht verändern würde.

Die konkrete Situation bei dem Long-Straddle auf Nokia

Wie oben geschrieben: Der Kurs der Nokia-Aktie betrug zum Zeitpunkt der Empfehlung 15,70 €. Eine Kursbewegung bis 20 € oder auch unter 10 € war durchaus wahrscheinlich. Unsere Empfehlung haben wir in einer Tabelle zusammengefasst:

Der Long-Straddle durch gleichzeitigen Kauf derselben Anzahl Calls und Puts				
Option	Basiswert Kürzel	Basispreis	Kurs der Option bei Empfehlung	Kaufpreis
Call Put	NOA3	15 € 15 €	1,80 € 1,00 €	2,80 €
Pro Long-Straddle – je 1 Kontrakt Calls und Puts mit je 100 Optionen – investieren Sie hier 280 €.				

Bei unserer Empfehlung hatten wir die folgenden Kursbewegungen der Nokia-Aktie und entsprechend des Long-Straddles kalkuliert:

Gewinn-Kalkulation für diesen Long-Straddle

Kurs der Aktie bei Empfehlung	Kaufpreis des Long-Straddles	Angestrebter Kurs des Kontraktes
15,70 €	280 €	360 €
Kurs der Aktie bei Empfehlung Ziel ist eine Kursbewegung der Aktie bis auf 18 € oder 12 €. Der Long-Straddle entwickelt sich bei der erwarteten Kursbewegung in etwa wie folgt:		
Kurs der Aktie bewegt sich auf	Wert des Long-Straddles in etwa	
18 €	360 €	ca. 30% Gewinn
12 €	360 €	ca. 30% Gewinn

Diese Rechnung stand hinter der tabellarischen Übersicht:

Long-Straddle auf die Aktie von Nokia

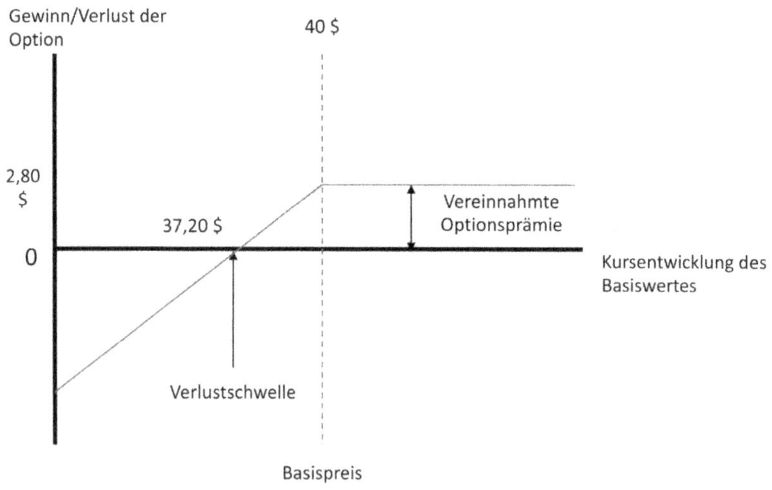

Gewinnschwelle bei dem Long-Straddle auf Nokia

1. Der Kurs der Nokia-Aktie steigt auf 18 €:

Der Call-Kontrakt hat einen Wert von 300 €. Der Put fällt auf einen Wert von 60 €. Der Long-Straddle ist zusammen 360 € wert.

Beim Verkauf von Call und Put (= Glattstellung des Long-Straddles) wird pro gebildeten Long-Straddle ein Gewinn von 80 € erzielt, das entspricht knapp +30% Gewinn auf das eingesetzte Kapital.

2. Der Kurs der Nokia-Aktie fällt auf 12 €:

In diesem Fall ist der Put 200 € wert und der Call 160 €. Der Long-Straddle kann für insgesamt 360 € glattgestellt (verkauft) werden. Der Gewinn beträgt auch in diesem Fall 80 €, entsprechend knapp +30%. **Die Empfehlung lief darauf hinaus: Unabhängig** davon, **ob der Kurs** der Nokia- Aktie stark **steigt** oder **fällt** – durch die Bildung eines Long-Straddles und der Hebelwirkung von Optionen konnte ein **Gewinn erzielt werden.**

Tatsächlich stieg die Nokia-Aktie schnell bis auf über 19 €. Der Long-Straddle wurde nach 6 Wochen mit einem Gewinn von +37% durch Verkauf von Call und Put glattgestellt.

Tipp: Kaufen Sie für die Bildung eines Long-Straddles Calls und Puts gleichzeitig!

Es ist natürlich mxöglich, erst die Calls und zeitversetzt die Puts zu kaufen. Oder Sie kaufen zuerst die Puts und später die Calls. Sie haben dadurch die Chance, einen günstigeren Gesamtpreis zu erzielen. Aber eben auch das Risiko, insgesamt teurer einzusteigen.

Bei der Empfehlung auf Nokia hatte ich einen Kaufpreis von 180 € für den Kontrakt Calls plus 100 € für den Kontrakt Puts. Rückwirkend, aber eben **nur** rückwirkend, hätte sich bei dem Long-Straddle auf Nokia der sofortige Kauf der Calls und spätere Kauf der Puts Gewinn erhöhend ausgewirkt. Der Call wäre auch für 1,80 € gekauft worden. Der Put hätte aber einige Tage später nur 0,80 € gekostet. Der Kaufpreis für den Long-Straddle wäre bei 2,50 €, entsprechend 250 € pro Kontrakt mit 100 Optionen gewesen. Beim Glattstellen zum Kurs von 3,80 € wäre der Gewinn bei +52% statt der tatsächlich erzielten +37% gewesen (Kaufpreis = 2,50 € / Gewinn = 1,30 € / das sind +52% Gewinn bezogen auf den Kaufpreis).

Rückwirkend (!) sieht das ganz einfach aus. Nur: **Die Worte „hätte, wenn, aber“ sind an der Börse tabu.** Denn: Bleiben wir bei diesem Beispiel. Nehmen wir an, Sie hätten zuerst den Call gekauft. Die folgende Kursentwicklung von Nokia war unklar. Nehmen wir weiter an, der Aktienkurs hätte sich abwärts bewegt. In dem Fall hätte der Call an Wert verloren. Gleichzeitig wäre der Put im Preis gestiegen. Sie hätten also den Put zeitversetzt und später gekauft und mehr bezahlt als beim gleichzeitigen Kauf von Call und Put.

Long-Straddle zeitversetzt bilden:

Wollen Sie einen Long-Straddle **zeitversetzt** bilden, sollten Sie vor dem Kauf schon **festlegen,** zu welchem **Zeitpunkt** der Long-Straddle **spätestens** gebildet sein soll. Das heißt, Sie kaufen möglicherweise zuerst den Call. Sie sollten anschließend sofort ein ganz konkretes Datum festlegen, an welchem Tag Sie den Put zur Komplettierung des Long-Straddles kaufen. Das könnte z. B. exakt eine Woche später sein.

Hinweis: Das **Risiko** bei der **zeitversetzten** Bildung eines Long-Straddles besteht darin, dass Sie die fehlende Position zur Bildung eines Long-Straddles zu einem höheren Preis kaufen müssen.

2. Trade: Der Long-Straddle ganz einfach – Schritt für Schritt

Gerade haben Sie die rückwirkende Betrachtung eines realen Trades auf Nokia gelesen. Rückwirkend ist immer alles einfach, besonders an der Börse. Deshalb zeige ich Ihnen im 2. Trade, wie ich ein anderer Long-Straddle geplant und angekündigt wurde. Ich verwende dazu die damalige Original-Empfehlung, weil diese authentisch und aus dem realen Börsenleben ist.

Das Ergebnis der damaligen Analyse fasse ich zusammen:

ABN Amro steht am **Scheideweg.** Die nächsten Monate werden zeigen, ob der Kurs weiter aufwärts strebt oder wieder zurückfällt. Bei dieser Konstellation wäre sowohl der Kauf eines Calls als auch der Kauf eines Puts ein Lotterie-Spiel, aber keine begründete Investition. Auf der anderen Seite steht eine größere Kursbewegung bei der ABN Amro-Aktie aus. Diese Gewinnchance wollen wir nicht ungenutzt lassen. Die ABN Amro-Aktie notierte zum Zeitpunkt der Empfehlung bei einem Kurs von 24,80 €.

So haben wir den Trade im Voraus analysiert und empfohlen

Optionen bieten bei Anwendung der richtigen Strategie für alle Marktsituationen attraktive Gewinnchancen

Bei der geschilderten Ausgangslage bietet es sich an, einen Long-Straddle zu bilden.

Das heißt, Sie kaufen Calls. Damit profitieren Sie von weiteren Kursgewinnen der ABN Amro-Aktie. Und Sie kaufen gleichzeitig dieselbe Anzahl Puts wie Calls. Mit den Puts erzielen Sie Gewinne, wenn der Aktienkurs deutlich fällt. Durch diese Käufe haben Sie einen Long-Straddle gebildet.

Steigt der Aktienkurs von ABN Amro (Basiswert der Optionen) immer höher, gewinnt der Call und der Put verliert. Der Call kann unbegrenzt im Wert steigen – das können durchaus mehrere 100% sein. Der Put kann aber maximal nur seinen gesamten Wert verlieren. Also werden die Gewinne des Calls die Verluste des Puts erst ausgleichen und später (deutlich) übertreffen.

Der empfohlene Long-Straddle:

Die genaue Analyse der Aktie von ABN Amro führte schließlich zu der Empfehlung des gleichzeitigen Kaufs derselben Anzahl Calls und Puts auf den Basiswert ABN Amro mit dem Basispreis 24 €. Zum Zeitpunkt dieser Empfehlung kostete ein Call 2,73 € und ein Put 2,43 €. Durch diesen gleichzeitigen Kauf von Call und Put bilden Sie einen Long-Straddle. Optionen auf ABN Amro werden in Kontrakten mit je 100 Optionen gehandelt.

Sie bezahlen also 273 € für einen Kontrakt Calls und 243 € für einen Kontrakt Puts. Ihre Gesamtinvestition für den Long-Straddle beträgt 516 € (= 273 € + 243 €).

Der empfohlene Long-Straddle durch gleichzeitigen Kauf derselben Anzahl Calls und Puts					
Option	Basiswert Kürzel	Basis-preis	Lauf-zeit	Kurs der Option bei Empfehlung	Kauf-preis
Call Put	ABN	24 € 24 €	18 Monate	2,73 € 2,43 €	5,16 €
Pro Long-Straddle – je 1 Kontrakt Calls und Puts mit je 100 Optionen – investieren Sie hier 516 €.					

Sie erzielen Gewinne mit dem Long-Straddle

In der Praxis nimmt in diesem Fall der Call progressiv an Wert zu. Das heißt, der Gewinn steigt zunehmend stärker an. Der Put verliert gleichzeitig weniger stark. Also verläuft die Verlustkurve des Puts immer flacher. Wenn der Call beispielsweise 70% an Wert zugenommen und der Put nur 50% verloren hat, verbucht der Long-Straddle schon Gewinne.

Long-Straddle auf die Aktie von ABN Amro

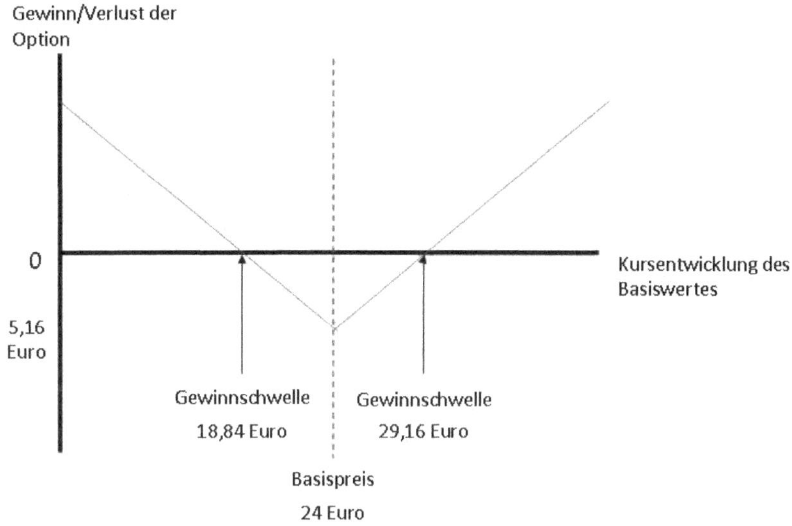

Gewinnschwelle bei dem Long-Straddle auf ABN Amro

Fällt der Aktienkurs, gewinnt der Put und der Call verliert. Das für steigende Kurse des Basiswerts geschilderte Szenario gilt genau umgekehrt: Die Gewinne des Puts werden die Verluste des Calls übertreffen. Der Long-Straddle läuft in den Gewinn.

Haben wir damit nun endlich die narrensichere, risikolose Geldanlage entdeckt? Natürlich nicht. **Eine risikolose Geldanlage gibt es an der Börse nicht.**

Sie wissen, dass jede Option einen Zeitwertverlust verbucht. Bei den hier empfohlenen langlaufenden Optionen ist dieser Zeitwertverlust anfangs sehr gering. Er steigt aber an, wenn Optionen nur noch eine kurze Restlaufzeit haben. Zu dem Zeitpunkt haben wir unsere Optionen schon lange glattgestellt. Damit ist der Zeitwertverlust für diese Empfehlung kein großes Problem.

Und doch, für die Strategie mit den Long-Straddles besteht genau hier das Risiko. Bewegt sich der Kurs des Basiswerts kaum, in diesem Fall die ABN Amro-Aktie, zehrt der Zeitwertverlust sowohl am Call als auch am Put. Der Long-Straddle verliert an Wert und läuft in den Verlust.

Frühzeitiges Glattstellen sichert Gewinne

Deshalb müssen Sie einen Long-Straddle glattstellen, solange dieser noch eine ausreichend lange Restlaufzeit aufweist. So reduzieren Sie das Verlustrisiko oder realisieren frühzeitig Gewinne.

Damit **stellen Sie sicher,** dass Sie **keinen** zu **hohen Zeitwertverfall** haben.

Gewinn-Kalkulation zum Zeitpunkt der Empfehlung:

Kurs der Aktie bei Empfehlung	Kaufpreis des Long-Straddles	Angestrebter Gewinn des Kontraktes
24,80 €	516 €	
Kurs der Aktie bei Empfehlung. Ziel ist eine Kursbewegung der Aktie bis auf 18 € oder 31 €. Der Long-Straddle entwickelt sich bei der erwarteten Kursbewegung in etwa wie folgt:		
Kurs der Aktie bewegt sich auf	Wert des Long-Straddles in etwa	
31 €	750 €	ca. 45% Gewinn
18 €	650 €	ca. 26% Gewinn

Je mehr sich der Kurs des Basiswerts in eine Richtung bewegt, desto weiter läuft eine Seite des Long-Straddles in den Gewinn. Gleichzeitig verliert die andere Seite in aller Regel weniger an Wert.

Den **künftigen Wert des Straddles** haben wir anhand des Basispreises der empfohlenen Optionen und der Kursentwicklung der Aktie kalkuliert. Hinter dieser zusammengefassten Übersicht steckt die folgende detaillierte Berechnung:

Detaillierte Kalkulation der Entwicklung des Long-Straddles

Kurs der Aktie bei Empfehlung	Kalkulationspreis des Calls	Kalkulationspreis des Puts	Kalkulationspreis des Long-Straddles (= Addierter Preis von Call und Put)	
24,80 €	273 €	243 €	516 €	
Kurs der Aktie fällt auf	Kalkulierter Wert des Calls	Kalkulierter Wert des Puts	Kalkulierter Wert des Long- Straddles (= addierter Wert von Call und Put)	Gewinn des Long-Straddles
22 €	180 €	360 €	540 €	5%
20 €	90 €	480 €	570 €	10%
18 €	30 €	620 €	650 €	26%
Kurs der Aktie steigt auf	Kalkulierter Wert des Calls	Kalkulierter Wert des Puts	Kalkulierter Wert des Long- Straddles (= addierter Wert von Call und Put)	Gewinn des Long-Straddles
27 €	420 €	180 €	600 €	16%
29 €	550 €	100 €	650 €	26%
31 €	720 €	30 €	750 €	45%

Rückwirkende Beurteilung dieses Long-Straddles

Die Glattstellung dieses Trades erfolgte nach einer Haltedauer von nur 48 Tagen mit einem Gesamtgewinn (addierte Verkaufspreise minus addierte Kaufpreise) von +65%.

Beurteilung eines Long-Straddles

Dieser Gewinn war eher am oberen Rand der typischen Gewinne mit einem Long-Straddle angesiedelt. So haben wir einmal 8 Long-Straddles empfohlen, die einen durchschnittlichen Gewinn von 9% erzielten. Ein anderes Mal lag dieser durchschnittliche Gewinn von dann 6 Long-Straddles sogar bei 43%. Das gelingt aber nur, wenn die Kurse der Basiswerte eine wirklich deutliche Bewegung innerhalb überschaubarer Zeit vornehmen. Denn der Gewinn der einen Seite (Call oder Put) muss immer erst die Verluste der anderen Seite ausgleichen, bevor diese Strategie einen Gesamt-Gewinn verbucht.

Es bietet sich deshalb an, diese Strategie zu verfeinern. Daher kommen wir nun zum Long-Strangle.

2.4.2 Der Long-Strangle: Noch stärkere Bewegung erwartet – für wenig Geld

Kurze Rückblende: Mit der Strategie Long-Straddle können Sie profitieren, wenn Sie zum Zeitpunkt des Kaufes von Call und Put-Optionen, also der Bildung eines Long-Straddles von einer starken Kursbewegung ausgehen, aber noch gar nicht wissen, in welche Richtung eine Kursbewegung stattfindet.

Der Long-Strangle bietet sich an, wenn Sie eine sehr starke Bewegung des Marktes erwarten und außerdem nicht wissen, in welche Richtung diese laufen könnte. Sie möchten zudem weniger Kapital investieren als bei einem Long-Straddle.

Sie wählen jetzt unterschiedliche Basispreise für Call und Put, und zwar jeweils „aus dem Geld". Dadurch bilden Sie einen Long-Strangle. Dabei wählen Sie die Basispreise für den Call und den Put in gleichem Abstand zum Aktienkurs.

Beispiel:
Eine Aktie notiert bei 50 €. Dann kaufen Sie den Call beispielsweise mit einem Basispreis bei 55 € und den Put mit einem Basispreis bei 45 €.

Long-Strangle – die Definition im Überblick

Ein Long-Strangle ist der

- **gleichzeitige Kauf**
- **derselben Anzahl Puts und Calls**
- **auf denselben Basiswert**
- **mit unterschiedlichen Basispreisen, die jeweils gleich weit aus dem Geld notieren**

Wie beim Long-Straddle gilt auch hier: Wir profitieren von der zu erwartenden steigenden impliziten Volatilität während einer sehr starken Bewegung des Basiswerts.

Der Vorteil des Long-Strangle gegenüber dem Long-Straddle

Da beide Optionen „aus dem Geld" notieren, können Sie diese Position preisgünstiger aufbauen als einen entsprechenden Straddle. Wenn der Basiswert sich wie gewünscht sehr stark bewegt, erzielen Sie im Verhältnis zu Ihrem Kaufpreis daher einen höheren Gewinn als bei einem Straddle.

Der Nachteil des Strangle gegenüber dem Straddle

Der Kursbereich, in dem Sie Verluste erzielen, wenn der Basiswert seitwärts läuft, ist größer. Denn am Ende der Laufzeit muss der Basiswert entweder über 55 € oder unter 45 € notieren. Notiert er dazwischen, ist der Einsatz verloren.

Die „optimierte“ Long-Strangle-Strategie: Gewinne mit „Risikoschutz“

Sie können die Strategie des Long-Strangle aber noch etwas optimieren. Nämlich dann, wenn Sie eine Meinung über die erwartete Richtung der starken Kursbewegung haben, sich aber nicht wirklich sicher sind. Durch die optimierte Strategie kombinieren Sie jetzt Calls und Puts genau so, dass die prognostizierte Bewegung des Basiswerts deutlich stärker gewichtet wird als die nicht erwartete Kursbewegung. Hier nun die „optimierte“ Long-Strangle-Strategie

Zunächst ein Hinweis: Als „Long-Strangle“ wird im allgemeinen Sprachgebrauch nur eine Options-Konstruktion bezeichnet, bei der Calls und Puts in gleichem Abstand „aus dem Geld“ notieren, wie oben erläutert. Daher bezeichne ich die nachfolgende Strategie, bei der dies nicht so ist, als „optimierten“ Long-Strangle. Der Einfachheit halber verwende ich aber im folgenden Text nur den Begriff „Long-Strangle“.

Wie ein Long-Strangle funktioniert, veranschauliche ich Ihnen in der Theorie zunächst am Beispiel einer „Muster-Aktie“ und dann anhand eines realen Trades, den wir im Optionen-Profi empfohlen, durchgeführt und mit Gewinn abgeschlossen haben. Dabei wird Ihnen einiges vom Long-Straddle bekannt vorkommen. Das ist klar, denn Long-Straddle und Long-Strangle unterscheiden sich vom Grundsatz her nicht signifikant. Mögliche gleiche Aussagen füge ich aber bewusst in der Wiederholung ein. Damit finden Sie diese dann auch an der richtigen Stelle und beim möglichen späteren Nachschlagen, wenn Sie dieses Buch nicht „am Stück“ lesen.

1. Long-Strangle für eine Muster-Aktie

Wie jede Investition an der Börse gibt es auch bei der Anlage in Optionen Risiken. Eine – aufgrund einer korrekten Analyse – eigentlich richtig vorhergesagte Kursbewegung kann durch unvorhersehbare Ereignisse abweichen oder sogar völlig umdrehen.

Nehmen Sie beispielsweise eine Aktiengesellschaft „Muster“. Der Aktienkurs soll bei exakt 50 € stehen. Sie erwarten aufgrund Ihrer Analyse deutliche Kursgewinne und einen Wert von 60 €. Genauso klar treffen Sie die Aussage, dieses Ziel von 60 € wird die Muster-Aktie sicherlich nicht „in einem Rutsch“ erreichen. Und natürlich kann der bestehende Aufwärtstrend auch jederzeit drehen und in einen dauerhaften Abwärtstrend übergehen. Mögliche Auslöser dafür könnten beispielsweise sein: Terroranschläge, deutlich steigende Ölpreise oder eine der immer einmal wiederkehrenden Finanzkrisen.

Das Ziel bei der Investition in einen Long-Strangle besteht darin, von der analysierten und erwarteten Kursrichtung zu profitieren. Gleichzeitig **„bauen“ Sie durch die Bildung eines Long-Strangles eine Absicherung in Ihre Investition ein.** Durch diese Risiko-Reduzierung **optimieren Sie Ihre Options-Strategie.**

Hohe Gewinn-Chance bei steigenden Kursen des Basiswerts mit eingebauter Sicherheit

Sie wissen, ein Call erzielt dann hohe Gewinne, wenn der zugrunde liegende Basiswert steigt. Und der Kauf eines Puts führt zu Gewinnen, wenn der Kurs eines Basiswerts fällt. Mit einem Long-Strangle erzielen

Sie Gewinne durch Investition in einen Aktientrend und sichern diese gleichzeitig ab. Bei der Bildung eines Long-Strangles kaufen Sie dieselbe Anzahl Calls und Puts auf denselben Basiswert, mit derselben Laufzeit, aber **unterschiedlichen** Basispreisen (Unterschied zum Long-Straddle).

Sehen wir uns das am Beispiel der Muster-Aktie an. Die Voraussetzungen nochmals kurz zusammengefasst: Sie erwarten steigende Kurse der Muster-Aktie. Die Aktie notiert mit 50 €. Sie erwarten einen Aktienkurs von 60 €. Sie möchten durch diese Kursbewegung einen Gewinn erzielen. Gleichzeitig beabsichtigen Sie, sich gegen Kursrückgänge der Muster-Aktie abzusichern.

So gehen Sie vor

Sie kaufen einen Call auf die Muster-Aktie mit dem Basispreis 50 €. Das heißt, der Basispreis entspricht genau dem aktuellen Kurs der Option. Dieser Call ist somit „am Geld". Dieser Call kostet 5 €. Sie investieren also 500 € pro Kontrakt mit 100 Calls. Gleichzeitig kaufen Sie einen Put mit dem Basispreis 40 €. Dieser Put ist „aus dem Geld". „Aus dem Geld" heißt bei einem Put, sein Basispreis liegt unter dem aktuellen Kurs der Aktie. Dieser Put kostet 0,75 €. Sie bezahlen also 75 € pro Kontrakt mit 100 Puts. (Diese Preise für Calls und Puts entsprechen vergleichbaren realen Optionen.)

Sie haben einen Kontrakt Calls für 500 € und einen Kontrakt Puts für 75 € gekauft und einen Long-Strangle gebildet. In der Addition haben Sie 575 € investiert. Steigt der Kurs der Muster-Aktie um 10 € auf 60 €, entwickelt sich Ihr Long-Strangle in etwa wie folgt:

Der Kurs des Calls müsste bei rund 1.100 € liegen. Der Restwert des Puts liegt nahe bei Null. Diesen Restwert können wir für diese Berechnung vernachlässigen. Sie haben für Call plus Put zusammen 575 € investiert und verkaufen den Call für 1.100 €. Damit haben Sie einen Gewinn von 525 € erzielt. Das entspricht einer Performance von rund +91%.

Long-Strangle für eine Musteraktie

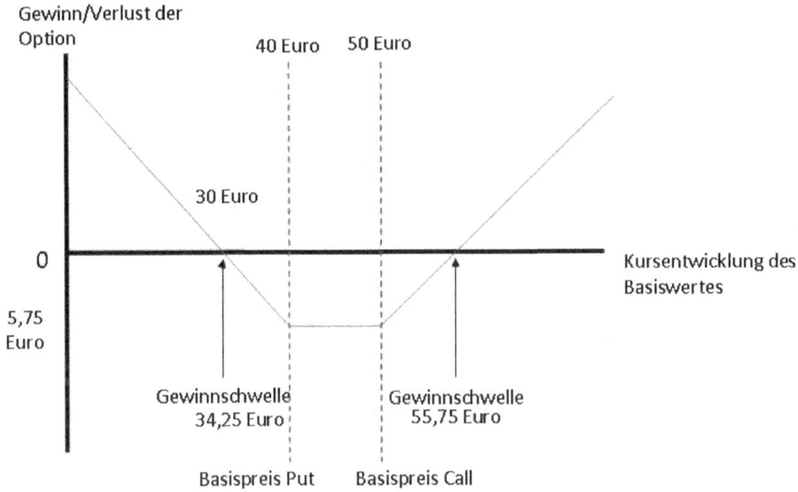

Gewinnschwelle bei dem Long-Strangle

Sie haben in diesem Beispiel einen hohen Gewinn mit den Calls erzielt. Dieser wurde aber durch die Verluste mit den Puts reduziert. **Sie hatten aber die „eingebaute" Sicherheit,** wenn die Kurse sich nicht wie erwartet entwickelt hätten. **Ihr Risiko war klar begrenzt.**

Der Long-Strangle reduziert Ihr Risiko

Sehen Sie deswegen, was passiert, wenn der Kurs der Muster- Aktie – entgegen Ihrer Erwartungshaltung – um 5 € auf 45 € fällt und Sie die Position dann schließen. Die gekauften Optionen müssten sich in etwa wie folgt entwickeln:

Die Calls haben noch einen Wert von rund 300 €. Mit der Investition in die Calls allein hätten Sie folglich 40% Verlust verbuchen müssen. Gleichzeitig hat sich der Wert der Puts auf rund 150 € verdoppelt. Der Gesamtwert des Long-Strangles liegt in etwa bei 450 €. Durch die Kombination der Calls mit den Puts und der daraus resultierenden Bildung eines Long-Strangles können Sie die Gesamtposition mit einem Verlust von 125 €, entsprechend rund 22%, schließen. Sie haben den Verlust aus den Calls durch den Gewinn aus den Puts fast halbiert.

Würde der Kurs der Muster-Aktie weiter sehr stark fallen, würden die Gewinne aus den Puts den Long-Strangle in die Gewinnzone führen.

Nutzen Sie den Long-Strangle auch bei fallenden Kursen des Basiswerts

Den Long-Strangle können Sie genauso gewinnbringend einsetzen, wenn Sie fallende Kurse des Basiswerts erwarten und das Risiko begrenzen möchten, für den Fall, dass die Kurse steigen. Bleiben wir bei der Muster-Aktie und dem Kurs von 50 €. Nehmen wir an, Sie erwarten fallende Kurse bis auf 40 €.

Zur Bildung eines Long-Strangles kaufen Sie Puts mit dem Basispreis 50 € und dieselbe Anzahl Calls mit dem Basispreis 60 €. In diesem Fall sind die Puts „am Geld" und die Calls sind „aus dem Geld". Die Puts kosten 3,80 €, also 380 € pro Kontrakt mit 100 Optionen, und die Calls kosten 2 €, entsprechend 200 € pro Kontrakt. Sie investieren in diesen Long-Strangle 580 €.

Der Plan liegt in der Gewinnerzielung durch fallende Kurse des Basiswerts. Fällt nun der Kurs der Muster-Aktie wie erwartet um 10 € auf 40 €, entwickeln sich die Optionen in etwa so:

Die Puts haben einen Wert von rund 1.100 €. Der Restwert der Calls liegt nahe null und kann für die Performanceberechnung wieder unberücksichtigt bleiben.

Sie haben für den Long-Strangle insgesamt 580 € bezahlt und durch den Verkauf der Puts 1.100 € erzielt. Ihr Gewinn beträgt 520 €, das entspricht 90%.

Und auch in diesem Beispiel wieder der Blick auf die Absicherung: Wenn der Kurs des Basiswerts – entgegen Ihrer Erwartungshaltung – steigt und Sie die Position beispielsweise bei einem Kurs der Muster-Aktie von 55 € glattstellen.

Die Puts notieren bei dieser Kurssteigerung in etwa bei 190 €. Das ist – allein auf die Puts bezogen – ein Verlust von 50%. Gleichzeitig ist der Wert Ihrer Calls auf rund 300 € gestiegen. Sie können diese Position mit einem Gesamtpreis von 490 €, entsprechend rund minus 16%, glattstellen. Durch die Absicherung mit dem Call konnten Sie den Verlust aus der Put- Option auf rund 1/3 reduzieren.

Hier gilt umgekehrt zu oben: Wenn der Kurs des Basiswerts immer weiter steigt, führen die Calls den Long-Strangle sogar noch in den Gewinn.

Langlaufende Optionen reduzieren das Risiko

Jede Option hat eine begrenzte Laufzeit. Bei der Bildung eines Long-Strangles kaufen Sie eine Option „am Geld“ und eine Option „aus dem Geld“. Würde sich der Kurs des Basiswerts bis zum Verfall der Optionen überhaupt nicht bewegen, wären beide gekauften Positionen am Verfallstag wertlos. Deswegen empfehle ich Ihnen für diese Strategie nur Optionen, die mit einer ausreichend langen Laufzeit ausgestattet sind. Das heißt: Diese muss deutlich länger sein, als der Zeitraum für den Sie die erwartete Kursbewegung des Basiswerts prognostizieren.

Kaufen Sie zur Bildung eines Long-Strangles Call und Put gleichzeitig

Sie können einen Long-Strangle zeitversetzt bilden und auch zeitversetzt wieder glattstellen. Sie haben dadurch die Chance, einen günstigeren Gesamtpreis zu erzielen. Und möglicherweise holen Sie wirklich „ein paar zusätzliche Euros" Gewinn heraus.

Tipp:

Wollen Sie einen Long-Strangle zeitversetzt bilden, sollten Sie vor dem Kauf schon festlegen, zu welchem Zeitpunkt der Long-Strangle spätestens gebildet sein soll. Das heißt, Sie kaufen möglicherweise zuerst den Call. Anschließend sollten Sie sofort ein ganz konkretes Datum festlegen, an dem Sie den Put zur Komplettierung des Long-Strangles spätestens kaufen. Das könnte beispielsweise exakt eine Woche später sein. Das gilt analog auch für die zeitversetzte Glattstellung. Stellen Sie beispielsweise zuerst den Call glatt, sollten Sie auch einen konkreten Tag bestimmen, an dem Sie den Put spätestens glattstellen und umgekehrt.

Die Begründung:

Das **Risiko** bei der **zeitversetzten Bildung oder Glattstellung eines Long-Strangles** besteht darin, dass Sie die zweite Position zu einem ungünstigeren Kurs kaufen oder verkaufen müssen. Ein kleines Zahlenbeispiel anhand der Muster-Aktie verdeutlicht dies:

Sie haben oben im ersten Beispiel gelesen, dass Sie den Call für 5 € und den Put für 0,75 € kaufen wollen. Nehmen wir an, Sie haben den Call für 5 € gekauft. Da Sie steigende Kurse erwarten, spekulieren Sie darauf, den Put zeitversetzt für beispielsweise 0,50 € zu kaufen. Jetzt kann es passieren, dass sich der Basiswert nicht sofort in die gewünschte Aufwärts-Richtung bewegt, sondern fällt. Der Call wird billiger (Buchverlust im Depot) und der Put wird immer teurer, der Kurs steigt z. B. auf 1,50 € und höher.

Zu diesem Zeitpunkt haben Sie die „eingebaute Sicherheit" nicht in Ihrem Depot. Im Gegenteil: Der Put, der die Position absichern sollte, wird immer teurer. Das ist ein überschaubares Risiko. Trotzdem sollten Sie zu dem von Ihnen im Vorfeld festgelegten Termin die zweite Position auf jeden Fall kaufen. Nur dann bilden Sie einen Long-Strangle und minimieren Ihr Risiko.

2. Der Long-Strangle: Schritt für Schritt in einen realen Trade

Gerade haben Sie eine theoretische Betrachtung eines Long-Strangles gelesen. In der Theorie ist alles einfach. An der Börse sowieso. Deshalb zeige ich Ihnen im 2. Trade, wie ein konkreter Long-Strangle geplant, angekündigt und ausgeführt wurde. Ich verwende dazu die Original-Empfehlung, weil diese authentisch und aus dem realen Börsenleben ist.

Das Ergebnis der damaligen Analyse fasse ich zusammen: Der Basiswert war die Deutsche Börse AG. Der Aktienkurs lag seinerzeit bei 173 € (vor dem damaligen Aktiensplit). Nach unserer Analyse erwarteten wir steigende Kurse. Also bot sich der Kauf eines Calls an, der seinen Basispreis in etwa in der Höhe des Aktienkurses zum Zeitpunkt der Investition hat. Dieser Call hat einen hohen Hebel und beste Gewinnaussichten.

Um diese Investition abzusichern, haben wir den gleichzeitigen Kauf eines Puts auf die Deutsche Börse empfohlen. Für diesen Put wurde ein Basispreis gewählt, der ein gutes Stück unter dem aktuellen Aktienkurs lag. Die damalige Überlegung und Analyse: Bei einem möglichen Kursrückgang der Aktien wird dieser Put nicht so viel zulegen, wie der Call umgekehrt bei Kurssteigerung der Aktien gewinnt. Dadurch ist dieser Put deutlich günstiger als der Call. Trotzdem dient er der Absicherung der Calls.

Unsere Empfehlung lautete: Kaufen Sie Calls. Damit profitieren Sie von weiteren Kursgewinnen der Deutsche Börse-Aktie. Kaufen Sie gleichzeitig dieselbe Anzahl Puts wie Calls. Mit den Puts erzielen Sie Gewinne, wenn der Aktien-Kurs deutlich fällt. Calls und Puts haben unterschiedliche Basispreise. Durch diese Käufe haben Sie einen Long-Strangle gebildet.

Optionen auf Deutsche Börse werden in Kontrakten mit je 100 Optionen gehandelt. Sie bezahlen also 2.400 € für einen Kontrakt Calls und 1.300 € für einen Kontrakt Puts. Ihre Gesamtinvestition für den Long-Strangle beträgt 3.700 €.

Die Empfehlung habe ich in einer Tabelle zusammengefasst:

Der empfohlene Long-Strangle durch gleichzeitigen Kauf derselben Anzahl Calls und Puts					
Option	Basiswert Kürzel	Basispreis	Laufzeit	Kurs der Option bei Empfehlung	Kaufpreis
Call Put	DB1	180 € 150 €	18 Monate	24 € 13 €	37 €
Pro Long-Strangle – je 1 Kontrakt Calls und Puts mit je 100 Optionen – investieren Sie hier 3.700 €.					

Long-Strangle für eine Aktie auf die Deutsche Börse AG

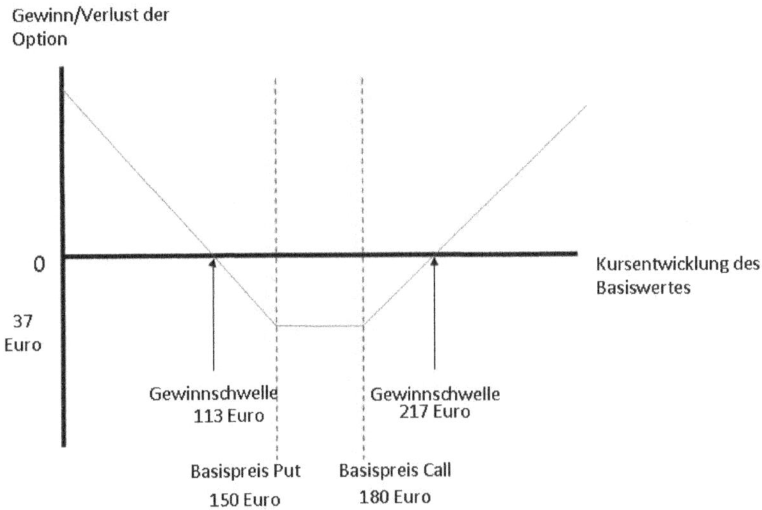

Gewinnschwelle bei dem Long-Strangle auf die Deutsche Börse AG

Gewinn-Kalkulation für diesen Long-Strangle

Kurs der Aktie bei Empfehlung	Kaufpreis des Long-Strangles	Angestrebter Kurs des Kontraktes
173 €	3.700 €	
Ziel ist eine Kursbewegung der Aktie bis auf 150 € oder 220 €. Der Long-Strangle entwickelt sich bei der erwarteten Kursbewegung in etwa wie folgt:		
Kurs der Aktie bewegt sich auf	Wert des Long-Strangles in etwa	
220 €	5.200 €	ca. 41% Gewinn
150 €	3.200 €	ca. -14%

Hinter dieser zusammengefassten Übersicht steckt für jede Empfehlung dieses Spezial-Themenheftes eine detaillierte Kalkulation, die Sie auf der folgenden Seite sehen.

Detaillierte Kalkulation der Entwicklung des Long-Strangles

Kurs der Aktie bei Empfehlung	Kalkulationspreis des Calls	Kalkulationspreis des Puts	Kalkulationspreis des Long-Strangles (= addierter Preis von Call und Put)	
173 €	2.400 €	1.300 €	3.700 €	
Kurs der Aktie fällt auf	Kalkulierter Wert des Calls	Kalkulierter Wert des Puts	Kalkulierter Wert des Long-Strangles (= addierter Wert von Call und Put)	Gewinn des Long-Strangles
168 €	2.000 €	1.500 €	3.500 €	-5%
160 €	1.650 €	1.750 €	3.400 €	-8%
150 €	1.200 €	2.000 €	3.200 €	-14%
Kurs der Aktie steigt auf	Kalkulierter Wert des Calls	Kalkulierter Wert des Puts	Kalkulierter Wert des Long-Strangles (= addierter Wert von Call und Put)	Gewinn des Long-Strangles
190 €	3.250 €	900 €	4.150 €	12%
205 €	4.100 €	650 €	4.750 €	28%
220 €	4.900 €	300 €	5.200 €	41%

Dies waren die Überlegungen hinter der Kalkulation: **Steigt der Aktienkurs der Deutsche Börse (Basiswert) immer höher, gewinnt der Call immer mehr und der Put verliert, bis er letztlich nichts mehr wert ist.** Der Call kann jedoch unbegrenzt im Wert steigen, das können durchaus mehrere 100% sein. Der Put kann jedoch nur maximal seinen gesamten Wert verlieren. Also werden die Gewinne des Calls die Verluste des Puts nicht nur ausgleichen, sondern deutlich übertreffen.

Gewinn mit dem Long-Strangle

In der Praxis gewinnt in diesem Fall der Call progressiv an Wert. Der Gewinn steigt also zunehmend stärker an. Die Gewinnkurve bewegt sich immer steiler nach oben.

Der Put verliert gleichzeitig weniger stark degressiv. Also verläuft die Verlustkurve des Puts immer flacher. Entsprechend verläuft die Gewinnkurve des Long-Strangles immer steiler.

Kurs-Crash der Aktie führt zu +89%-Gewinn des Long- Strangles

Fällt der Aktienkurs, gewinnt der Put und der Call verliert. Sie haben gerade gesehen, dass die Gewinne des Puts die Verluste des Calls anfangs nicht ganz kompensieren. Das Ziel ist ja auch „nur" die Absicherung der Call-Investition.

Nehmen Sie einfach mal den schnellen crashartigen Verfall der Deutsche Börse-Aktie auf 100 € an. Der Long-Strangle würde deutlich in den Gewinn laufen, obwohl sich der Basiswert (Aktie der Deutschen Börse) ganz anders entwickelt hat als prognostiziert. Der Put hätte bei einem Aktienkurs der Deutschen Börse von 100 € in etwa einen Wert von 70 €. Der Call wäre nahezu wertlos. Gemessen an der Gesamtinvestition von Call und Put (37 €) ein Gewinn von +89%.

Risiko des Long-Strangles

Das hört sich nach einer **narrensicheren Geldvermehrungsmaschine** an. Aber die **gibt es so** (leider) **nicht.**

Sie haben gelesen, dass jede Option einem Zeitwertverlust unterliegt. Bei langlaufenden Optionen ist dieser am Anfang sehr gering. Der Zeitwertverlust steigt an, wenn Optionen nur noch eine kurze Restlaufzeit haben. Zu dem Zeitpunkt müssen die Optionen schon lange glattgestellt sein. Damit stellt der Zeitwertverlust keinw sehr große Herausforderung dar. Trotzdem besteht für die Long-Strangles genau hier das Risiko. Bewegt sich der Basiswert kaum, in diesem Fall die Deutsche Börse-Aktie, zehrt der Zeitwertverlust sowohl am Call als auch am Put. Der Long-Strangle verliert an Wert und läuft in den Verlust.

Sie müssen deswegen einen Long-Strangle glattstellen, solange dieser noch eine ausreichend lange Restlaufzeit hat. So reduzieren Sie Ihr Risiko.

Rückwirkende Beurteilung dieses Long-Strangles

Dieser Trade wurde nur etwa 5 Monate gehalten. Die Glattstellung erfolgte mit einem Gesamtgewinn (jeweils addierte Kauf- und Verkaufspreise der Calls und Puts) von +57%. Dieser Gewinn war eher am oberen Rand der typischen Gewinne mit einem Long-Strangle angesiedelt.

So haben wir einmal 6 Long-Strangles empfohlen, die einen durchschnittlichen Gewinn von 31% erzielten. Ein anderes Mal lag dieser durchschnittliche Gewinn von dann 8 Long-Straddles bei „nur" 5% (verursacht durch 4 Verlustrades). Das zeigt: Die Strategie ist dann attraktiv, wenn eine erwartete deutliche Kursbewegung eintritt. Das Risiko wird deutlich reduziert, aber nicht ausgeschlossen.

2.5 Stillhalter-Geschäfte – Die Königsklasse

Gewinne auch bei Stillstand der Märkte

Stillhalter-Geschäfte sind vom Grundsatz her einfach zu verstehen. Stellen Sie sich dazu Folgendes vor: Sie benötigen dringend ein

Geschenk im Wert von 500 €. Ihr Freund leiht Ihnen eine regelmäßig gehandelte Goldmünze, die Ihren Vorstellungen entspricht. Sie ist 500 € wert. Per Handschlag vereinbaren Sie, dass Sie ihm eine gleiche Goldmünze in den nächsten 3 Monaten zurückgeben. Ihr Geschenk kommt gut an und nun müssen Sie eine gleiche Münze in den nächsten 3 Monaten kaufen, um sie zurückzugeben.

Wird die Münze nun immer teurer, sagen wir 600 €, 700 € oder mehr, haben Sie ein schlechtes Geschäft gemacht. Vor Ablauf der 3 Monate werden Sie in den sauren Apfel beißen und die Goldmünze für mehr Geld, also über 500 €, kaufen, als Sie eigentlich ausgeben wollten. Können Sie die Goldmünze aber für 400 € oder billiger kaufen, haben Sie ein gutes Geschäft gemacht.

In den 3 Monaten konnten Sie nur „still halten" und abwarten, wie sich der Goldpreis entwickelt oder aber die Goldmünze kaufen, um sie zurückzugeben. Während dieser Zeit haben Sie darauf gewartet oder gehofft, dass der Preis der Goldmünze mindestens nicht steigt, besser aber deutlich fällt.

Stillhalter-Geschäfte mit Optionen

Dieses Beispiel mit der Goldmünze dient dem grundsätzlichen Verständnis. Auf Optionen übertragen, denken Sie einfach um, was Sie bisher über Optionen gelesen und gelernt haben.
Rufen Sie sich dazu nochmals kurz den Zeitwert einer Option in Erinnerung. Als Käufer und Inhaber einer Option arbeitet der Zeitwert gegen Sie. Ein kleines Beispiel:

Nehmen wir eine beliebige Aktiengesellschaft mit einem Kurs von rund 70 € pro Aktie. Wenn Sie nach einer Analyse zu dem Ergebnis kommen, dass der Kurs bis 75 € steigen wird, kaufen Sie einen Call. Sie werden keinen Call mit so kurzer Restlaufzeit kaufen, dass die erwartete Bewegung innerhalb der nächsten Tage erfolgen muss. Bei 3 Monaten Laufzeit ist die Wahrscheinlichkeit schon erheblich größer, dass die von Ihnen erwartete Kursbewegung eintritt. Je länger die Laufzeit einer Option ist, desto wahrscheinlicher ist es, dass die analysierte Kursbewegung auch tatsächlich eintritt. Folglich gilt umgekehrt: Je kürzer die (Rest-)Laufzeit einer Option, desto unwahrscheinlicher ist es, dass die analysierte Kursbewegung auch tatsächlich eintritt. Also kaufen Sie hier einen Call mit ausreichend langer Laufzeit. Erwarten Sie Kursverluste der Aktien, kaufen Sie entsprechend einen Put mit ausreichend langer Laufzeit.

Bitte beantworten Sie sich folgende Fragen:

Würden Sie diesen Call auf die ABC-Aktie kaufen? Kurssteigerung von aktuell 70 € auf 75 € erwartet. Laufzeit des Calls 3 Monate. Basispreis 72 €. Kaufpreis des Calls pro Kontrakt für 100 Aktien 150 €. Die Antwort: Ja.

Würden Sie diesen Call auf die ABC-Aktie kaufen? Kurssteigerung von aktuell 70 € auf 75 € erwartet. Laufzeit des Calls 2 Wochen. Basispreis 72 €. Kaufpreis des Calls pro Kontrakt für 100 Aktien 75 €. Die Antwort: Nein.

Es wird klar: Gäbe es die begrenzte Laufzeit der Option nicht und den damit einhergehenden abnehmenden Zeitwert, könnten Sie mit Optionen so gut wie nie verlieren.

Damit kennen Sie die Grundüberlegung der Stillhalter-Geschäfte.

Als Stillhalter verkaufen Sie Optionen (Calls oder Puts) mit kurzer Restlaufzeit immer dann, wenn die Wahrscheinlichkeit gering ist, dass diese Optionen für den Käufer noch Gewinn bringend werden. Calls oder Puts, die nicht im Depotbestand sind, können Sie trotzdem verkaufen. Das ist eine Besonderheit von Optionen, die Ihnen z. B. alle Produkte von Emittenten (Optionsscheine, Zertifikate, K.o.-Scheine, CFDs etc.) nicht bieten.

Damit es ganz eindeutig ist

Sie verkaufen keine Calls oder Puts aus Ihrem Depotbestand. Dies wäre eine Glattstellung von vorher gekauften Calls oder Puts. Beim Stillhalter-Geschäft haben Sie die verkauften Calls oder Puts nicht im Depotbestand. Sie treten als Verkäufer auf, der einem Käufer von Calls oder Puts gegenübersteht. Nach Verkauf der Option ist der Bestand in Ihrem Depot eine Minusposition.

Diese Position im Depot nennt sich Short-Call oder Short-Put. Sie sind damit der Stillhalter. Sie warten, was passiert, Sie halten also still.

Nun müssen Sie spiegelverkehrt denken: Wenn Sie einen Call ohne Bestand VERkaufen, setzen Sie auf

- fallende oder
- nur leicht steigende oder
- stagnierende Kurse

des Basiswerts.

Short-Call Gewinn-/Verlustdiagramm

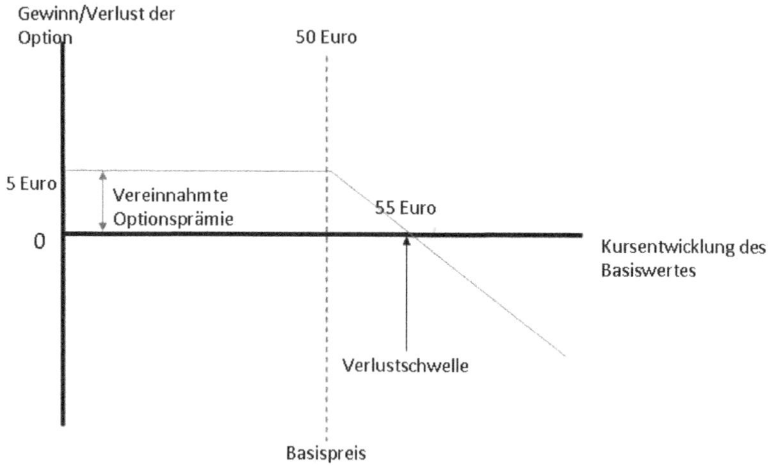

Sie vereinnahmen die Optionsprämie, um den Short-Call zu eröffnen. Überschreitet der Kurs des Basiswerts nun den Basispreis der Option, so sind Sie zunächst in der Zone des verminderten Gewinns. Die Gewinnschwelle liegt hier in der Addition des Basispreises und der gezahlten Optionsprämie. Das heißt, ab einem Kurs von 55 € sind Sie im Verlust. Sie können auch sehr schön erkennen, dass ein Short-Call ein unbegrenztes Verlustpotenzial hat, da der Kurs des Basiswerts theoretisch ins Unendliche steigen kann.

Wenn Sie einen Put ohne Bestand VERkaufen, setzen Sie auf

- steigende oder
- nur leicht fallende oder
- stagnierende Kurse

des Basiswerts.

Short-Put Gewinn-/Verlustdiagramm

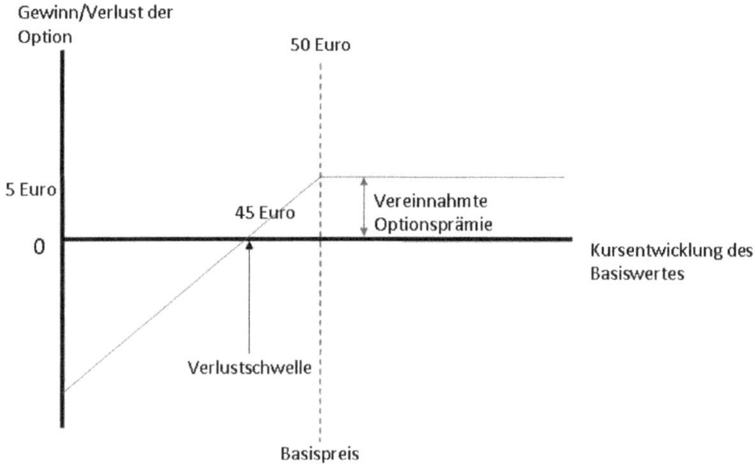

Sie erhalten die Optionsprämie, um den Short-Put zu eröffnen. Unterschreitet der Kurs des Basiswerts den Basispreis der Option, so sind Sie zunächst in der Zone des verminderten Gewinns. Die Verlustschwelle liegt hier in der Subtraktion des Basispreises und der gezahlten Optionsprämie. Das heißt, ab einem Kurs von 45 € sind Sie im Verlust. Sie können auch sehr schön erkennen, dass ein Short-Put ein begrenztes Verlustpotenzial hat, da der Kurs des Basiswerts nicht unter 0 € fallen kann.

Diese Überlegungen sind einfach nachzuvollziehen:

Sie haben eine Call- oder eine Put-Option verkauft und dafür Geld eingenommen. Die vom Käufer bezahlte Kaufprämie wird Ihnen im Cashbestand Ihres Portfolios gutgeschrieben. Dafür haben Sie die Verpflichtung aus dem Stillhalter-Geschäft übernommen. Um diese zu beenden, müssen Sie die Option glattstellen. Da Sie zuerst *ver*kauft haben, geschieht das durch Kauf. Wenn Sie beim Verkauf z. B. 500 € an Prämie eingenommen haben, wollen Sie diese Option für weniger als 500 € kaufen. Also denken Sie genau umgekehrt wie der Käufer der Option. Sie wollen, dass die Option im Kurs fällt. Ein ausführliches Beispiel dazu folgt gleich, weiter hinten im Buch.

3-fache Gewinnchance des Stillhalters

Schauen Sie nochmals kurz zurück auf ein einfaches Geschäft mit Optionen. Sie kaufen einen Call, setzen auf einen steigenden Kurs des Basiswerts und verkaufen den Call mit Gewinn, wenn das gewünschte Szenario eintritt. Sie kaufen einen Put, setzen auf fallende Kurse des Basiswerts und verkaufen ihn mit Gewinn, wenn die Kurse des Basiswerts gefallen sind.

Der Verkäufer, der Ihnen den Call verkauft hat, ist der Stillhalter. Er spekuliert bei einem Call darauf, dass die Kurse des Basiswerts nicht steigen, fallen oder nur ganz leicht steigen. Er will, dass Sie den Call mit Verlust verkaufen bzw., dass die Option wertlos verfällt. Denn das ist aus Sicht des Stillhalters optimal.

Bei einem Put setzt der Verkäufer (Stillhalter) darauf, dass die Kurse des Basiswerts steigen oder gleich bleiben oder nur leicht fallen, und dass Sie den Put mit Verlust verkaufen bzw. die Option wertlos verfällt.

Diesen Gedankengang können Sie leicht nachvollziehen. Stellen Sie sich immer 2 Handelspartner vor. Einer ist der Käufer der Option. Er will, dass der Kurs der Option steigt, denn er will die Option für mehr Geld verkaufen als er bezahlt hat. Der andere ist der Verkäufer der Option (Stillhalter). Er will dass der Kurs der Option fällt, denn er will die Option für weniger Geld kaufen, als er beim Verkauf eingenommen hat, schließlich hat er die Optionsprämie bereits vereinnahmt.

Überlegungen und Kontobewegungen eines Stillhalters

Wenn Sie einen Call oder einen Put **verkaufen**, um eine Stillhalterposition aufzubauen, dann bekommen Sie den Preis für diese Option (Prämie) eingebucht. Sie haben an der Börse an einen Käufer eine Option **verkauft**. Dafür bekommen Sie Geld. Nun spekulieren Sie darauf, dass der Wert dieser Option gegen null tendiert. Also sollen bei Ihrem **verkauften** Call die Kurse des Basiswerts nicht oder nur leicht steigen oder am besten fallen. Bei Ihrem **verkauften** Put sollen die Kurse des Basiswerts nicht oder nur leicht fallen oder am besten steigen.

Ihr Broker verlangt eine Sicherheit (die so genannte Margin) für Stillhalter-Geschäfte. Es muss also genügend Geld auf Ihrem Konto sein, um diese Geschäfte tätigen zu können. Die Höhe der Margin richtet sich nach dem Stillhalter-Geschäft und dem damit verbundenen Risiko.

Margin eines Stillhalter-Geschäftes

Üblicherweise wird die Margin so berechnet: Als Stillhalter verpflichten Sie sich zur Lieferung oder Abnahme von meist 100 Aktien zu einem festgelegten Kurs. Um dieses Geschäft tätigen zu können, muss sich als Margin 25% des Preises auf Ihrem Konto befinden, den 100 Aktien kosten würden. Wenn Sie also einen Kontrakt Optionen auf einen Basiswert mit einem aktuellen Kurs von 100 € verkaufen, dann würden 100 Aktien 10.000 € kosten. Für dieses Geschäft müssten Sie 2.500 € Sicherheit (Margin) auf Ihrem Konto haben.

Konto-/Depotbewegungen eines Stillhalter-Geschäftes

In Zahlen und stark vereinfacht am Beispiel eines verkauften Calls sieht Ihr Konto und Depot folgendermaßen aus:

Ihr Konto hat einen Barbestand von 10.000 €. Sie **verkaufen** einen Kontrakt Calls beispielsweise für 500 €. Das Geld wird Ihnen gutgeschrieben. Ihr Kontowert beträgt 10.500 €. Sie haben einen Short-Call im Depot, also einen Minusbestand.

Die Kurse fallen oder stagnieren bis zur Fälligkeit der Option.

Die Option verfällt wertlos, und der Short-Call wird aus Ihrem Depot ausgebucht.

Ihr Konto hat damit einen Endbestand von 10.500 €.

Sie haben beim **Kauf ...**

- ... **eines Calls** eine Zeit lang oder am Verfallstag das Recht, 100 Aktien zum Basispreis des Calls zu kaufen.
- ... **eines Puts** eine Zeit lang oder am Verfallstag das Recht, 100 Aktien zum Basispreis des Puts zu verkaufen.

Beim Stillhalter-Geschäft gilt das umgekehrt. Sie haben einen Call oder einen Put verkauft und nehmen somit die Gegenposition ein.

Sie haben beim **Verkauf ...**

- ... **eines Calls** eine Zeit lang oder am Verfallstag die Verpflichtung, 100 Aktien zum Basispreis des Calls zu liefern.
- ... **eines Puts** eine Zeit lang oder am Verfallstag die Verpflichtung, 100 Aktien zum Basispreis des Puts abzunehmen.

Wie bei jedem Geldgeschäft gibt es auch beim Stillhalter-Geschäft Risiken, auf die ich gleich kommen werde. Schauen Sie sich aber vorher die 3-fachen Gewinnchancen jeweils für Calls und Puts an.

3-fache Gewinnchance beim Verkauf eines Calls

Sie wissen, dass Sie beim Kauf eines Calls das Recht haben, 100 Aktien eine Zeit lang oder am Verfallstag zum festgelegten Basispreis zu kaufen. Die 100 Aktien liefern muss Ihnen der Verkäufer des Calls. (In der Praxis läuft das anonym für Käufer und Verkäufer über die Clearingstelle der Terminbörse Eurex oder der US-Terminbörsen ab.)

Beim Verkauf eines Calls (Short-Call) gehen Sie als Verkäufer die Lieferverpflichtung ein. Sie erhalten das Geld (die Prämie) für den Call auf Ihr Konto gebucht und wollen dieses Geld behalten, ohne die 100 Aktien liefern zu müssen. Der Käufer des Calls erwartet steigende Kurse. Sie als Verkäufer erwarten folglich das Gegenteil – keine steigenden Kurse.

Das heißt, wenn die Kurse fallen, gleich bleiben oder auch nur ganz leicht bis unterhalb des Basispreises steigen, müssen Sie den Basiswert (Aktien) nicht liefern und haben einen Gewinn erzielt.

Nehmen wir ein Beispiel zur Verdeutlichung: Die ABC-Aktie steht aktuell bei einem Kurs von 90 €. Sie erwarten innerhalb der nächsten 2 Monate keine große Kurssteigerung, eher fallende Kurse. Sie verkaufen einen Kontrakt Calls mit einer Restlaufzeit von 2 Monaten und einem Basispreis von 92 €. Sie müssen also 100 ABC-Aktien zu 92 € liefern, wenn der Käufer des Calls dieses Recht ausübt.

Der Käufer wird das Recht nur ausüben, wenn er die Aktien an der Börse nicht billiger bekommt, also wenn der Kurs höher als 92 € steht. Der Call müsste etwa 250 € gekostet haben. Das Geld haben Sie vom Käufer des Calls erhalten. Es ist Ihrem Konto gutgeschrieben worden.

1. Gewinnchance:

Fällt der Kurs der ABC-Aktie, wird der Käufer die 100 Aktien nicht zum Kurs von 92 € von Ihnen kaufen. Er bekommt sie an der Börse günstiger.

2. Gewinnchance:

Bleibt der Kurs gleich, also um 90 €, wird der Käufer die Aktien auch an der Börse kaufen und nicht zu 92 € pro Aktie von Ihnen.

3. Gewinnchance:

Der Kurs der Aktie steigt moderat bis auf 92 €. Auch hier besteht für den Käufer kein Vorteil, die Aktien von Ihnen zu 92 € abzurufen. Er bekommt diese an der Börse zum selben Kurs.

In allen drei Varianten verfällt der Call wertlos. Der Verkäufer, also der Stillhalter, hat nach dem Verfallstag der Option keine Verpflichtung mehr. Die vereinnahmte Prämie ist sein Gewinn. Natürlich kann die ABC-Aktie auch teurer werden als 92 €, sagen wir auf 95 € pro Aktie steigen. Der Stillhalter muss die 100 Aktien dann zum Kurs von 95 € an der Börse kaufen (wenn er diese nicht im Depot hat) und zu 92 € pro Aktie liefern. Er verbucht hier einen Verlust von 300 €, hat aber in diesem Beispiel beim verkauften Call 250 € eingenommen. Unterm Strich bleibt ein Verlust von 50 €.

Hier zeigt sich auch schon ein (hohes) Risiko des Stillhalter-Geschäftes. Denn der Aktienkurs kann natürlich (theoretisch) unbegrenzt steigen. Die Verpflichtung der Lieferung zum Basispreis bleibt aber bestehen. Dieses Risiko muss abgesichert werden, sonst kann es den Stillhalter in den Ruin führen. In der folgenden Tabelle habe ich Ihnen noch einmal die 3-fachen Gewinnchancen beim Verkauf einer Call-Option sowie den möglichen Verlustfall zusammengefasst.

1. Gewinnchance	Kurs der Aktie fällt.	Sie kassieren die Options-Prämie und gewinnen.
2. Gewinnchance	Kurs der Aktie bleibt gleich.	Sie kassieren die Options-Prämie und gewinnen.
3. Gewinnchance	Kurs der Aktie steigt bis auf den Basispreis von 92 €.	Sie kassieren die Options-Prämie und gewinnen.
Verlustfall	Kurs der Aktie steigt über den Basispreis von 92 €.	Sie müssen die Aktie zum Basispreis liefern und erleiden einen Verlust.

Im Abschnitt „Risiken der Stillhalter-Geschäfte durch gezieltes Money-Management begrenzen“ gehe ich deshalb auf den Fall ein, dass der Kurs der Aktie beispielsweise auf 110 € pro Aktie oder mehr steigt.

3-fache Gewinnchance beim Verkauf eines Puts

Betrachten wir das Stillhalter-Geschäft mit Put-Optionen.

Beim Kauf eines Puts haben Sie das Recht, 100 Aktien während oder am Ende der Laufzeit einer Option zum festgelegten Basispreis zu verkaufen. Diese 100 Aktien muss Ihnen der Verkäufer des Puts auf jeden Fall abnehmen.

Beim Verkauf eines Puts als Stillhalter gehen Sie diese Abnahmeverpflichtung ein. Sie bekommen dafür das Geld für den Put (die Prämie) auf Ihr Konto gebucht und wollen dieses Geld behalten, ohne die 100 Aktien abnehmen zu müssen. Der Käufer des Puts erwartet fallende Kurse. Sie als Verkäufer erwarten folglich das Gegenteil – keine fallenden Kurse des Basiswerts.

Das heißt, wenn die Kurse steigen, gleich bleiben oder auch nur ganz leicht fallen, müssen Sie den Basiswert (Aktien) nicht abnehmen und haben einen Gewinn erzielt.

Nehmen wir wieder ein Beispiel zur Verdeutlichung: Die ABC-Aktie steht aktuell bei einem Kurs von 90 €. Sie erwarten innerhalb der nächsten 2 Monate keinen großen Kursrückgang und verkaufen einen Put mit einer Restlaufzeit von 2 Monaten und einem Basispreis von 88 €. Sie müssen also 100 ABC-Aktien zu 88 € abnehmen, wenn der Käufer des Puts dieses Recht ausübt.

Der Käufer wird das Recht nur ausüben, wenn er die Aktien an der Börse nicht besser verkaufen kann. Das heißt, der Aktienkurs steht bei Ausübung der Option unter 88 €. Der Put müsste in etwa 250 € gekostet haben. Das Geld haben Sie vom Käufer des Puts bekommen. Es ist Ihrem Konto gutgeschrieben.

1. Gewinnchance:

Wenn der Kurs der ABC-Aktie steigt, wird der Käufer die 100 Aktien nicht zum Kurs von 88 € an Sie verkaufen. Er bekommt beim Verkauf an der Börse einen besseren Kurs.

2. Gewinnchance:

Wenn der Kursgleich bleibt, also bei 90 €, wird der Käufer die Aktien auch an der Börse verkaufen und nicht zu 88 € pro Aktie an Sie.

3. Gewinnchance:

Der Kurs der Aktie fällt moderat bis auf 88 €. Auch hier besteht für den Käufer kein Vorteil, die Aktien an Sie für 88 € zu verkaufen. Er bekommt an der Börse denselben Kurs.

1. Gewinnchance	Kurs der Aktie steigt.	Sie kassieren die Options-Prämie und gewinnen.
2. Gewinnchance	Kurs der Aktie bleibt gleich.	Sie kassieren die Options-Prämie und gewinnen.
3. Gewinnchance	Kurs der Aktie fällt bis auf den Basispreis von 88 €.	Sie kassieren die Options-Prämie und gewinnen.
Verlustfall	Kurs der Aktie fällt unter den Basispreis von 88 €.	Sie müssen die Aktie zum Basispreis kaufen und erleiden einen Verlust.

In allen drei Varianten verfällt der Put wertlos. Der Verkäufer, also der Stillhalter, hat nach dem Verfallstag der Option keine Verpflichtung mehr. Das vereinnahmte Geld in Höhe von 250 € (die Prämie) ist sein Gewinn. Natürlich kann die ABC-Aktie auch günstiger werden als 88 €, sagen wir auf 83 € pro Aktie fallen. Der Stillhalter muss dann die 100 Aktien zum Kurs von 88 € kaufen, obwohl diese an der Börse aktuell nur 83 € wert sind. Er macht einen Verlust von 500 €. Er hat aber in diesem Beispiel beim verkauften Call 250 € eingenommen. Unterm Strich bleibt ein überschaubarer Verlust von 250 €. Auch hier gilt es, durch Money-Management die Risiken zu begrenzen.

Positiver Nebeneffekt der Stillhalter-Geschäfte: Market-Maker muss faire Kurse stellen

Optionen werden an Terminbörsen durch Market-Maker betreut. Diese stellen Kurse und kaufen und verkaufen zu diesen Kursen. Dabei hat der Market-Maker keine Möglichkeit, Optionen etwas „teurer“ oder „billiger“ zu machen. Denn: Er weiß nicht, ob die Anleger kaufen oder als Stillhalter verkaufen.

Geht der Market-Maker vom Verkauf aus und würde die Option zu billig machen, kaufen die Anleger vielleicht. Macht der Market-Maker die Option aber zu teuer, weil er von einem Kauf ausgeht, kann es sein, dass die Option als Stillhalter-Geschäft verkauft werden. Der Market-Maker hat keine Chance zur Kursmanipulation.

2.5.1 Risiken des Stillhalter-Geschäfts durch Money-Management begrenzen

Vielleicht erinnern Sie sich an die Zeit des Börsenbooms, als der Index des Neuen Marktes höher stand als der DAX und Anfang des Jahres 2000 sein Allzeithoch bei 9.665,81 Zählern erreichte? Beim folgenden Crash und dem ungebremsten Weg nach unten wurden reihenweise Aktiendepots mangels Deckung zwangsweise liquidiert. Problematisch war damals insbesondere, dass viele Anleger Ihre Aktien über einen Kredit von der Bank finanzierten. Als die Aktienkurse dann stiegen, nahmen Anleger weitere Kredite auf, um das Geld erneut in Aktien zu investieren. Diese Kredite wurden von den Banken natürlich nur zu gern bewilligt. Denn die Banken verdienten ja einerseits am Handel mit den Aktien und andererseits an den Zinsen für das geliehene Geld. Bis die Blase eben platzte.

Das Ende ist bekannt. Tausende von Anlegern verloren viel Geld oder alles, was sie hatten. Und noch mehr. Denn die Kredite für die Aktienkäufe mussten natürlich an die Bank zurückgezahlt wird. In den Depots fanden sich aber häufig nur noch fast wertlose Aktien, deren Verkauf nicht einmal die teilweise hohe Kreditsumme decken konnte. Wenn dann die nahezu wertlosen Aktien in den Depots nicht mehr beliehen werden konnten, forderten die Banken mit vielen eiligen Anrufen bei den Anlegern einen Nachschuss in Form von Bareinlagen für das

Depot. Wer unverantwortlich handelt, ist schon zu allen Zeiten an der Börse hart bestraft worden.

Die Nachschusspflicht besteht bei allen Finanzgeschäften, wenn Bareinlagen oder Wertpapiere den Sicherheitsanforderungen der Banken nicht mehr genügen. In diesem Fall besteht die Pflicht, Bareinlagen auf das Konto oder Depot zu leisten, bis die Sicherheit wieder hergestellt ist.

Wer mit Aktien und Optionen verantwortungsvoll – seinen finanziellen Möglichkeiten entsprechend – handelt, ist keinen übergroßen Risiken ausgesetzt.

Von daher lautet mein erster unverzichtbarer Grundsatz der Risikobegrenzung beim Stillhalter-Geschäft: **Verkaufen Sie nie mehr Optionen-Kontrakte, als Sie Aktien kaufen oder verkaufen würden, die Sie mit diesem Optionsgeschäft bewegen.**

Wenn Sie normalerweise 500 Aktien einer Gesellschaft kaufen oder verkaufen würden, dann traden Sie als Stillhalter 5 Optionen-Kontrakte (bei einer Kontraktgröße von 100) und nicht mehr. Wenn Stillhalter-Geschäfte Ihnen völlig neu sind, dann starten Sie mit dem Verkauf eines einzigen Kontraktes. 50 €, 100 € oder 300 € Gewinn sind auch ein schönes Zubrot!

Betrachten wir die beiden „extremen" Situationen, in denen Verluste entstehen können. Wie wirken sich diese aus, wenn Sie nicht mehr Aktien durch Optionen kontrollieren, als Sie auch Aktien direkt kaufen oder verkaufen würden? Ich nehme hierfür an, dass für Sie beispielsweise 100 Aktien einer Gesellschaft Ihr normales Handelsvolumen sind. Zuerst nehme ich das Stillhalter-Geschäft, bei dem Sie einen Kontrakt Puts verkauft haben.

Die Aktie der ABC-Gesellschaft soll 50 € kosten. Wenn Sie 100 Aktien dieser Gesellschaft direkt kaufen und im Depot haben, investieren Sie 5.000 €. Wenn die Kurse dieser Gesellschaft, warum auch immer, über Nacht um 20% fallen, dann haben Sie 1.000 € Buchverlust.

Wenn Sie einen Kontrakt Puts verkauft haben, als die Aktie bei einem Kurs von 50 € stand, dann ist das „Extremste", was Ihnen passieren kann, dass Sie diese 100 Aktien zum Basispreis von 50 € kaufen müssen. Sie haben aber den Verkaufspreis der Puts vereinnahmt. Sie werden immer besser dastehen, als wenn Sie die Aktie direkt gekauft hätten.

Beim Verkauf eines Kontraktes Puts ist Ihr größtes Risiko immer geringer als bei der Direktanlage in 100 Aktien!

Wenn Sie nicht mehr Aktien über verkaufte Puts kontrollieren, als Sie auch direkt kaufen würden, und Ihr Konto die entsprechende Deckung hat, dann wirkt sich eine Nachschusspflicht nicht schlimm aus.

Betrachten wir nun die andere Möglichkeit und das darin enthaltene Risiko. Sie verkaufen einen Kontrakt Calls. Wir nehmen als Beispiel wieder 100 Aktien zu einem Kurs von 50 €. Als Verkäufer der Calls verpflichten Sie sich, 100 Aktien zu einem Basispreis von 50 € pro Aktie zu liefern. Wie bei jedem Börsengeschäft müssen Sie Ihre Risiken begrenzen. Und zwar alle. Also geht es um das „extremste" Risiko: Das ist die theoretische Möglichkeit einer Kursexplosion über das Wochenende. Wenn montags die Aktie mit einem doppelt so hohen (oder höheren) Kurs startet, als sie am Freitag zuvor geschlossen hat, dann müssen Sie zum festgelegten Basispreis des verkauften Calls 100 Aktien pro Kontrakt liefern. Daraus folgert:

Theoretisch besteht für den Stillhalter ein unbegrenztes Risiko beim verkauften Call, wenn dieser Verkauf nicht durch eine

Gegenposition abgesichert und damit gedeckt ist (das gedeckte Stillhalter-Geschäft).

Ich habe dazu dieses „Bild“ im Kopf: Ein Stillhalter verkauft Calls auf ein Biotech-Unternehmen. Am Wochenende meldet der Konzern, dass es das Medikament entdeckt hat, das den Krebs endgültig besiegt. Am Montag startet die Aktie mit einer Kursexplosion und der Kurs verzehnfacht sich oder steigt noch um ein Vielfaches höher. Theorie? Ja! – Unmöglich? Nein! Also dürfen Sie Calls nie verkaufen, wenn Sie die entsprechende Anzahl Aktien (Basiswerte) nicht im Depot haben. **Davon darf es keine Ausnahme geben.** Diese Risiken können Sie aber vollständig durch gedeckte Stillhalter-Geschäfte begrenzen. Dazu kommen wir später in diesem Buch.

Sehen Sie sich aber vorher an, wie Sie die obigen theoretischen Überlegungen in der Praxis umsetzen können.

2.5.2 Stillhalter-Geschäft: Aktienkauf über Put-Optionen

In diesem Beispiel finden Sie einige Wiederholungen aus dem obigen, eher theoretischen, Teil. Darauf gehe ich bewusst ein, um es zu vertiefen.

Grundsätzliche Überlegung für ein Stillhalter-Geschäft

Der Wert einer Option setzt sich aus dem „inneren Wert“ und dem Zeitwert zusammen. Ein Call hat einen inneren Wert, wenn sein Basispreis unter dem aktuellen Börsenkurs des Basiswerts liegt. Ein Put hat einen inneren Wert, wenn sein Basispreis über dem aktuellen Börsenkurs des Basiswerts liegt. Diese Optionen sind „im Geld“.

Eine Option, die keinen inneren Wert hat, wird „aus dem Geld“ genannt. Sind Kurs des Basiswerts und Basispreis einer Option in etwa gleich, notiert diese Option „am Geld“. Eine Option „am Geld“ kann also auch einen geringen inneren Wert haben. Eine Option mit langer Laufzeit hat anfangs einen sehr hohen Zeitwert. Der Zeitwert der Option ist am Ende der Laufzeit immer Null.

Der Zeitwert einer Option nimmt immer schneller ab

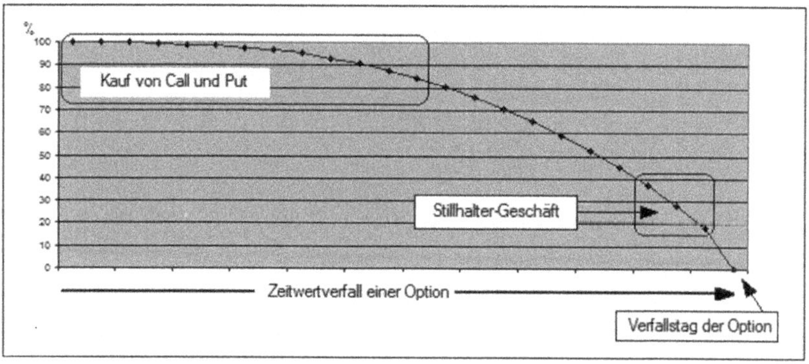

Der Zeitwert der Option ist in dieser Grafik auf 100% gesetzt. Diese Option notiert also „aus dem Geld“. Je kürzer die Restlaufzeit einer Option ist, desto stärker nimmt der Zeitwert der Option ab. Wenige Tage vor Fälligkeit einer Option liegt der Zeitwert nahezu bei Null. Am Fälligkeitstag ist er exakt Null. Das bedeutet, eine Option „aus dem Geld“ verfällt am Fälligkeitstag wertlos.

Eine Option sollte also zu dem Zeitpunkt, wenn der Zeitwertverlust zunimmt, verkauft sein. Daraus ergibt sich zweierlei: Eine gekaufte Option (Long-Call oder Long-Put) sollte dann verkauft sein. Aber auch:

Eine als Stillhalter verkaufte Option (Short-Call oder Short-Put) hat zu dem Zeitpunkt die besten Aussichten auf Gewinn. Es ist also für ein Stillhalter-Geschäft aussichtsreich, Optionen mit kurzer Restlaufzeit zu handeln. Und genau das zeige ich hier am Beispiel eines Stillhalter-Geschäftes mit Put-Optionen, die entsprechend der vorangegangenen Überlegungen eine kurze Restlaufzeit haben.

Schritt für Schritt zum ersten erfolgreichen Stillhalter-Geschäft mit Puts

Wegen des bereits beschriebenen nicht kalkulierbaren Risikos beim Verkauf von Calls als Stillhalter-Geschäft wähle ich hier Put-Optionen. Von der grundsätzlichen Vorgehensweise können Sie die Umsetzung aber auch auf den Verkauf von Calls als Stillhalter übertragen.

Für Stillhalter-Geschäfte mit Puts sollten Sie solche Aktien als Basiswerte wählen, die kurzfristig, also für die Dauer der Laufzeit der verkauften Puts, keine starke Abwärtsbewegung erwarten lassen. Charttechnisch sollten diese Aktien oberhalb von Unterstützungen notieren. Dazu eignen sich Aktien, die in den Wochen vor dem Verkauf der Optionen wenig Bewegung verzeichneten und die für die nahe Zukunft keine überraschenden Nachrichten erwarten lassen. Üblicherweise finden Sie diese Werte bei den großen Aktiengesellschaften.

Die ideale Option für kurzfristige Gewinne im Stillhalter-Geschäft

Für kurzfristige Gewinne mit dem Stillhalter-Geschäft sollten Sie Optionen mit kurzer Restlaufzeit und ohne inneren Wert wählen. Denn diese haben einen schnell zunehmenden Verfall des Zeitwertes. Dadurch, dass die Optionen schnell weniger wert werden, können Sie diese billiger, also mit Gewinn, glattstellen. Oder Sie lassen diese am Fälligkeitstag wertlos verfallen. „Wertloser Verfall“ heißt in diesem Fall, Sie haben die Prämie beim Verkauf der Optionen eingenommen und können diese nun zu 100% behalten.

Der Basispreis einer zu verkaufenden Option sollte idealerweise so gewählt werden, dass am Ende der Laufzeit kein „innerer Wert" der Option vorhanden ist. Dafür eignen sich am besten Optionen, die „am Geld" notieren. Das heißt, diese Optionen haben einen Basispreis, der ziemlich genau dem aktuellen Börsenkurs der zugrunde liegenden Aktie entspricht.

Bei diesen Optionen besteht der gesamte Wert zum Zeitpunkt des Verkaufs (Eröffnung des Stillhalter-Geschäftes) folglich nur aus dem Zeitwert.

Stillhalter-Geschäft: Die Umsetzung

Sie kaufen eine Call-Option, wenn Sie steigende Kurse erwarten. Und wenn Sie fallende Kurse erwarten, kaufen Sie eine Put-Option. Bei voraussichtlich gleich bleibenden Kursen lohnt sich weder der Kauf von Calls noch der Kauf von Puts.

Eine solche Situation ist die ideale Ausgangsposition für Stillhalter-Geschäfte. Ich gehe deswegen von folgendem Szenario aus:

Die „Beispiel-Aktie" (fiktives Kürzel BSP) notiert bei einem Kurs von 50 €. Und ich erwarte, dass sich die Aktie wenig im Kurs bewegt. Damit ist hier die ideale Voraussetzung für den Verkauf von Puts gegeben. In diesem Beispiel sehen Sie, wie Sie das Stillhalter-Geschäft umsetzen und Sie erkennen auch die Risiken.

Der Trade:

Wir verkaufen Puts mit kurzer Restlaufzeit, die „am Geld" notieren. Das sind in diesem Beispiel Puts mit einer Restlaufzeit von 6 Monaten und dem Basispreis von 50 €.

Basiswert: BSP-Aktie
Option: Put
Restlaufzeit: 6 Monate
Basispreis: 50 €

Optionspreis: 2 €
Pro Kontrakt mit 100 Optionen vereinnahmen Sie rund 200 €

Der Optionspreis entspricht dem eines entsprechenden Puts auf einen realen Aktienwert mit gleichem Kurs und bei gleicher Ausstattung der Optionen.

Die Eingabe beim Broker:
Sie wählen in der Handelsmaske Ihres Brokers den hier empfohlenen Put. Das Ihnen vermutlich geläufige Geschäft wäre nun, diesen Put „normal“ zu kaufen. Einige Zeit später würden Sie ihn verkaufen. Beim Stillhalter-Geschäft gehen Sie genau umgekehrt vor. Sie verkaufen diesen Put so, als hätten Sie ihn einige Tage oder Wochen zuvor gekauft und im Bestand gehabt. Und das ist auch schon alles. Sie sind durch den Verkauf dieses Puts Stillhalter.

In Ihrem Depot ist für einen verkauften Put-Kontrakt in etwa dieser Eintrag zu sehen:

Bestand: -1
Option: Put
Basispreis: 50 €
Basiswert: BSP

Ihr Konto weist folgende Veränderung aus:
10.000 € = Angenommener Barbestand vor dem Verkauf des Puts
10.200 € = Barbestand nach Verkauf des Puts

Der Grund für den Zuwachs im Konto: Sie haben den Put an einen anderen Börsenteilnehmer verkauft und haben den Optionspreis für diesen Put vereinnahmt. Dadurch ist Ihr Geldbestand gestiegen. Dafür sind Sie die Verpflichtung aus dem Stillhalter-Geschäft (Verkauf der Puts) eingegangen. Sie müssen also bis zum Verfallstag der Optionen auf Anforderung pro Kontrakt verkaufter Puts jeweils 100 BSP-Aktien zum Kurs von 50 € abnehmen. Dazu ein Hinweis:

Europäischer und amerikanischer Typ der Optionen

Der Käufer der Put-Optionen hat das Recht zur Ausübung. Sie erinnern sich: Es wird zwischen Optionen mit **„europäischer Ausübung“** und **„amerikanischer Ausübung“** unterschieden. Optionen mit amerikanischer Ausübung können während ihrer Laufzeit jederzeit ausgeübt werden. Optionen mit europäischer Ausübung können nur am Fälligkeitstag ausgeübt werden. Optionen mit amerikanischer Ausübung sind die häufigste Ausgestaltungsart.

Die **Ausübung einer Option kostet für** den **Käufer** der Option eine **Gebühr.** Optionen haben immer einen Zeitwert. Deswegen lohnt es sich **normalerweise nicht, Optionen während** ihrer **Laufzeit auszuüben.** Es ist aber zulässig und **wird gelegentlich gemacht.**

Es kann also passieren, dass Ihr verkaufter Put-Kontrakt nicht mehr im Bestand ist. Ihre verkaufte Option wurde ausgeübt. Das vereinnahmte Geld gehört Ihnen. Sie haben aber 100 Aktien im Depot. Diese sollten Sie verkaufen. Sie können diese Aktien natürlich im Bestand halten und auf Kursgewinne spekulieren. Dass es so passiert, ist sicher eher unwahrscheinlich. Aber Sie sollten es wissen und einkalkulieren.

Beim Verkauf von Puts besteht ein geringeres Risiko als beim Kauf von Aktien

Nach dem Verkauf der Puts als Stillhalter haben Sie ein Risiko. Dieses Risiko ist aber begrenzt und sieht so aus:

Für je einen verkauften Kontrakt Puts erhalten Sie hier 200 €. Der exakte Verfallstag einer Option ist immer der dritte Freitag des angegebenen Monats. Der empfohlene Put verfällt also am dritten Freitag im Oktober 2011. Sie gehen bei diesem Verkauf die Verpflichtung ein, pro verkauften Kontrakt 100 BSP-Aktien zum Basispreis der Puts abzunehmen. Der Basispreis der empfohlenen Puts ist 50 €. Auch wenn der Aktienkurs beispielsweise auf 35 € fällt, müssten Sie 50 € pro Aktie bezahlen. Sie erkennen schnell, wo das maximale theoretische Risiko liegt. Die Aktie fällt auf „null". Sie müssten aber 100 Aktien zu je 50 € pro verkauften Kontrakt Puts abnehmen. Aber:

Wenn Sie statt des Stillhalter-Geschäftes sofort 100 BSP-Aktien kaufen, zahlen Sie 50 € pro Aktie, entsprechend 5.000 € für 100 Aktien. Nehmen wir den ungünstigsten Fall an. Das Unternehmen meldet Insolvenz an. Die Aktien werden „über Nacht" nahezu wertlos. Ihr Verlust bei einem Kauf von 100 Aktien läge bei maximal 5.000 €. Das ist der gezahlte Kaufpreis.

Bei dem Stillhalter-Geschäft mit Puts verpflichten Sie sich, 100 Aktien zum Preis von 50 € pro Aktie abzunehmen (zu kaufen). Sie haben aber 2 € pro verkauften Put vereinnahmt.

Würden die Aktien nahezu wertlos, errechnet sich Ihr (theoretischer) Verlust pro Aktie wie folgt: Sie müssen für eine Aktie 50 € bezahlen. Sie haben 2 € pro Aktie durch den Verkauf des Puts vereinnahmt. Die gesamte Position ist (theoretisch) wertlos. Ihr Verlust beträgt 48 € pro

Aktie (50 € Kaufpreis pro Aktie abzüglich 2 € vereinnahmte Prämie pro verkauften Put).

Das maximale Risiko beim **Verkauf** von **Puts** ist folglich **etwas geringer als beim Direktkauf von Aktien.** Aber:

Deckung im Konto muss vorhanden sein

Ein Anleger verkauft beispielsweise einen Kontrakt Puts auf die BSP-Aktie. Er hat danach einen Geldbestand von 4.000 €. Die Aktie fällt (theoretisch) auf null. Der Anleger muss die 100 Aktien für den einen verkauften Kontrakt Puts abnehmen und dafür insgesamt 5.000 € bezahlen. Da er nur 4.000 € auf dem Konto hat, rutscht dieses mit 1.000 € ins Minus.

Deshalb wiederhole ich unseren Tipp von oben: Sie sollten durch verkaufte Puts nie eine finanziell höhere Abnahmeverpflichtung von Aktien eingehen, als Sie bereit sind, gegebenenfalls auch Aktien zu kaufen. Denn dann gilt für Ihr Depot die Aussage: **Das maximale Risiko beim Stillhalter-Geschäft mit Puts ist niedriger als das beim normalen Aktienhandel.**

Zurück zum Stillhalter-Geschäft und wie es weiter geht:

3-fache Gewinnchance durch Put-Verkauf

Sie haben einen Kontrakt Puts verkauft. Ihr Handelspartner hat diesen Kontrakt von Ihnen gekauft. Da der Käufer der Puts das Recht hat, Ihnen die Aktien für den Basispreis von 50 € zu verkaufen, wird er dieses Recht kaum ausüben, solange er an der Börse denselben Preis oder sogar mehr erzielen kann.

Ihr Ziel ist, die vereinnahmte Prämie als Gewinn zu verbuchen oder die Put-Optionen zu einem niedrigeren Kurs zurückzukaufen als Sie als Prämie vereinnahmt haben. Wenn Sie hier sagen, mindestens 80% der vereinnahmten Prämie soll der Gewinn sein, sieht es so aus:

Sie haben den Kontrakt für 200 € verkauft. Sie sollten nicht mehr als 40 € für den Rückkauf zahlen. Damit würden Sie 160 €, entsprechend 80% der vereinnahmten Prämie, als Gewinn verbuchen.

Damit dieses Ziel erreicht wird, darf die BSP-Aktie nicht (weit) unter den Basispreis des empfohlenen Puts, also unter 50 €, fallen. Daher haben Sie eine 3-fache Gewinn-Chance.

1. Die BSP-Aktie steigt im Kurs und notiert über 50 €. Der Käufer der Puts wird sein Recht, Ihnen die Aktien zum Kurs von 50 € zu verkaufen, nicht ausüben. Er kann die Aktien an der Börse teurer verkaufen.

2. Die BSP-Aktie bleibt auf genau 50 €. Auch in diesem Fall wird der Put-Käufer Ihnen die Aktien nicht verkaufen, da das Ausüben („Andienen“) der Optionen eine Gebühr kostet.

3. Der Kurs der Aktie fällt leicht auf einen Kurs oberhalb von 48 € bis unter 50 €. Sie werden die Aktien zum Kurs von 50 € angedient bekommen und haben diese im Depot. Da diese aber mehr als 48 € pro Aktie wert sind und Sie 2 € Prämie pro verkauften Put vereinnahmt haben, **haben Sie diese Aktien mit Rabatt gekauft.**

In der folgenden Tabelle habe ich Ihnen noch einmal die 3-fachen Gewinnchancen beim Verkauf einer Put-Option sowie den möglichen Verlustfall zusammengefasst.

1. Gewinnchance	Kurs der Aktie steigt.	Sie kassieren die Options-Prämie und gewinnen.
2. Gewinnchance	Kurs der Aktie bleibt gleich.	Sie kassieren die Options-Prämie und gewinnen.
3. Gewinnchance	Kurs der Aktie fällt unter den Basispreis von 50 €, bleibt aber über 48 €.	Sie kassieren die Options-Prämie von 2 €, müssen die Aktie aber zum Basispreis von 50 € kaufen. Insgesamt bleibt ein Gewinn.
Verlustfall	Kurs der Aktie fällt unter 48 €.	Sie kassieren die Options-Prämie von 2 €, müssen die Aktie aber zum Basispreis von 50 € kaufen. Insgesamt entsteht ein Verlust.

Das kann nach Ihrem Put-Verkauf passieren

Ausgangspunkt ist, dass Sie Puts mit dem Basispreis von 50 € auf die BSP-Aktie verkauft haben. Und die Aktie notierte zum Zeitpunkt Ihres Put-Verkaufs bei genau 50 €.

Der Kurs der BSP-Aktie steigt

Der Put wird vom Käufer nicht ausgeübt. Sie müssen folglich keine BSP-Aktie abnehmen. Sie können den Gewinn von 80% bis 100% aus der vereinnahmten Prämie als Gewinn verbuchen. Das entspricht 160 € bis 200 € pro verkauftem Kontrakt.

Der Kurs der BSP-Aktie bleibt gleich

Der Put wird vom Käufer nicht ausgeübt. Er kann Ihnen die Aktien nicht teurer verkaufen als an der Börse. Er spart sich die Kosten der

Ausübung. Sie können den Gewinn von 80% bis 100% aus der vereinnahmten Prämie als Gewinn verbuchen. Das sind 160 € bis 200 € pro verkauftem Kontrakt.

Der Kurs der BSP-Aktie fällt unter 50 €, bleibt aber über 48 €

Angenommen, die Aktie fällt auf exakt 49 €. Der Put wird ausgeübt. Sie bekommen 100 Aktien pro verkauftem Kontrakt ins Depot eingebucht. Sie bezahlen pro Aktie 50 €. Und Sie verkaufen diese sofort für 49 €. Ein Verlust von 1 € pro Aktie. Sie haben aber 2 € pro Aktie an Prämie vereinnahmt. Die positive Differenz von 1 € pro verkauftem Put ist Ihr Gewinn.

Der Kurs der BSP-Aktie fällt auf genau 48 €

Der Put wird ausgeübt. Sie bekommen 100 Aktien pro verkauftem Kontrakt ins Depot eingebucht. Sie bezahlen pro Aktie 50 €. Und Sie verkaufen diese sofort für 48 €. Ein Verlust von 2 € pro Aktie. Sie haben aber 2 € pro Aktie an Prämie vereinnahmt. Sie haben keinen Gewinn und keinen Verlust.

Der Kurs der BSP-Aktie fällt auf unter 48 €

Sagen wir, die Aktie fällt auf exakt 46 €. Der Put wird ausgeübt. Sie bekommen 100 Aktien pro verkauftem Kontrakt ins Depot eingebucht. Sie bezahlen pro Aktie 50 €, diese ist allerdings nur 46 € wert. Sie haben aber 2 € pro Aktie an Prämie vereinnahmt. Sie haben 4 € Buchverlust pro Aktie und 2 € Gewinn pro verkauftem Put. Ein Minus von 2 € pro Aktie.

Sie haben die Aktien also im Depot. Je nach Börsenlage und Analyse der BSP-Aktie verkaufen Sie diese zum gültigen Börsenkurs. Oder Sie sehen eine positive Tendenz der BSP-Aktie und halten diese Papiere, bis Sie diese mit Gewinn verkaufen können. **Sie sind aufgrund der**

vereinnahmten Prämie in diesem Fall besser gestellt als beim Aktienkauf. Denn hätten Sie die Aktien direkt für je 50 € gekauft, hätten Sie bereits 4 € Buchverlust pro Aktie.

Crash: Der Kurs der BSP-Aktie fällt ins Bodenlose

Hier tragen Sie das Risiko eines jeden Aktionärs. Kursverluste gehören an der Börse dazu. Und doch: Auch hier stehen Sie sich besser als beim Direktkauf der Aktie. Denn Ihnen bleibt die vereinnahmte Prämie auf der Habenseite.

2.5.3 Gedeckte Stillhalter-Geschäfte

Gewinnen, auch bei Seitwärtsbewegungen der Börsen – mit vollständiger Kontrolle des Risikos

Bei den Stillhalter-Geschäften haben Sie gerade gesehen, dass diese ein deutliches Risiko beinhalten. Bei Stillhalter-Geschäften mit Calls ist dieses Risiko sogar so hoch, dass ich unbedingt davon abrate, diese einzugehen. Es gibt aber zwei Möglichkeiten der **vollständigen Kontrolle und Cent-genauen Begrenzung des maximalen Risikos.** In diesem Kapitel kommen wir damit zu den „gedeckten", also abgesicherten Stillhalter-Geschäften.

Exakte Begrenzung des Risikos durch gleichzeitigen Kauf und Verkauf eines Calls oder Puts

Je eine grundsätzliche Aussage zu Calls und Puts beinhaltet die Basis für gedeckte Stillhalter-Geschäfte:

- Beim Kauf eines Kontrakts Calls auf Aktien haben Sie das Recht, 100 Aktien zum Basispreis zu beziehen. Beim Verkauf von Calls als Stillhalter müssen Sie diese gegebenenfalls liefern.

- Beim Kauf eines Kontrakts Puts haben Sie das Recht, 100 Aktien zum Basispreis zu verkaufen. Beim Verkauf von Puts als Stillhalter müssen Sie diese gegebenenfalls abnehmen.

Bei gedeckten Stillhalter-Geschäften nutzen Sie dieses einfache Wissen zur vollständigen Kontrolle Ihres Risikos. Wie, das veranschauliche ich Ihnen an einem einfachen Beispiel:

Die Strategie mit Calls

Sie analysieren eine Aktiengesellschaft und haben die Erwartung, dass der aktuelle Kurs von 50 € pro Aktie seitwärts pendelt und in den kommenden 2 Monaten wohl kaum über 53 € steigt. Sie verkaufen einen Kontrakt Calls mit dem Basispreis 53 € und nehmen in etwa 180 € je Kontrakt an Prämie ein.

Sie sind aber gegen Überraschungen nicht abgesichert und tragen das beschriebene unbegrenzte Risiko, dass der Kurs plötzlich stark steigt. Denn Ihre Verpflichtung besteht hier darin, 100 Aktien zum Basispreis der Calls von 53 € pro Aktie zu liefern, unabhängig davon wie weit der Kurs steigt. Bis hierhin wäre dieser Verkauf von Calls ein Geschäft, das ich nicht empfehlen würde.

Bei guter Analyse wäre es schade, so eine Chance ungenutzt verstreichen zu lassen. Also kaufen Sie zusätzlich einen Call auf denselben Basiswert und sichern Ihr Risiko vollständig ab. Sie kaufen einen Kontrakt Calls, zum Beispiel mit Basispreis 56 €. Sie wissen, dass Sie damit das Recht haben, 100 Aktien zu 56 € zu beziehen. Diese Calls kosten Sie in etwa 90 € je Kontrakt.

Die Kombination eines Short-Calls mit einem niedrigeren Basispreis und eines Long-Calls mit einem höheren Basispreis zur Absicherung wird auch „Bear Call Spread“ genannt.

So sieht es dann in Ihrem Depot aus:

+ 180 € Einnahme für die verkauften Calls (Short-Calls).
- 90 € Ausgabe für die gekauften Calls (Long-Calls).

Sie haben 2 Monate die Verpflichtung, 100 Aktien zum Kurs von 53 € je Aktie zu liefern. Sie haben 2 Monate das Recht, 100 Aktien zum Kurs von 56 € je Aktie zu kaufen.

Jetzt haben Sie wieder die 3-fache Gewinnchance:

Der Kurs der Aktie fällt (1), bleibt in etwa gleich (2) oder steigt (3) auf rund 53 € an. In jedem dieser 3 Fälle verfallen Ihre gekauften und verkauften Calls wertlos. Sie haben für dieses Geschäft einmal 90 € bezahlt und einmal 180 € eingenommen. Ihr Gewinn beträgt 90 € pro Kontrakt. Diese Absicherung gilt für den Fall, dass der Kurs der Aktie auf mehr als 56 € steigt. In welch schwindelerregende Höhe sich der Kurs auch immer bewegt:

Sie können immer 100 Aktien zu 56 € pro Aktie beziehen und müssen zu 53 € pro Aktie liefern. Ihr Risiko liegt hier genau bei 300 € abzüglich der vereinnahmten 90 €, also bei 210 €.

In der folgenden Tabelle habe ich Ihnen noch einmal die 3-fachen Gewinnchancen sowie den möglichen Verlustfall bei der Kombination eines Short-Calls mit einem Long-Call („Bear Call Spread“) zusammengefasst.

1. Gewinnchance	Kurs der Aktie fällt.	Sie kassieren die Prämie für den Short-Call (180 €) abzüglich des Preises für den Long-Call (90 €) und gewinnen 90 €.
2. Gewinnchance	Kurs der Aktie bleibt gleich.	Sie kassieren die Prämie für den Short-Call (180 €) abzüglich des Preises für den Long-Call (90 €) und gewinnen 90 €.
3. Gewinnchance	Kurs der Aktie steigt bis 53 €.	Sie kassieren die Prämie für den Short-Call (180 €) abzüglich des Preises für den Long-Call (90 €) und gewinnen 90 €.
Verlustfall	Kurs der Aktie steigt über 53 €.	Der Short-Call wird ausgeübt. Sie müssen 100 Aktien zu 56 € kaufen und zu 53 € an den Käufer des Calls weiter verkaufen. Abzüglich der vereinnahmten Prämie von 90 € entsteht ein Verlust von genau 210 €.

Das maximale Risiko ist auf den Cent genau begrenzt

Das zeigt: Auch in Seitwärtsbewegungen der Märkte können Sie mit Optionen Gewinne erzielen und Ihr Risiko exakt begrenzen.

Die Strategie mit Puts

Eine abgesicherte Stillhalter-Strategie können Sie auch mit dem Verkauf von Puts umsetzen. Wenn Sie beispielsweise diesmal leicht steigende, aber keine fallenden Kurse erwarten, und Ihr Risiko wieder auf den Cent genau begrenzen wollen, können Sie Puts auf die ABC-Aktie verkaufen. Nehmen wir an, diese notiert bei 50 €. Verfahren Sie wie folgt:

Sie verkaufen Puts mit dem Basispreis 48 € (Short-Puts). Gleichzeitig kaufen Sie Puts mit dem Basispreis 45 € (Long-Puts). Die Kombination eines Short-Puts mit einem höheren Basispreis und eines Long-Puts mit einem niedrigeren Basispreis zur Absicherung des Short-Puts wird auch „Bull Put Spread“ genannt.

So sieht es dann in Ihrem Depot aus:

\+ 180 € Einnahme für die verkauften Puts (Short-Puts).
\- 90 € Ausgabe für die gekauften Puts (Long-Puts).

Sie haben 2 Monate die Verpflichtung, 100 Aktien zum Kurs von 48 € je Aktie abzunehmen. Sie haben 2 Monate das Recht, 100 Aktien zum Kurs von 45 € je Aktie zu verkaufen.

Sie haben wieder eine 3-fache Gewinnchance:

Sie besteht beim gedeckten Stillhalter-Geschäft mit Puts bei steigenden (1), gleich bleibenden (2) oder auch leicht fallenden (3) Kursen. Wenn Ihre Spekulation nicht aufgeht und die Kurse ins Bodenlose stürzen, begrenzt sich Ihr maximaler Verlust pro ver- und gekauftem Kontrakt Puts exakt auf die Differenz, zu der Sie einerseits 100 Aktien abnehmen müssen, andererseits aber 100 Aktien verkaufen können.

Abnehmen müssen Sie 100 Aktien für 48 € pro Aktie. Verkaufen können Sie für 45 € pro Aktie. Ihr Risiko je Kontrakt mit 100 Put-Optionen liegt auch hier genau bei 300 € abzüglich der vereinnahmten 90 €, also bei 210 €.

In der folgenden Tabelle habe ich Ihnen noch einmal die 3-fachen Gewinnchancen sowie den möglichen Verlustfall bei der Kombination eines Short-Puts mit einem Long-Put („Bull Put Spread“) zusammengefasst.

1. Gewinnchance	Kurs der Aktie steigt.	Sie kassieren die Prämie für den Short-Put (180 €) abzüglich des Preises für den Long-Put (90 €) und gewinnen 90 €.
2. Gewinnchance	Kurs der Aktie bleibt gleich.	Sie kassieren die Prämie für den Short-Put (180 €) abzüglich des Preises für den Long-Put (90 €) und gewinnen 90 €.
3. Gewinnchance	Kurs der Aktie fällt bis 48 €.	Sie kassieren die Prämie für den Short-Put (180 €) abzüglich des Preises für den Long-Put (90 €) und gewinnen 90 €.
Verlustfall	Kurs der Aktie fällt unter 48 €.	Der Short-Put wird ausgeübt. Sie müssen 100 Aktien zu 48 € kaufen und können diese zu 45 € an den Stillhalter Ihres Long-Puts weiter verkaufen. Abzüglich der vereinnahmten Prämie von 90 € entsteht ein Verlust von genau 210 €.

Money-Managements bei gedecktem Stillhalter-Geschäft

Da das Risiko auf den Cent genau begrenzt ist, können Sie hier nach den Grundsätzen des Money-Managements so viele Kontrakte traden (handeln), wie Sie den maximalen Verlust pro Trade für Ihr Depot definieren. In den obigen Beispielen ist der Verlust exakt auf 300 € pro gedecktem Stillhalter-Geschäft begrenzt (abzüglich Ihrer Einnahmen, hier: 90 €). Wenn Sie also maximal 3% Ihres Trading-Kapitals riskieren und ein Depot von 100.000 € haben, wäre eine Kontraktanzahl von je 15 eine angemessene Größenordnung. Ihr maximales Verlustrisiko betrüge 3.150 € (15-mal 210 €).

Exakte Begrenzung des Risikos durch vorhandene Aktien im Depot

Sie erinnern sich: Beim Verkauf eines Kontraktes Puts ist Ihr größtes Risiko nie höher als beim Direktkauf von 100 Aktien! Es gibt also kein unangemessenes Risiko. Es gibt keinen möglichen Verlust bei diesem Geschäft, der größer ist als der maximale Verlust beim Kauf von Aktien.

Beim Verkauf von Calls existiert ein theoretisch unbegrenzt hohes Risiko. Sie gehen hierbei die Verpflichtung ein, pro verkauften Kontrakt Calls 100 Aktien des Basiswerts zu einem festgelegten Preis zu liefern. Wenn Sie aber beim Verkauf der Calls die Anzahl der durch Ihre Optionen kontrollierten Aktien bereits im Depot haben, beläuft sich Ihr maximales Risiko auf Ihren möglicherweise entgangenen Gewinn.

Schauen Sie sich auch dazu ein einfaches Beispiel an:

Nehmen wir an, Sie haben vor einiger Zeit 100 ABC-Aktien zu einem Kurs von 35 € pro Aktie gekauft. Zu dem Zeitpunkt, an dem Sie einen Kontrakt Calls auf diesen Wert verkaufen, steht der Kurs der Aktie zum Beispiel bei 50 €. Ihr Call-Verkauf verpflichtet Sie 3 Monate lang zur Lieferung von 100 ABC-Aktien zum Basispreis von 50 € pro Aktie. Dafür erhalten Sie in etwa 300 €.

Nun nehmen wir theoretisch an, der Kurs der Aktie verdoppelt sich über Nacht auf 100 €. Sie müssen an den Käufer der Calls 100 Aktien zu einem Kurs von 50 € pro Aktie liefern, obwohl diese nun plötzlich 100 € pro Aktie wert sind. Da Sie aber 100 Aktien der Gesellschaft im Depot haben, liefern Sie diese einfach aus Ihrem vorhandenen Bestand.

Ihre Aktien sind zuvor von 35 € auf 50 € gestiegen, also um 15 € pro Aktie. Bei 100 Aktien sind das insgesamt 1.500 € Wertsteigerung. Außerdem haben Sie 300 € an Prämie für die verkauften Calls eingenommen. Ihr Gesamtgewinn für diese 100 Aktien beträgt 1.800 €.

Ihr Risiko bei einem gedeckten Stillhalter-Geschäft, durch verkaufte Calls auf vorhandene Aktien im Depot, ist vollständig begrenzt. Ihr einziges Risiko beläuft sich auf den möglichen entgangenen Gewinn aus der Kurssteigerung der zugrunde liegenden Aktie.

Gedecktes Stillhalter-Geschäft: Die Umsetzung

So wie beim einfachen Stillhalter-Geschäft zeige ich Ihnen auch beim gedeckten Stillhalter-Geschäft, wie Sie das umsetzen. Ich nehme hier ein reales Beispiel aus der Praxis, so wie wir vor einiger Zeit ein gedecktes Stillhalter-Geschäft empfohlen haben. Hier ist es ein gedecktes Stillhalter-Geschäft mit Puts. Das gedeckte Stillhalter-Geschäft mit Calls läuft in der Umsetzung analog zu dem mit Puts.

Schritt für Schritt: Gedecktes Stillhalter-Geschäft mit Puts

Seinerzeit sind wir nach gründlicher Analyse zu dem Ergebnis gekommen, dass ein gedecktes Stillhalter-Geschäft mit Put-Optionen auf Alcoa gute Gewinn-Chancen hat. Der Aktienkurs von Alcoa notierte damals mit 40 $. Unsere Begründung:

Wir erwarten, dass ein Put-Käufer einen Verlust verbuchen wird. Denn der Aktien-Kurs ist derzeit schon günstig bewertet und auch charttechnisch nach unten gut abgesichert. Der Verkäufer eines Puts wird voraussichtlich Gewinne erzielen. Folglich bietet sich Ihnen eine Gewinn-Chance, als Stillhalter Put-Optionen zu verkaufen. Verkaufen Sie an der Börse Puts auf die Alcoa-Aktie mit kurzer Restlaufzeit und vereinnahmen Sie die Prämie.

Unsere Empfehlung lautete: Verkaufen Sie folgenden Put
Basiswert: Alcoa
Kürzel: AA
Option: Put
Basispreis: 40 $
Laufzeit: 12 Monate
Verkaufslimit: 2,80 $
Pro Kontrakt mit 100 Optionen vereinnahmen Sie 280 $.

Die Überlegungen und das Ziel für diesen Put-Verkauf

- Die Puts werden fast wertlos
- Sie stellen diese Puts kurz vor Verfall für einen kleinen Betrag glatt oder halten sie bis zum Verfall
- Sie kommen aus der Abnahme-Verpflichtung ohne Leistung heraus
- Sie erzielen **+100% Gewinn aus der vereinnahmten Prämie** (dem erzielten Verkaufspreis)

Short-Put auf die Aktie von Alcoa

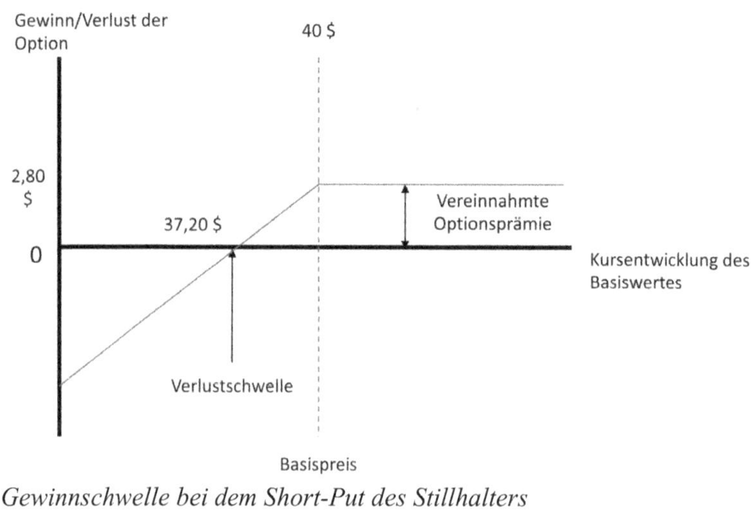

Gewinnschwelle bei dem Short-Put des Stillhalters

Der Put-Verkauf, also die Eröffnung der Stillhalter-Position, ist genauso leicht wie der Kauf eines Puts oder Calls

In der **Praxis** gehen Sie folgendermaßen vor: Sie wählen in der **Handelsmaske Ihres Brokers** den ausgesuchten Put. Das Ihnen wahrscheinlich bekannte Geschäft wäre nun, diesen Put „normal" zu kaufen. Einige Zeit später würden Sie ihn verkaufen (glattstellen). Beim Stillhalter-Geschäft verkaufen Sie diesen Put genauso, als hätten Sie ihn einige Tage oder Wochen vorher gekauft. Das ist alles. Sie sind Stillhalter durch den Verkauf dieses Puts.

So stellt sich der Verkauf dieser Puts in Ihrem Depot dar

Ihr Konto ist je verkauftem Put-Kontrakt um 280 $ gestiegen. Hatten Sie beispielsweise vor dem Verkauf 10.000 € Bargeldbestand und haben Sie einen Kontrakt verkauft, liegt der Kontostand bei rund 10.200 € (200 € entsprechen in etwa 280 $, je nach €/$-Kurs).
Ihr Depot zeigt diesen Eintrag auf:
Basiswert: Alcoa
Kürzel: AA
Bestand: -1 Put
Basispreis: 40 $
Laufzeit: 12 Monate

Vom Zeitpunkt des Verkaufs, der Eröffnung des Stillhalter-Geschäftes, bis zur Glattstellung der Puts durch Rückkauf, sind Sie die Verpflichtung eingegangen, für jeden verkauften Kontrakt Puts 100 Alcoa-Aktien zum Kurs von 40 $ pro Aktie abzunehmen. Das Risiko besteht darin, dass der Aktienkurs deutlich unter 40 $ fällt.

Unvorhersehbare Ereignisse, wie beispielsweise ein Terroranschlag, können aber Analysen über Nacht hinwegfegen und der Kurs des

Basiswerts bricht ein. Dieses Risiko besteht bei jedem Stillhalter-Geschäft mit Puts.

Dieses Risiko begrenzen Sie durch ein gedecktes Stillhalter-Geschäft auf den Cent genau! Das geht folgendermaßen: ***Kaufen* Sie gleichzeitig Puts auf Alcoa.** Diese Puts unterscheiden sich von den als Stillhalter verkauften Puts durch die Laufzeit und den Basispreis.

Die Laufzeit dieser Puts ist länger. Ihr Vorteil: Der Zeitwertverlust ist geringer als bei den verkauften Puts.

Der Basispreis dieser Puts liegt niedriger. Ihr Vorteil: Der Kaufpreis für diese Puts ist deutlich niedriger als die vereinnahmte Prämie, die Sie für die verkauften Puts erhalten haben.

Meine Empfehlung lautete: Kaufen Sie folgenden Put
Basiswert: Alcoa
Kürzel: AA
Option: Put
Basispreis: 35 $
Laufzeit: 15 Monate
Kauflimit: 1,80 $
Pro Kontrakt mit 100 Optionen bezahlen Sie 180 $.

Nach Abschluss beider Geschäfte zeigt Ihr Depot folgende Bestände bzw. Buchungen:

Basiswert: Alcoa
Kürzel: AA
Bestand: -1 Put
Basispreis: 40 $

Laufzeit: 12 Monate
Vereinnahmte Prämie: 280 $

Basiswert: Alcoa
Kürzel: AA
Bestand: 1 Put
Basispreis: 35 $
Laufzeit: 15 Monate
Bezahlter Kaufpreis: 180 $

Sie sehen: **Zu dem Zeitpunkt haben Sie mehr Geld erhalten (vereinnahmt), als ausgegeben.** Sie wissen, dass Sie durch den Kauf der Long-Puts das Recht haben, den Basiswert (hier: Alcoa-Aktien) zum Basispreis der Optionen zu verkaufen. Sie haben folglich das Recht, 100 Alcoa-Aktien zum Basispreis von 35 $ zu verkaufen. Und als Stillhalter der verkauften Puts auf Alcoa sind Sie die Verpflichtung eingegangen, 100 Aktien zum Kurs von 40 $ je Aktie abzunehmen.

Ihr maximales Risiko ist jetzt auf den Cent genau begrenzt

Nehmen wir einfach einmal an, dass die Alcoa-Aktie auf 35 $, 30 $ oder einen beliebigen Kurs darunter fällt. Als Stillhalter müssen Sie 100 Aktien zum Kurs des Basispreises von 40 $ je Aktie abnehmen. Gleichzeitig haben Sie durch die gekauften Puts das Recht, 100 Aktien zum Kurs des Basispreises von 35 $ je Aktie zu verkaufen.

Sicher erkennen Sie es schon: Ihr **maximaler Verlust** beträgt immer die **Differenz zwischen dem Basispreis der verkauften und gekauften Puts.** Das sind hier 500 $. Aber: Für die verkauften Puts haben Sie 280 $ erhalten, für die gekauften Puts jedoch nur 180 $ bezahlt. Sie haben also 100 $ mehr vereinnahmt als ausgegeben. Daher reduziert sich dieser maximal mögliche Verlust auch noch um diese 100 $.

Die Gewinn-Chance

Im zuerst aufgezeigten Options-Geschäft haben Sie Puts verkauft und damit ein Stillhalter-Geschäft eröffnet. Sie halten die Short-Puts und haben die entsprechende Abnahmeverpflichtung von 100 Aktien je verkauftem Kontrakt. Im zweiten beschriebenen Geschäft haben Sie Puts gekauft. Sie halten die Long-Puts und haben das Recht zum Verkauf der Aktien. Diese beiden Geschäfte gehören in Ihrem Depot zusammen und bilden eine Einheit, das gedeckte Stillhalter-Geschäft.

So entwickelt sich Ihr Depot bis zum Verfall der Short-Puts am Ende der Laufzeit bei Bewegung der Alcoa-Aktie und jeweils einem Kontrakt Long- und Short-Puts:

	Kurs der Alcoa-Aktie	Short-Put Basispreis 40 $ Laufzeit 12 Monate	Long-Put Basispreis 35 $ Laufzeit 15 Monate
Zeitpunkt der Positionseröffnung	40 $	Vereinnahmte Prämie: 280 $	Ihr Kaufpreis: 180 $
Gewinn-Ziel und Risikobegrenzung: Am Kauftag selbst sind beide Positionen ohne Gewinn oder Verlust.			
Seitwärtsbewegung des Kurses innerhalb von 12 Monaten	Nicht unter 40 $	Wert = null	Wert ca. 40 $
Gewinn-Ziel und Risikobegrenzung: Am Verfallstag der Short-Puts sind diese wertlos. Die vereinnahmte Prämie von 280 $ ist zu 100% Ihr Gewinn. Die Long-Puts haben noch einen Zeitwert von rund 40 $. Ihre Bilanz: 280 $ Gewinn stehen rund 140 $ Verlust aus dem Deckungsgeschäft (Kauf der Long-Puts) gegenüber. Ihr Gewinn beträgt zu diesem Zeitpunkt 140 $. Das sind glatte +50% der vereinnahmten Prämie.			

Der Kurs steigt innerhalb von 12 Monaten bis 43 $ oder deutlich höher	43 $	Wert = null	Zeitwert nahe bei null
Gewinn-Ziel und Risikobegrenzung: Am Verfallstag sind die Short-Puts wertlos. Die vereinnahmte Prämie von 280 $ ist zu 100% Ihr Gewinn. Die Long-Puts haben so gut wie keinen Zeitwert. Ihre Bilanz: 280 $ Gewinn stehen rund 180 $ Verlust aus dem Deckungsgeschäft gegenüber. Ihr Gewinn beträgt zu diesem Zeitpunkt 100 $. Das sind rund +35% der vereinnahmten Prämie.			

	Kurs der Alcoa-Aktie	Short-Put Basispreis 40 $ Laufzeit 12 Monate	Long-Put Basispreis 35 $ Laufzeit 15 Monate
Der Kurs fällt bis innerhalb von 12 Monaten auf 30 $ oder tiefer. Das entspricht dem max. Risiko	30 $	Wert = -1.000 $	Wert = +500 $
Gewinn-Ziel und Risikobegrenzung: Sie müssen durch die Verpflichtung aus den Short-Puts 100 Aktien zum Kurs von je 40 $ = 4.000 $ abnehmen. Diese sind insgesamt nur 3.000 $ wert. Sie verbuchen einen Verlust von 1.000 $. Durch Ihre Long-Puts haben Sie das Recht, diese Aktien sofort für 3.500 $ zu verkaufen, obwohl sie nur 3.000 $ wert sind. Ihr Verlust aus diesem Geschäft beträgt 500 $. Die Differenz von 500 $ ist der theoretisch maximale Verlust. Er ist auf den Cent genau begrenzt. Dieser wird aber durch den dann in den Long- Puts noch vorhandenen Zeitwert und die positive Differenz zwischen vereinnahmter und bezahlter Prämie reduziert. Also 400 $.			

<table>
<tr><td>Der Kurs steht nach 12 Monaten bei 40 $ und fällt innerhalb der kommenden 3 Monate (Verfallstag der Long-Puts) auf 30 $</td><td>Nach 12 Monaten: 40 $
Nach 15 Monaten: 30 $</td><td>Wert = null</td><td>Wert nach 15 Monaten Laufzeit: 500 $</td></tr>
<tr><td colspan="4">Gewinn-Ziel und Risikobegrenzung: Die Short-Puts verfallen nach 12 Monaten zu Ihren Gunsten wertlos. Ihr Gewinn: 280 $. Durch den nachfolgenden weiteren Kursrückgang der Aktie sind die Long-Puts im Wert gestiegen und werden am Verfallstag nach 15 Monaten mit einem Erlös von 500 $, das heißt einem Gewinn von 320 $ glattgestellt. Die erfreuliche Bilanz: Ein Gesamtgewinn von 600 $, obwohl sich der Aktien-Kurs anders als erwartet entwickelt hat.</td></tr>
<tr><td colspan="4">In dieser Tabelle habe ich die Entwicklung am Beispiel je eines gehandelten Kontraktes (Long-Put und Short-Put) dargestellt. Durch eine höhere Anzahl ver- und gekaufter Kontrakte multipliziert sich der Gewinn entsprechend.</td></tr>
</table>

Ausübung von Optionen ergibt für Sie kein größeres Risiko

Anhand der vorherigen tabellarischen Darstellung können Sie Gewinn-Chance und Risiko gut nachvollziehen. Es kann aber zu folgendem „Sonderfall“ kommen: Setzt der Inhaber einer Long-Option sein Recht um, wird das „Ausübung“ genannt. Typischerweise werden Optionen nicht vor dem Verfallstag ausgeübt, denn für die Ausübung einer Option zahlt der Käufer eine Gebühr. Außerdem verliert er den Zeitwert, den jeder Optionspreis beinhaltet.

Deswegen lohnt es sich **grundsätzlich nicht, Optionen während** ihrer **Laufzeit auszuüben.**

Ich weiß aber aus der Praxis, dass es doch immer wieder vorkommt. Es kann also passieren, dass Ihr verkaufter Put-Kontrakt nicht mehr im Bestand ist. Ihre verkaufte Option wurde ausgeübt. **Die für diesen Short-Put vereinnahmte Prämie gehört Ihnen.** Sie haben in dem Fall die Anzahl Aktien im Depot, die den ausgeübten Kontrakten zugrunde lagen. Das sind hier 100 Alcoa-Aktien. Diese können Sie sofort an der Börse verkaufen. Oder Sie halten sie bei entsprechendem Guthaben im Bestand und spekulieren auf Kursgewinne. Das Risiko hat sich für Sie nicht verändert. Denn Ihre dann im Depot befindlichen Aktien sind **gegen mögliche hohe Kursverluste** durch die vorhandenen Long-Puts im Depot **abgesichert.**

Ein praktisches Beispiel dazu: Nehmen wir an, Sie bekommen 100 Alcoa-Aktien ins Depot eingebucht, weil Ihre verkaufte Option vom Käufer ausgeübt wurde. Ihr Vorteil: Die vereinnahmte Prämie gehört Ihnen. Diese können Sie sofort als Gewinn verbuchen.

Sie haben für die 100 Aktien den Basispreis der verkauften Puts, also 40 $ je Aktie, bezahlt. Sie halten aber nach wie vor die Long-Puts. Wenn die Aktien „dramatisch" im Kurs fallen, sagen wir einfach auf theoretische 10 $ je Aktie, haben Sie durch Ihre Long-Puts jederzeit das Recht, die Aktien für 35 $ je Aktie zu verkaufen. Ihr maximales Risiko ist unverändert auf den Cent genau begrenzt.

Gewinn-Ziel der gedeckten Stillhalter-Geschäfte

Gedeckte Stillhalter-Geschäfte haben das Ziel, die Prämie aus den Short-Puts zu 100% zu vereinnahmen. Das bedeutet, dass die verkauften Puts wertlos verfallen. Damit bleibt der erhaltene Kaufpreis (Prämie) als Gewinn auf Ihrem Konto, ohne dass Sie eine Gegenleistung erbringen müssen. Bei dieser Betrachtung gehe ich davon aus, dass auch die Long-Puts nahezu wertlos sind und keinen nennenswerten

Verkaufspreis (zur Glattstellung) erzielen. Die Long-Puts dienen einzig der Absicherung der Stillhalter-Geschäfte. Aber: **Natürlich können** die **Long-Puts nach** dem Verfall oder der **Glattstellung der Short-Puts** noch einen Wert haben oder sogar erheblich an Wert **gewinnen.** Denn die Long-Puts haben eine längere Laufzeit als die Short-Puts.

Tipp:
Eröffnen Sie erst das Long-Put-, danach das Short-Put-Geschäft

Für jedes gedeckte Stillhalter-Geschäft müssen Sie einen Put kaufen und einen anderen verkaufen. Stellen Sie sich vor, Sie haben einen der empfohlenen Puts verkauft. Genau in dem Moment unterbricht Ihre Verbindung zu Ihrem Broker. Mögliche Ursachen: eine technische Panne an Ihrem Computer, Ihrem Internet- Zugang, bei Ihrem Provider, Broker oder an der Börse. Die Folge: Ihre Kauforder für die Puts erreicht nicht mehr die Börse. Für diese Zeit der Unterbrechung ist Ihr leerverkaufter Put ungedeckt.

Deswegen mein Hinweis: Platzieren Sie bitte **immer zuerst Ihre Kauforder** an der Börse. Erst nachdem die Puts in Ihrem Depot als gekauft verbucht wurden, komplettieren Sie das Geschäft durch den Verkauf der Puts.

Beurteilung eines gedeckten Stillhalter-Geschäfts

Der hier vorgestellte Trade war eine reale Empfehlung und wurde mit dem geplanten Gewinn abgeschlossen.

Es handelt sich aber um eine komplexe Strategie, die auf Anhieb nicht ganz einfach verständlich ist. Sie eignet sich für Tüftler und Denker. Ich vergleiche das gerne mit einem Schachspiel. Es macht (mir) Spaß und hier bringt es noch Gewinne. So, wie das Risiko immer auf den Cent genau begrenzt ist, gilt das aber auch für die Gewinne. Serienweise Gewinne sind jedoch keine Seltenheit. Die sehr hohen Gewinne wie beim Kauf von Call und Put (Long-Call / Long-Put) sind damit nicht möglich.

2.5.4 Stillhalter-Geschäft: Short-Straddle

In 4 Gedankenschritten kommen wir zum Short-Straddle:

1. Gedanken-Schritt: Kauf von Call und Put:

Sie kennen den Kauf eines Calls (Long-Call) und den Kauf eines Puts (Long-Put).

Für einen Long-Call benötigen Sie steigende Kurse des Basiswerts.

Für einen Long-Put benötigen Sie fallende Kurse des Basiswerts.

2. Gedanken-Schritt: Long-Straddle

Aus den Geschäften mit dem Long-Call und Long-Put haben wir die Strategie des Long-Straddles (gleichzeitiger Kauf von Calls und Puts mit demselben Basispreis auf denselben Basiswert) entwickelt.

Für einen Long-Straddle benötigen Sie entweder einen stark steigenden oder einen stark fallenden Kurs des Basiswerts.

3. Gedanken-Schritt: Verkauf von Call und Put als Stillhalter

Genau spiegelverkehrt müssen Sie als Stillhalter beim Short-Call bzw. Short-Put denken.
Beim Short-Call benötigen Sie keine stark steigenden Kurse. Die Kurse dürfen leicht steigen, seitwärts laufen oder mehr oder weniger stark fallen.

Beim Short-Put benötigen Sie keine stark fallenden Kurse. Die Kurse dürfen leicht fallen, seitwärts laufen oder mehr oder weniger stark steigen.

4. Gedanken-Schritt: Verkauf eines Straddles als Stillhalter

Vorab die Definition eines Short-Straddles, die sich aus der des Long-Straddle ableitet:

Short-Straddle – die Definition
Ein Short-Straddle ist der

- **gleichzeitige *Ver*kauf**
- **derselben Anzahl Puts und Calls**
- **auf denselben Basiswert**
- **mit demselben Basispreis**

als Stillhalter.

Aus den eingangs gemachten und Ihnen bekannten Überlegungen lässt sich die Strategie des Short-Straddles entwickeln. Auch hier müssen Sie, analog zum Long-Call / Short-Call und Long-Put / Short-Put, spiegelverkehrt denken.

Da Sie beim Long-Straddle stark steigende oder fallende Kurse benötigen, erfordert der Short-Straddle weder einen stark steigenden, noch einen stark fallenden Kurs des Basiswerts. Idealerweise verläuft der Kurs des Basiswerts mehr oder weniger seitwärts ohne jede große Kursschwankung.

Short-Straddle Gewinn-/Verlustdiagramm

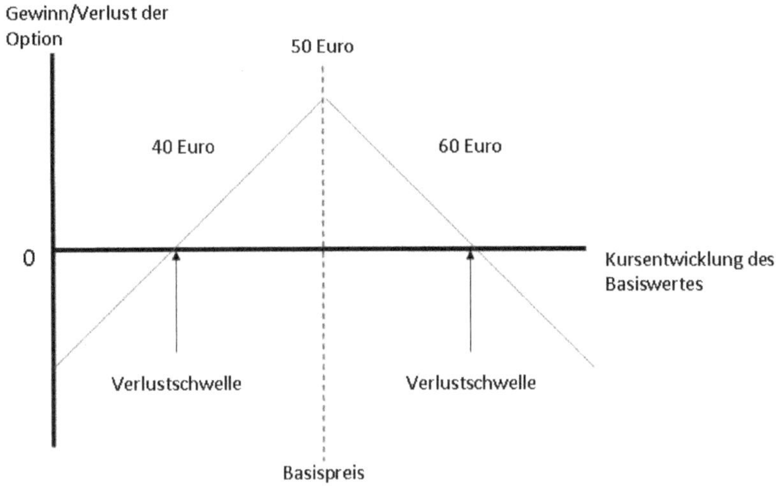

Um den Short-Straddle zu eröffnen, verkaufen Sie einen Call und einen Put mit gleichem Basispreis. Sie setzen dabei auf eine ausbleibende Kursbewegung des Basiswerts. In obigen Beispiel haben Sie eine addierte Optionsprämie (für Call und Put) von 10 € erhalten und kommen dementsprechend ab einem Kurs des Basiswerts von 40 € oder von 60 € in den Verlust. Vorher haben Sie die addierte Optionsprämie von 10 Euro für sich als Gewinn verbucht.

Aus dem einfachen Stillhalter-Geschäft wissen Sie, dass Sie die vereinnahmte Prämie der verkauften Option als Gewinn verbuchen können, wenn die Option wertlos verfällt. Dabei darf der Kurs des Basiswerts durchaus stark steigen, wenn Sie einen Short-Put halten oder stark fallen, wenn Sie einen Short-Call halten.

Da Sie beim Short-Straddle sowohl Short-Calls als auch Short-Puts halten, darf der Kurs des Basiswerts aber zusätzlich auch nicht stark steigen oder fallen. Denn sobald der Kurs des Basiswerts deutlich über den Basispreis steigt, läuft der Short-Call ins Minus und auf der anderen Seite läuft der Short-Put ins Minus, wenn der Kurs des Basiswerts (zu) weit fällt.

Die Gewinn-Chance des Short-Straddles

Beim gleichzeitigen Verkauf von Call und Put auf denselben Basiswert mit demselben Basispreis als Stillhalter, vereinnahmen Sie die Prämie sowohl beim verkauften Call als auch beim verkauften Put. Sagen wir, sie betrage jeweils 5 € für den Call und 5 € für den Put. In der Praxis werden die Prämien leicht unterschiedlich sein, das spielt aber für die grundsätzliche Überlegung keine Rolle.

Für je einen Kontrakt Calls und Puts haben Sie also jeweils 500 €, zusammen 1.000 €, eingenommen.

Der theoretische Idealfall: Wenn am Verfallstag der Kurs des Basiswerts exakt dem des Basispreises entspricht, verfallen Call und Put wertlos zu Ihren Gunsten. Sie haben einen Gewinn von 1.000 €. Darauf beläuft sich gleichzeitig Ihr maximaler Gewinn.

Die Praxis: Entweder der Call oder der Put werden am Verfallstag „im Geld“ notieren. Zwangsläufig ist die jeweils andere Option „aus dem Geld“.

Eine Option verfällt also wertlos zu Ihren Gunsten: Ihr Gewinn beträgt 500 €. Ebenso sicher ist, dass die andere Option einen inneren Wert hat. Liegt dieser unter 5 € können Sie auch diese Option mit Gewinn schließen. Bestens. Diese Option darf aber auch in den Verlust laufen. Der Verlust dieser Option darf nur nicht die vereinnahmte Prämie (gesamt 1.000 €) übersteigen. Wenn das Stillhalter-Geschäft mit dem Short-Straddle so endet, erzielen Sie einen Gewinn.

Ein Zahlenbeispiel:

Basiswert: Kurs 50 €
Short-Call: Basispreis 50 €
Vereinnahmte Prämie: 5 €
Short-Put: Basispreis 50 €
Vereinnahmte Prämie: 5 €
Insgesamt vereinnahmte Prämie: 10 €
Laufzeit der Optionen: 1 Jahr

Notiert der Basiswert am Verfallstag mit exakt 50 € haben wir den erwähnten, eher theoretischen, Idealfall. Die vereinnahmten 10 € (1.000 € für die Kontrakte) sind gleichzeitig Ihr Gewinn.

Steigt der Kurs des Basiswerts auf 51 bis 59 € hat der Call entsprechend einen inneren Wert von 1 bis 9 €. Diesen Betrag müssen Sie von den vereinnahmten 10 € abziehen. Der Gewinn beträgt also 1 bis 9 €.

Fällt der Kurs des Basiswerts auf 49 bis 41 € hat der Put entsprechend einen inneren Wert von 1 bis 9 €. Diesen Betrag müssen Sie von den vereinnahmten 10 € abziehen. Der Gewinn beträgt also 1 bis 9 €.

Das Risiko des Short-Straddles

Sie sehen sicher schon wo das Risiko liegt. Notiert der Basiswert mit 60 € oder 40 € geht das Geschäft plusminus null aus. Steigt der Kurs über 60 € oder fällt er unter 40 € droht ein Verlust. Denn mit jedem Euro über 60 € oder unter 40 € ist eine Seite mit mehr als 10 € „im Geld“.

In diesem Beispiel wirken die vereinnahmten 1.000 € sicher attraktiv. Bedenken Sie aber: Das ist nur der Fall, wenn die Laufzeit entsprechend lang ist. Und da sind 20 % Kursgewinn oder Kursverlust in einem Jahr nichts Ungewöhnliches.

Nehmen Sie kürzere Laufzeiten der Optionen, liegt das Risiko der Kursschwankung prozentual niedriger, aber dafür ist die vereinnahmte Prämie auch deutlich niedriger.

Mein Fazit: Short-Straddle

Ich sage gleich vorweg: Ich habe noch nie einen Short-Straddle gebildet und rate auch davon ab. Der einfache Grund: Sie verkaufen gleichzeitig ungedeckte Calls und Puts. Damit haben sie das in den dortigen Kapiteln zu Stillhalter-Geschäften genannte (fast) unbegrenzt hohe Verlustrisiko auf beiden Seiten.

Da Optionen wahre Alleskönner sind, lässt sich auch dieses Risiko wieder auf den Cent genau begrenzen. Dazu komme ich im übernächsten Kapitel „Komplexe Strategien durch Mehrfach-Kombinationen".

2.5.5 Stillhalter-Geschäft: Short-Strangle

Falls Sie direkt beim Short-Strangle einsteigen, blättern Sie bitte ein paar Seiten zurück und lesen das Kapitel „2.5.4 Stillhalter-Geschäft: Short-Straddle". Denn alle dort gemachten Angaben, insbesondere mein Fazit, lassen sich 1:1 auf den Short-Strangle übertragen.

In dem Kapitel über den Long-Strangle habe ich Ihnen auch die „optimierte" Long-Strangle-Strategie erläutert. Entsprechend können Sie auch einen Short-Strangle entsprechend „optimieren", indem Sie die Basispreise des Puts und Calls jeweils unterschiedlich weit „aus dem Geld" bzw. eine Seite „am Geld" wählen.

Hier noch einmal die Definition eines Short-Strangles:

Ein Short-Strangle ist der
- **gleichzeitige *Ver*kauf**
- **derselben Anzahl Puts und Calls**
- **auf denselben Basiswert**
- **mit einem *unterschiedlichen* Basispreis**

als Stillhalter.

Durch Auswahl unterschiedlicher Basispreise können Sie eine Seite stärker gewichten als die andere. Das wäre die von mir so bezeichnete „optimierte“ Strategie . Oder Sie wählen beide Basispreise weiter weg vom aktuellen Kurs des Basiswerts. Damit reduzieren Sie das Verlustrisiko. Aber Sie nehmen gleichzeitig auch deutlich weniger Prämie ein. Hier lassen sich mit der Strategie des Long-Strangle nahezu endlos viele Varianten durchspielen.

Short-Strangle Gewinn-/Verlustdiagramm

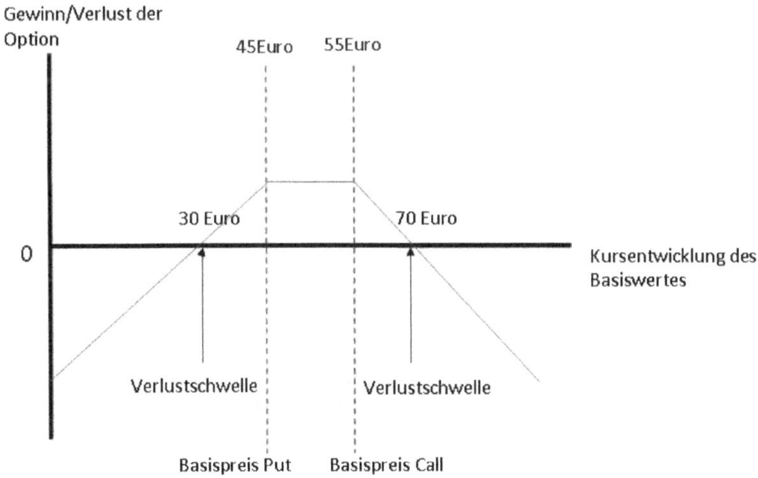

Um den Short-Strangle zu eröffnen, verkaufen Sie einen Call und einen Put mit unterschiedlichem Basispreis. Sie setzen dabei auf eine noch schwächere

Kursbewegung des Basiswerts als beim Short-Straddle. In obigen Beispiel haben Sie eine addierte Optionsprämie (für Call und Put) von 15 € erhalten und kommen dementsprechend ab einem Kurs des Basiswerts von 30 € oder von 70 € in den Verlust.

Aber wie Sie es auch drehen und wenden. Es ergeben sich keine grundsätzlich neuen Überlegungen zu unserem Fazit, das wir beim Short-Straddle gezogen haben:

Mein Fazit: Short-Strangle

Ich habe noch nie einen Short-Strangle gebildet und rate auch davon ab. Der einfache Grund: Sie verkaufen gleichzeitig ungedeckte Calls und Puts. Damit haben sie das in den dortigen Kapiteln zu Stillhalter-Geschäften genannte (fast) unbegrenzt hohe Verlustrisiko auf beiden Seiten.

Da Optionen wahre Alleskönner sind, lässt sich auch dieses Risiko wieder auf den Cent genau begrenzen. Dazu komme ich im folgenden Kapitel „Komplexe Strategien durch Mehrfach-Kombinationen".

2.5.6 Komplexe Strategien durch Mehrfach-Kombinationen

Warum Sie nie zu komplexe Strategien anwenden sollten

Zusammengefasst haben Sie bisher diese Strategien kennengelernt:

Long-Call und Long-Put: Kauf von Call oder Put – mit dieser Strategie können Sie den maximalen Gewinn erzielen.

Long-Straddle und den Long-Strangle: Gleichzeitiger Kauf von Call und Put: Die hohe Gewinnchance sowohl bei steigenden als auch bei fallenden Kursen wird ein Stück damit erkauft, dass die „falsche“ Position immer den Gewinn schmälert.

Einfaches Stillhalter-Geschäft: Die hohe Wahrscheinlichkeit des Gewinns wird immer mit einer Begrenzung der Gewinne und höherem Risiko bezahlt.

Gedecktes Stillhalter-Geschäft: Gleichzeitiger Kauf und Verkauf von Calls oder Puts auf denselben Basiswert: Die hohe Gewinnwahrscheinlichkeit verbunden mit der absoluten Kontrolle der Verluste begrenzen die Gewinne im Vergleich zum einfachen Stillhalter-Geschäft.

Durch Verfeinerung der Strategien können Sie das Risiko immer weiter minimieren. **Die Maximierung der Gewinne können Sie dadurch aber nicht verbessern.** Der Handel mit Optionen bietet Tradern nahezu unbegrenzt viele Möglichkeiten, Positionen einzugehen.

Sie können beim Straddle zum Beispiel 5 Kontrakte Calls kaufen und nur 4 Kontrakte Puts. Oder Sie verkaufen beim Stillhalter-Geschäft 9 Kontrakte Puts auf einen Basiswert und kaufen nur 8 Kontrakte Puts als Absicherung.

Sie können verschiedene gedeckte Stillhalter-Geschäft miteinander kombinieren. So können Sie z. B. 2 Calls kaufen, davon 1 Call „im Geld und 1 Call „aus dem Geld“, sowie 2 Calls „am Geld“ als Stillhalter verkaufen. Dann haben Sie einen sogenannten Long Butterfly Spread.

Je nachdem wie Sie dann jede dieser einzelnen Positionen (im Geld, am Geld, aus dem Geld) verändern, kommen Sie zum Short Butterfly Spread oder Condor Spread bzw. Short Condor Spread. Dies sei hier nur der Vollständigkeit halber aufgezählt.

Optionen sind einfach, wenn Sie sich auf das Wesentliche konzentrieren

Mit dieser Vielzahl von Möglichkeiten wird der Handel mit Optionen immer komplexer. Je komplexer eine Gesamtposition ist, desto unübersichtlicher wird sie. Gleichzeitig wird Ihre prozentuale Gewinn-Chance bei diesen komplexen Strategien nie höher sein als beim Kauf eines Calls oder Puts (Long-Call, Long-Put). Um die oben nur kurz skizzierten Strategien auf ihre Gewinn-Chance und ihr Risiko hin zu bewerten, benötigen Sie Optionsrechner und müssen lange tüfteln.

Um nämlich Ihre Gewinnchancen in einer solch komplexen Optionen-Kombination richtig abschätzen zu können, brauchen Sie entsprechend komplexe Optionspreis-Kalkulationsprogramme.

Mein Tipp für Einsteiger:
Natürlich können Sie sich in solche Programme einarbeiten. Ich empfehle Ihnen an dieser Stelle aber nachdrücklich, insbesondere wenn Sie Einsteiger sind, sich zunächst auf die grundlegenden Strategien Long-Call und Long-Put zu beschränken. Erst mit zunehmender Erfahrung sollten Sie auch die von mir ausführlich erläuterten Straddle oder Strangle-Trades bzw. die gedeckten Stillhalter Geschäfte in Erwägung ziehen.

Dieses Buch über Optionen vergleiche ich mit einem Schachbuch. In einem komplexen Schachbuch finden Sie alles zur Regelkunde, Funktionsweise der Figuren, Eröffnung des Spiels, Endspiel-Strategien und fortgeschrittene Strategie. Darüber hinaus gibt es aber ganze Bibliotheken voll von Schachbüchern, die immer tiefer ins Detail gehen. Das ist hier nicht der Anspruch. Dieses Buch soll Sie vertraut machen mit dem Optionen-Handel in Long-Calls und Long-Puts, der wohl 99% aller Umsätze betrifft.

Tipp: Beschränken Sie den Handel mit Optionen auf wenige klare Strategien, die hohe Gewinne ermöglichen
Keine Investition an der Börse ist risikolos. Hohen Gewinnchancen stehen immer Risiken gegenüber. Wenn Sie diese Risiken immer weiter minimieren, werden Sie möglicherweise so gut wie nie große Verluste erleiden. Aber Sie werden auch so gut wie nie hohe Gewinne realisieren. Es ist sicher nicht falsch, komplexe Strategien mit Optionen anzuwenden. Wenn Sie aber lange rechnen müssen, um bei einem komplexen Trade zu wissen, wann Sie Gewinne erzielen, oder wo Ihre Verlustgrenzen sind, dann ist diese Strategie zu unübersichtlich.

2.5.7 Welcher Laie wird wohl je verstehen, ...

Vielleicht erinnern Sie sich an diesen Satz aus meiner vorn stehenden Einleitung zu diesem Buch: *„Welcher Laie wird wohl je verstehen, dass der Verkäufer der Verkaufsoption bei Ausübung der Verkaufsoption durch den Käufer der Verkaufsoption der Käufer der von dem Käufer der Verkaufsoption verkauften Wertpapiere ist.“*
Serge Demolière

Das ist zwar komplex ausgedrückt, aber Sie werden es verstehen, wenn Sie diesen Satz Schritt für Schritt entwirren. Es ist nicht so schwer, wie es auf den ersten Blick scheint.

der Verkäufer
Das ist der Stillhalter in einem Optionen-Handel.

der Verkaufsoption
Es ist also eine Put-Option.

bei Ausübung durch den Käufer
Der Käufer der Option übt sein Recht aus. Der Stillhalter muss seine Verpflichtung einlösen.

der Käufer
Der Stillhalter wird der Käufer des Basiswerts der Put-Option

der von dem Käufer der Verkaufsoption verkauften Wertpapiere ist
Der Käufer der Put-Option (Verkaufsoption) übt sein Recht aus und verkauft den Basiswert (Wertpapiere).

Lösung:
Ein Stillhalter hat eine Put-Option an einen Käufer verkauft. Der Käufer hält den Long-Put und übt diesen aus. Dadurch verkauft der Käufer der Put-Option seine Wertpapiere (Basiswert) an den Stillhalter.

Kurz:
Der Verkäufer der Puts kauft die Wertpapiere vom Käufer der Puts, weil dieser die Puts ausübt.

2.6 Optionen und Aktien: Die perfekte Kombination

In jeder Börsenphase mit Aktien Geld verdienen – das geht nicht! Es geht jedoch dann, wenn Sie in Aktien und Optionen investieren.

Zusammen mit Optionen bilden Aktien eine perfekte Kombination, und Sie können Gewinne bei Aufwärts-, Abwärts- und sogar Seitwärtsbewegungen an den Börsen erzielen.

Euro Stoxx 50: Seit April 2017 keine Gewinne, dafür hohe Schwankungen

In den letzten Jahren konnten Anleger in europäischen Aktien keine Gewinne erzielen. Anleger, die vor etwa 3,5 Jahren Aktien gekauft und liegen gelassen haben, haben heute in etwa Ihren Einsatz zurück. Bestenfalls konnten Sie einen kleinen Gewinn über die ausgeschütteten Dividenden erzielen. Größere Gewinne waren jedoch nur drin, wenn Anleger aktiv Aktien gekauft und auch wieder verkauft haben.

Aktien allein haben kaum eine Chance auf Gewinne

Ein Streifzug durch wichtige Aktienindizes belegt: Eine langfristige Anlage in Aktien ist bei Weitem keine Garantie für dauerhafte Gewinne.

Insbesondere Deutschland ist immer noch ein Land von „Aktien-Verweigerern". Der Grund: Eine Anlage nur in Aktien brachte nicht die erhofften Gewinne, wahrscheinlich sogar Verluste. Denn viele Anleger steigen in Panik nach einem Aktien-Crash aus. Also genau dann, wenn Aktien billig sind und eigentlich gekauft werden sollten.

Meine Zustimmung: Verzicht auf Aktienanlage ist nachteilig

Mit „Omas Sparbuch" oder Tagesgeld und ähnlichen Anlagen erzielen Sie heutzutage keine attraktiven Renditen. Aktien können daher ein wesentlicher Bestandteil der Altersvorsorge sein. Aber diese Investitionen müssen mit Optionen unterstützt werden. Das ist Thema dieses Kapitels. Es zeigt Ihnen, wie Sie mit dieser Strategie dauerhaft Gewinne erzielen.

Aktien sind als Geldanlage unverzichtbar

Grundsätzlich plädiere ich für Aktien. Das hat **2 Gründe:**

1. Grund: Aktien sind Sachwerte

Eine Geldanlage muss zwingend auf mehrere Anlageklassen verteilt werden. Je nach Vermögen gehören dazu: Immobilien, Bargeld (Tagesgeld), Gold und Silber als physisches Edelmetall in eigener sicherer Verwahrung, Optionen (auf keinen Fall Optionsscheine, K.o.-Zertifikate, CFDs o.Ä.) und – wichtig – Aktien.

Optionen, nicht Optionsscheine!

Oben habe ich geschrieben, dass sich nur Optionen eignen und Optionsscheine ungeeignet sind. Dafür gibt es im Wesentlichen 2 Gründe:

1. Optionen haben keinen Emittenten

Bei einer Absicherung funktionieren Optionsscheine theoretisch auch. Aber: Bei einem Börsencrash kann eine Bank insolvent werden. Optionsscheine, die diese Bank emittiert hat, werden sofort wertlos. Ihre Absicherung ist nichts mehr wert. Optionen haben keinen Emittenten und beinhalten damit dieses Insolvenzrisiko nicht.

2. Optionen ermöglichen Stillhalter-Geschäfte

Der zweite Grund ist ganz einfach: Optionsscheine können Sie kaufen, aber nicht als Stillhalter verkaufen. **Damit sind Optionsscheine völlig ungeeignet für die folgenden Ausführungen.**

Unabhängig von der Kursentwicklung an der Börse sind Aktien Sachwerte. Dem Inhaber von Aktien gehören Anteile an Unternehmen. Und diese überdauern Inflation, Deflation, Börsencrash, Währungsreform, Staatenpleiten und selbst Kriege. Die Kurse mögen schwanken, bis Ihnen schwindlig wird. **Ihr in der Aktie verbriefter Anteil am Unternehmen aber bleibt Ihnen erhalten.**

2. Grund: Mit Optionen und Aktien erzielen Sie dauerhaft Gewinne

Aktien allein bringen Ihnen keine dauerhaften Gewinne. Das haben Sie eben gelesen. Deshalb geht es darum, wie Sie mit Aktien in Kombination mit Optionen erfolgreich investieren. Und zwar unabhängig davon, ob die Märkte steigen, seitwärts laufen oder sogar fallen.

Es gibt nur **ein einziges Finanzinstrument,** das sich **perfekt mit Aktien kombinieren** lässt. Das sind **Optionen**. Sie werden sehen, dass Optionsscheine, Zertifikate oder CFDs und ähnliche Derivate dies nicht ansatzweise leisten können. Dieser Abschnitt enthält zwei große Unter-Kapitel:

Beide Kapitel zeigen Ihnen, wie Sie **jedes** Aktien-Depot optimieren können und wie Sie die Performance eines reinen Aktien-Depots um Längen schlagen.

Die beiden Kapitel:

1. Optionen plus Aktien: Aktiendepot sichern und zusätzlich Gewinne erzielen

In diesem Teil sehen Sie, wie Sie Ihr vorhandenes Aktien-Depot mit Optionen absichern. Und wie Sie darüber hinaus die vielen Kursbewegungen, die Sie in den obigen Charts gesehen haben, immer wieder für Gewinne nutzen.

2. Das perfekte Depot: die Strategie

Dieser zweite Teil ist die Königsdisziplin. Es gibt nichts Besseres. Ich müsste diesen Teil also eigentlich die Kaiserdisziplin nennen. Wenn Ihnen ein Anlageberater zu Aktien rät und nicht diese Vorgehensweise empfiehlt, ist er nicht der beste Anlageberater! Er liefert Ihnen nicht die bestmögliche Beratung. Geld oben hineinwerfen und unten Gewinne abschöpfen, das funktioniert nicht. Wer Ihnen das verspricht, glaubt im besten Fall selbst daran, aber dann hat er keine Ahnung und keine Erfahrung an der Börse.

Um diese Strategie selbstständig durchzuführen, benötigen Sie das Verständnis für die Funktion von Optionen und wie diese mit Aktien harmonisch und gewinnbringend zusammenspielen. Genau das erfahren Sie in diesem Abschnitt **„Das perfekte Depot“.** Ich weiß, dass das nicht ganz einfach ist. Deswegen meine Empfehlung:

Nehmen Sie sich für Ihre Geldanlage etwas Zeit! Es lohnt sich. Mit dieser Strategie schlagen Sie „2 Fliegen mit einer Klappe“:

a.) Ihre Performance ist in jeder Börsenlage besser als die eines reinen Aktien-Depots

b.) Diese Strategie ist zu jeder Zeit sicherer als eine Investition nur in Aktien

Optionen plus Aktien: Aktiendepot sichern und zusätzlich Gewinne erzielen

Jeder Aktionär will dauerhaft Gewinne erzielen. Dazu bedarf es zweier Schritte:

1. Sicherheit:

Jede Investition in Aktien muss abgesichert sein. Ein einfacher Vergleich macht das plastisch: Jeder Autofahrer will sicher und schnell ans Ziel kommen. Damit dies gelingt, muss er erst einmal vorsichtig fahren und den Sicherheitsgurt anlegen. Der Sicherheitsgurt für ein Aktien-Depot sind Optionen.

2. Gewinn-Strategie:

Der Aktionär will Gewinne erzielen. So einfach, so schwer. Die vorherigen Charts des DAX, Dow Jones und SMI haben es gezeigt. Auch hier der Vergleich zum Autofahrer: Er will schnell ankommen. Dazu benötigt er einen Turbo. Höhere Gewinne in einem Aktien-Depot erzielen Sie, wenn Sie zwischenzeitlich den Turbo einschalten und schnelle Gewinne mitnehmen, und zwar bei jeder Kursbewegung der Märkte, egal ob hoch und runter. Der Turbo im Depot sind die Optionen.

1. Die Sicherheit

Ich empfehle Ihnen dringend, jedes Aktien-Depot abzusichern. Wie wichtig das ist, sehen Sie in der folgenden Grafik.

Das Depot muss sich nach Kurssturz von 50% verdoppeln

Die Verlust-Gewinn-Bilanz			
Verlust des ursprünglichen Kapitals in Prozent	-10%	+11,1%	Prozentual notwendiger Gewinn zum Ausgleich der Bilanz
	-20%	+25%	
	-30%	+42,9%	
	-40%	+66,7%	
	-50%	+100%	
	-55%	+122%	
	-60%	+150%	
	-65%	+186%	
	-70%	+233%	
	-75%	+300%	
	-80%	+400%	
	-85%	+567%	
	-90%	+900%	

Links sehen Sie den möglichen Wertverlust eines Depots. Rechts sehen Sie, um wie viel Prozent das Depot gesteigert werden muss, um wieder auf 100%, also den Ursprungsbetrag, zu gelangen. Ein Depot mit einen Buchverlust von 50% muss 100% zulegen, nur um wieder die ursprüngliche Ausgangsgröße zu erreichen.

Absicherung mit Puts

Um eine ganz individuelle Absicherung eines konkreten Depots vorzunehmen, bedarf es einer Einzelanalyse der Aktien dieses Depots. Idealerweise kaufen Sie dann Puts auf die Einzelwerte des Depots. Das ist eine sehr aufwändige Methode zur Depot-Absicherung. Außerdem muss diese bei jeder Umschichtung des Depots angepasst werden. Das bringt kaum einen finanziellen Vorteil, allerdings hohen Arbeitsaufwand und Transaktionskosten.

Absicherung eines Depots mit Puts auf einen Index hat eine sehr hohe Qualität

Die Absicherung auf jeden Einzelwert ist also ein erheblicher Mehraufwand zu der von mir empfohlenen Methode. Die ist deutlich einfacher. Und sie ist vergleichbar effizient. Wenn Sie überwiegend in Standardwerte der großen Aktien-Indizes von Deutschland, Österreich, USA oder der Schweiz investieren, ist die Wertentwicklung der Depots meistens ähnlich wie der entsprechende Aktien-Index des Landes. Das ist nahezu unabhängig davon, in welchem dieser Länder Sie Ihren Schwerpunkt setzen.

Bekannte Aktien-Indizes laufen weitestgehend parallel

Ein mittel- und langfristiger Vergleich der Indizes DAX (Deutschland), SMI (Schweiz), ATX (Österreich), Dow Jones und Nasdaq (USA) belegt, dass diese letztlich so gut wie parallel laufen. Aus diesem Grund eignet sich ein Put auf einen dieser Indizes auch zur grundsätzlichen Absicherung eines ganzen Depots.

Einzige Ausnahme: Wenn Sie nur oder überwiegend in exotische Nebenwerte oder in Aktien sogenannter Emerging Markets investiert sind, muss die Absicherung mit Puts auf entsprechende Indizes durchgeführt werden. Denn diese führen oft ein Eigenleben und koppeln sich von der Entwicklung bekannter großer Aktien-Indizes ab. Meine Einschätzung der Eignung der Indizes zur Absicherung eines Aktien-Depots können Sie der Tabelle auf der folgenden Seite entnehmen.

Fazit: Put-Optionen auf den DAX, den EuroStoxx50 und den Fonds auf den Dow Jones oder S&P500 bieten Ihnen eine „perfekte" Absicherungsmöglichkeit Ihres Aktien-Depots!

Index	**Basiswert**	**Kürzel**	**Börse**	**Unsere Einschätzung zur Eignung:**
DAX	Deutscher Aktien-Index	ODAX (oder DAX)	Eurex	Sehr gute Absicherung Ihres Depots, wenn dieses überwiegend aus deutschen Aktien besteht. Gute Absicherung, wenn Ihr Depot aus europäischen Aktien besteht.
SMI	Schweizer Aktien-Index	SMI	Eurex	Optionen auf den SMI werden an der Börse zu wenig gehandelt. Schlechte Kursstellung: Ich rate ab!
ATX	Österreichischer Aktien-Index	---	---	Auf den ATX gibt es keine Optionen.
Dow Jones	Diamonds Trust, Fonds auf US-Aktien-Index	DIA	US-Terminbörse	Sehr gute Absicherung Ihres Depots, wenn dieses überwiegend aus US-Standardwerten besteht.
S&P 500	SPDR-Fonds auf den S&P 500-Index	SPY	US-Terminbörse	Sehr gute Absicherung Ihres Depots, wenn dieses aus breit gestreuten US-Werten besteht.
Nasdaq 100	PowerShares QQQ, Fonds auf US-Technologie-Index	QQQ	US-Terminbörse	Sehr gute Absicherung Ihres Depots, wenn dieses überwiegend aus US-Technologiewerten besteht.
Euro Stoxx 50	Europäischer Aktien-Index der Euro-Länder	OESX (oder ESTX50)	Eurex	Gute Absicherung, wenn Ihr Depot überwiegend aus europäischen Standardwerten besteht.

So finden Sie die richtige Option zur Absicherung

Meine Strategie: Ich habe Ihnen bereits erläutert, wie wichtig die Absicherung Ihres Aktien-Depots mit Put-Optionen ist, um auch langfristig erfolgreich investieren zu können. Je nachdem, aus welchen Aktien Ihr Depot besteht, können Sie diese mit Put-Optionen auf die in der Tabelle auf der vorherigen Seite dargestellten Indizes absichern. Ich möchte Ihnen jetzt aber noch meine persönliche Strategie erläutern, mit der Sie Ihr Gesamtdepot noch sicherer machen können, wenn es aus europäischen und US-Aktien besteht.

Meine Strategie: 2 Puts für 2 Märkte – Ihre individuelle Depot-Absicherung

Die meisten Anleger investieren überwiegend in europäische und US-Aktien. In Europa liegt der Schwerpunkt der deutschen Anleger bekanntermaßen auf deutschen Aktien sowie einigen Schweizer Werten. Daher sichern Sie Ihr Depot in guter Näherung mit einem Put auf den DAX ab, wenn es überwiegend aus deutschen Aktien und nur wenigen weiteren europäischen Werten besteht.

Die US-Aktien, die deutsche Anleger überwiegend handeln, sind zum größten Teil im S&P-500-Index enthalten. So auch die Werte, die im Dow-Jones-Index und im Nasdaq 100 enthalten sind. Das ist der Grund, warum Sie mit einem einzigen Put auf den Basiswert SPY, ein Fonds, der den S&P 500-Index nahezu 1 : 1 abbildet, US-Werte in sehr guter Näherung absichern können.

Daher die Idee: 2 Puts auf den DAX und den SPY, sichern Ihre Investition in die beiden Märkte, nämlich die europäischen und die US-Aktien, in guter Näherung ab. Haben Sie Aktien aus beiden Märkten in Depot, so kaufen Sie beide Puts, und zwar im Verhältnis der Verteilung des Aktienvolumens.

Wählen Sie Puts mit einer Laufzeit von mindestens 12 bis maximal 24 Monate. Den Basispreis der Puts können Sie weit „aus dem Geld" wählen. Diese Puts sind insbesondere für kleinere Depots geeignet, da diese billiger sind als Puts, die „am Geld" notieren.

Dabei gilt: Wenn Sie Ihr Depot nur gegen starke Kursrückgänge absichern wollen, können Sie Puts wählen, die weit aus dem Geld notieren. Diese gewinnen erst dann deutlich an Wert,wenn der zugrunde liegende Index stark fällt. Notiert der DAX beispielsweise bei 13.000 Punkten, können Sie auch Puts mit einem Basispreis von 9.000 Punkten bis zu 7.000 Punkten einsetzen, also "sehr weit aus dem Geld". Sollen die Puts schon auf kleinere Schwankungen der Aktienurse reagieren, wählen Sie bei einem DAX-Strand von 13.000 Punkten einen Basispreis von 12.000 bis 11.000 Punkten.

Die Absicherung kostet 5% bis 10% des Depotwertes

Für die genaue Anzahl der Kontrakte gibt es keine feste Regel. Das unterscheidet sich individuell nach den persönlichen Verhältnissen des Investors, wie z. B. Risikoneigung, Gesamtvermögen, Alter, Familienstand etc. Wenn Sie etwa 5% bis 10% des Wertes Ihres Aktien- Depots in diese Puts investieren, haben Sie eine sehr gute Absicherung.

Beachten Sie dabei: Sichern Sie jeden der beiden Märkte separat ab. Beispiel: Haben Sie für 10.000 € europäische Aktien im Depot, sichern Sie diese mit Puts auf den DAX im Wert von 500 € bis maximal 1000 € ab. Halten Sie zusätzlich für 10.000 $ US-Aktien, sichern Sie diese mit Puts auf den SPY im Wert von 500 $ bis maximal 1000 $ ab.

Das Depot hat eine bessere Performance als ein reines Aktien-Depot

Im ersten Moment hören sich 5% bis 10% Investition zur Absicherung viel an. Und bei einem Aktien-Depot auf europäische Werte von 100.000 € sind das dann auch bereits 5.000 € bis 10.000 €. Es gibt nun die folgenden 3 Szenarien (a bis c):

a) Die Aktienkurse fallen

Ein Depot mit Absicherung durch Puts verbucht die Gewinne der Puts. Damit liegt es immer besser als ein reines Aktien- Depot.

b) Die Aktienkurse steigen

Es kann kurze Phasen geben, in denen ein reines Aktien-Depot besser abschneidet, weil die Kosten für die Puts nicht anfallen. Sie finden aber in den letzten 20 Jahren keine langfristige Phase, in der es nur aufwärts ging. Bei Kursrücksetzern verkaufen Sie die Puts mit Gewinn und kaufen diese später billiger wieder zurück. Langfristig hat auch dieses Depot eine bessere Performance als ein reines Aktien-Depot. Denn: Selbst wenn Sie durch diese Vorgehensweise zwischenzeitlich ohne (ausreichende) Absicherung dastehen, haben Sie doch immer die zwischenzeitlich realisierten Gewinne und damit zwingend eine bessere Performance als ein reines Aktien-Depot.

c) Die Aktienkurse laufen seitwärts

Eine Seitwärtsbewegung hat immer Phasen mit Kursgewinnen und Kursverlusten. Zwischenzeitlich realisierte Gewinne lassen dieses Depot besser aussehen als ein reines Aktien-Depot. Bis hier haben Sie „nur“ die Absicherung. Jetzt kommt der „schönere“ Teil. Es geht um den Turbo in Ihrem Depot, um zusätzliche Gewinne.

2. Gewinne mit Optionen

Die Strategie, Aktien „zu kaufen und liegen zu lassen" funktioniert nicht mehr. Spätestens seit den Crashs der Jahre 2000 bis 2003 bzw. in der Finanzkrise 2008 bis 2009 und im Corona-Crash 2020 ist sie unbrauchbar geworden.

Der Turbo: Gewinne mit Optionen

Der folgende Chart zeigt große Kursbewegungen. Ein langfristig ausgerichtetes Aktien-Depot verzeichnete in dieser Zeit große Schwankungen, hat aber im Ergebnis keine Gewinne erzielt. Gewinne waren aber trotzdem möglich.

DAX: Immer wieder Trading-Gewinne

Der DAX schwankte in den vergangenen 5 Jahren sehr stark. Das ist typisch für fast alle Phasen des DAX. Ein langfristig denkender Aktionär musste gute Nerven haben, wenn er sein Depot ohne Absicherung führte. Denn wir alle wissen ja aus eigener Erfahrung: Oft spielt uns die Psyche einen Streich und wir verkaufen Aktien aus Panik genau am Tiefpunkt. Aber

der DAX bot auch gute Chancen, um zwischenzeitlich Gewinne zu erzielen. Die 7 grau markierten Bereiche zeigen mögliche Gewinnchancen mit Puts und Calls.

Hoch und Tief ist nicht zu treffen

Das absolute Hoch zum Ein- und das Tief zum Aussteigen treffen Sie nur mit Glück. Das geht auch den Profis nicht anders. Deshalb habe ich in dem Chart keine nur theoretisch möglichen Ein- und Ausstiege eingezeichnet, die perfekte Gewinnmöglichkeiten vorgaukeln. Stattdessen habe ich beispielhaft 7 Bereiche markiert, in denen es schnelle starke Bewegungen von 1.000 Punkten im DAX gab, auch ohne das Hoch und Tief erwischt zu haben.

Put-Gewinne von +100% bis +300%

Oben habe ich empfohlen, etwa 5% bis 10% des Wertes eines Aktien-Depots in Put-Optionen zur Absicherung zu investieren. Nach 1.000 Punkten Kursverlust im DAX weisen diese einen attraktiven Buchgewinn aus. Die drei grauen Markierungen 2, 5 und 7 zeigen Ihnen mögliche Verkaufsgelegenheiten. Ob Sie den Put z. B. bei 11.500 Punkten im DAX gekauft und bei 10.000 Punkten „schon" wieder verkauft haben oder ob Sie Ihr Depot schon bei 11.500 Punkten gesichert haben und die Sicherung bei einem DAX-Stand von von 9.000 Punkten wieder verkauft haben, spielt kaum eine Rolle. Der Gewinn mit diesen Puts lag, je nach Ein- und Ausstieg, bei +50%, +100% oder auch deutlich höher.

Depot mit Puts besser als Aktien-Depot

In jedem dieser Fälle war es ein schöner Gewinn. Vielleicht haben diese Gewinne mit Puts das Gesamtdepot nicht in den Gewinn geführt. **In jedem Fall aber gilt:** Dieses Depot steht schon nach dem ersten realisierten Gewinn mit Puts besser da als jedes reine Aktien-Depot.

Calls sind der Turbo im Depot

Die grauen Markierungen 1, 3, 4 und 6 im Chart zeigen, wie Sie den „Turbo" im Depot einschalten. Zu Beginn des Jahre 2017 explodierten die Aktienkurse nach oben. Doch kaum ein Aktieninvestor hatte dies nach der langen Seitwärtsphase gegen Ende des Jahres 2016 erwartet. Deshalb lasse ich diesen wieder nur theoretischen Einstieg außer Acht. Aber später, im Februar oder März 2017, gab es viele Chancen, einen Teil des Depotwertes in Calls umzuschichten. Wenn Sie z. B. 5.000 € aus einem 100.000 €-Depot in Calls anlegen, liegt das Risiko auf das Gesamtdepot bezogen bei 5%. Ab Januar bis Mitte 2019 gab es außerordentlich lukrative Einstiegsmöglichkeiten mit Calls, bis Ende 2020.

+100% mit Calls

Nehmen wir an, Sie haben Calls im Wert von 5.000 € gekauft und für die Gewinn-Realisierung +100% angesetzt. Es ist fast egal, wann Sie gekauft haben: Der 100%-Gewinn wäre in jedem Fall realisiert worden. Dass danach die Börsen weiter gestiegen sind, spielt keine Rolle. Denn: 1. Sie konnten jederzeit wieder einsteigen. 2. Nach dem ersten realisierten 100%- Ziel-Gewinn steht dieses Depot besser da als jedes reine Aktien-Depot.

Geeignete Calls

Für diese Vorgehensweise eignen sich Calls auf Indizes bestens. Da es hier nicht um eine Absicherung eines Aktien-Depots geht, ist jeder der oben genannten Indizes (DAX, Dow Jones, S&P 500 und Nasdaq) mit einem Call gut zu traden.

Meine Empfehlung: Wählen Sie einen Call mit der Laufzeit von 12 bis 16 Monaten und den Basispreis etwa 10% über dem aktuellen Kurs des als Basiswert gewählten Index. Für den DAX wäre dies, bei einem Index-Stand von 13.000 Punkten, beispielsweise folgender Call:

Option: Call
Basiswert: DAX (Kürzel ODAX oder DAX)
Laufzeit: Juni 2022
Basispreis: 15.000 Punkte

Call-Optionen führen Depot in den Gewinn

Wenn in einem Depot mit Aktien und Optionen im Gesamtwert von 100.000 € circa 5.000 € in Optionen investiert sind, ist das Risiko überschaubar. Gleichzeitig erzielen Sie zusätzliche Gewinne, wenn die Märkte steigen, und Gewinne mit Puts, wenn die Märkte fallen. Es mag Phasen geben, in denen dieses Depot kurzfristig ein reines Aktien-Depot nicht schlägt. Bei der Anlage in Aktien geht es aber um eine langfristige Investition. **Langfristig schlägt ein so geführtes Depot jedes reine Aktien-Depot um Längen.**

Das perfekte Depot: Optionen und Aktien im perfekten Zusammenspiel

Diesen Teil habe ich weiter vorn als „Königsdisziplin" bezeichnet. Aus gutem Grund: Es gibt nichts Besseres. Dieses ist **die einzige Möglichkeit, ein Aktiendepot perfekt zu führen.** Übrigens: **Auch Warren Buffett nutzt diese Strategie!**

Vorher nochmals der bereits erwähnte Hinweis: Für diese Vorgehensweise benötigen Sie das Verständnis für die Funktion von Optionen und wie diese mit Aktien harmonisch und gewinnbringend zusammenspielen. Ich weiß, dass das nicht ganz so einfach ist. Deswegen meine Empfehlung: **Nehmen Sie sich für Ihre Geldanlage ausreichend Zeit!** Wenn Sie das Buch bis hierhin gelesen haben, sind die folgenden Ausführungen für Sie bereits bestens nachzuvollziehen.

Geben Sie sich bei Ihrer Geldanlage mit keiner zweitklassigen Investition zufrieden. Es lohnt sich, denn nur diese Strategie hat diese beiden unschlagbaren Ergebnisse:

1. **Die Performance eines so geführten Depots ist in jeder Börsenlage besser als die eines reinen Aktien-Depots.**
2. **Diese Strategie führt ein Depot in jeder Sekunde sicherer als ein reines Aktien-Depot.**

Wenn Sie die folgenden Seiten lesen und Schritt für Schritt nachvollziehen, haben Sie am Ende **die perfekte Strategie für Ihr Aktien-Depot.**

Rechte und Pflichten bei Optionen

Zum Verständnis dieser Strategie eine ganz kurze Wiederholung des bisher Gelesenen: Calls und Puts werden zu Kontrakten zusammengefasst. Ein Kontrakt enthält typischerweise 100 Optionen.

Call-Optionen

Rechte: Als **Käufer** von Call-Optionen haben Sie das **Recht**, den **Basiswert (z. B. Aktie)** zum Basispreis der Calls zu **kaufen**. Sie haben nur dieses Recht, keine Verpflichtung. Dafür haben Sie den Kaufpreis (die Prämie) bezahlt.

Pflichten: Der **Verkäufer** der Call-Optionen ist der Stillhalter. Er hat die entsprechende **Verpflichtung** übernommen, den **Basiswert** zum Basispreis **zu liefern.** Der Verkäufer hat keine Rechte, nur Verpflichtungen. Dafür hat er die Prämie erhalten.

Put-Optionen

Rechte: Als **Käufer** von Put-Optionen haben Sie das **Recht**, den **Basiswert (z. B. Aktie)** zum Basispreis der Puts zu **verkaufen**. Sie haben nur dieses Recht, keine Verpflichtung. Dafür haben Sie den Kaufpreis (die Prämie) bezahlt.

Pflichten: Der **Verkäufer** der Put-Optionen ist der Stillhalter. Er hat die entsprechende **Verpflichtung** übernommen, den **Basiswert** zum Basispreis **abzunehmen** (zu kaufen). Der Verkäufer hat keine Rechte, nur Verpflichtungen. Dafür hat er die Prämie erhalten.

Kurz zusammengefasst: Als Verkäufer (Stillhalter) von Optionen haben Sie die Verpflichtung, Aktien zu liefern (bei Calls) oder abzunehmen (bei Puts). Diese Verpflichtung nutzen wir jetzt zu einer perfekten und Gewinn bringenden Strategie im Zusammenspiel von Aktien und Optionen.

Nüchterne Beschreibung – fantastische Möglichkeiten

Die **Beschreibung von Optionen** liest sich **nüchtern** und wenig spannend. Die sich daraus ergebenden **Gewinnchancen** aber sind **einmalig.**

Das Ergebnis vorweg: Sie sind immer erfolgreicher!

Mit dieser Strategie führen Sie ein Aktien-Depot jederzeit und zwangsläufig besser als ohne diese Strategie. Kurz, Sie können so gar nicht schlechter sein, als wenn Sie nur in Aktien investieren oder umgekehrt. Es lohnt sich also, einen näheren Blick auf die nüchterne Beschreibung und deren einmalige Gewinn-Chancen zu werfen. Im Folgenden geht es darum, wie Sie Aktien billiger kaufen, Aktien besser verkaufen und auch bei Seitwärtsbewegungen der Kurse regelmäßige Gewinne erzielen.

Vergleich Aktien-Depot / Strategie-Depot

Ich nehme als Beispiel eine Aktie, die für einen Aktionär schwierig war und auch nach mehreren Jahren keine Rendite erzielte. Das entspricht wohl den Depots der Investoren, die laut der bereits erwähnten DAI-

Studie den Börsen den Rücken gekehrt haben. Hier können Sie sehen, wie es weitaus besser laufen kann. Ich stelle auf den nächsten Seiten diesen Vergleich anhand der folgenden Situation dar: 2 Investoren haben sich zum selben Zeitpunkt entschlossen, 500 Aktien zu kaufen. Ein Investor führt ein reines Aktien-Depot. Der andere Investor nutzt Aktien plus Optionen. Dieses nenne ich das Strategie-Depot.

Versicherung AG: 7 Jahre nichts verdient

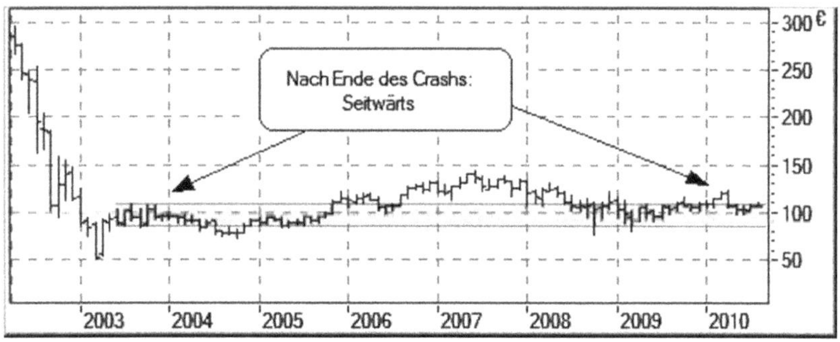

Der Kursverlauf dieser „Versicherung AG" zeigt nach dem im 1. Jahr beendeten Crash wenig Bewegung. Wer nach dem Crash zum Kurs von rund 100 € gekauft und die Aktie gehalten hat, hat bis zum 8. Jahr nichts verdient.

Die Aktie

Ich habe nur eine Aktie ausgewählt, die fiktive Versicherung AG, deren Chart Sie oben sehen. Mit mehreren Aktien ändert sich die Strategie nicht: Es wird aber für diese Darstellung unübersichtlicher.

Alle im Folgenden angegebenen Optionen-Preise, die auf den angegebenen Aktien-Kursen basieren, sind in ihrer Höhe real. Ich gehe davon aus, dass jeweils 500 Aktien gekauft werden. Die Dividenden berücksichtige ich hier nicht. Sie sind in beiden Depots identisch und verändern das Ergebnis des Vergleichs folglich nicht.

Kauf Versicherung AG

Im Jahr 1 haben sich 2 Aktionäre entschlossen, je 500 Aktien der Versicherung AG zu kaufen.

Aktien-Depot:	Strategie-Depot:
Für das reine Aktien-Depot kamen die Aktien zum Kurs von je 100 €, also zum Gesamtpreis von 50.000 € für 500 Aktien ins Depot. Dem langfristig denkenden Investor sind kurzfristige Kursschwankungen egal. Er ist zufrieden und lässt das Depot unverändert.	Dieser Investor kennt die Verpflichtung, dass er als Stillhalter von Put-Optionen Aktien abnehmen (kaufen) muss. Er nutzt dieses Wissen zu seinem Vorteil. Er kauft die Aktien nicht sofort an der Börse. **Er geht folgendermaßen vor:** Er verkauft 5 Kontrakte Puts (je Kontrakt 100 Puts) mit dem Basispreis 100 € und der Laufzeit von 2 Monaten. Seine Prämieneinnahme ist etwa 7 € je Put, entsprechend 700 € je Kontrakt mit 100 Puts und somit 3.500 € für 5 verkaufte Kontrakte. **1. Buchung:** + 3.500 € Prämieneinnahme **Seine Verpflichtung:** Er muss 500 Aktien zum Kurs von 100 € abnehmen. Das wollte er ja sowieso. Nach 2 Monaten notiert die Aktie unter 100 €. Der Stillhalter bekommt die Aktien zum Basispreis der Put-Optionen, also für je 100 €, eingebucht.
Buchung: Kauf 500 Aktien Kosten 50.000 €	**2. Buchung:** Kauf 500 Aktien Kosten 50.000 €

Vergleich nach dem Kauf der 500 Aktien – Kurs der Aktie 97 €

Aktien-Depot:	Strategie-Depot:
Der Investor hat für 100 € gekauft, jetzt ist der Kurs bei 97 €. Ein Buchverlust von 3 € je Aktie. Der langfristig denkende Investor ist nicht begeistert, aber er nimmt es als nicht weiter wichtig.	Der Investor hat auch für 100 € gekauft. Auch er hat den Buchverlust von 3 € je Aktie. Seine Rechnung sieht aber schon deutlich besser aus als die des reinen Aktienkäufers:
	Prämien-Einnahme aus den Puts: 3.500 €
	Kauf der Aktien: 50.000 €
	Buchverlust der Aktien: 1.500 €
	Depotwert (Aktien): 48.500 €
Kauf der Aktien: 50.000 €	**Kontostand (vereinnahmte Prämie):** 3.500 €
Buchverlust: 1.500 €	
Depotwert (Aktien): 48.500 €	**Gesamtwert:** 52.000 €
Buchverlust: 3%	**Buchgewinn:** 4%

Das Strategie-Depot ist 3.500 € mehr wert als das reine Aktien-Depot! Selbst wenn die Vergleichsrechnung hier aufhört, ist dieser Vorteil des Strategie-Depots durch das reine Aktien-Depot nie mehr aufzuholen.

Möglicher Einwand: Wenn die Aktie gestiegen bzw. nicht unter 100 € gefallen wäre, wäre sie dem Investor mit dem Strategie-Depot nicht eingebucht worden. Der direkte Aktienkauf hätte dann aber Buchgewinne aufgezeigt.

Für das Strategie-Depot kein Problem:

1. Die vereinnahmte Prämie von 3.500 € wäre erhalten geblieben.
2. Der Investor hätte einfach erneut 5 Kontrakte Puts verkauft (so wie oben beschrieben).

Dieses Vorgehen konnte er so lange wiederholen, bis die Aktien eingebucht wurden. Der Chart der Versicherung AG zeigt: Über kurz oder lang wären die Aktien auf jeden Fall ins Depot gekommen. Und jeder weitere Verkauf von Puts hätte in etwa weitere 3.500 € Prämieneinnahme eingebracht. Kurz: Je länger es gedauert hätte, bis er die Aktien eingebucht bekommen hätte, desto größer wäre der finanzielle Vorteil des Strategie-Depots. Im Chart sehen Sie, dass der Aktienkurs im 2. Jahr fiel, bis zum 5. Jahr stieg, sich danach aber wieder etwa um den Kaufkurs von 100 € einpendelte.

Weitere Betrachtung der beiden Depots

Reines Aktien-Depot	**Strategie-Depot**
Der Langfristinvestor hält seine Aktien. Mal zeigt sein Depot einen Buchgewinn, mal einen Buchverlust.	Im 2. und 3. Jahr notiert die Aktie ständig unter ihrem Kaufkurs von 100 €. Im 2. Jahr rechnet dieser Investor so: Ich habe die Aktien für 50.000 € gekauft und bereits 3.500 € Prämie eingenommen. Wenn ich sie jetzt für 50.000 € (also 100 € je Aktie) verkaufen könnte, wäre ich zufrieden. Er verkauft Calls mit der Laufzeit von 6 Monaten und dem Basispreis von 100 €. Steigt die Aktie über 100 €, muss er sie für

100 € verkaufen. Das will er ja sowieso.
Er verkauft die Calls zum Kurs von 3 € je Call, also 300 € je Kontrakt mit 100 Calls, entsprechend 1.500 € für 5 Kontrakte.
Prämieneinnahme: 1.500 €

Unabhängig vom aktuellen Kurs der Aktie: Das Strategie-Depot ist 5.000 € mehr wert als das reine Aktien-Depot!

Steigende Börse, Strategie-Depot mit Zusatzgewinnen

In dem 4. und 5. Jahr steigt der Kurs der Aktien. Beide Depot-Inhaber freuen sich über die Kursgewinne. Auch hier ist es für das Strategie-Depot ganz einfach, immer wieder Calls mit kurzer Laufzeit zu verkaufen, um zusätzlich Einnahmen zu erzielen. Der Basispreis dieser Calls läge dann jeweils etwa 10% über dem jeweiligen Aktienkurs zum Zeitpunkt des Verkaufs der Calls. Das sorgt gegebenenfalls für regelmäßige Prämieneinnahmen. Sollten die Aktien dabei einmal wirklich ausgebucht, das heißt verkauft werden, kann dieser Investor sie entweder sofort an der Börse zurückkaufen. Oder, besser noch, er nutzt die Strategie des Put-Verkaufs (siehe Start dieser Betrachtung der beiden Depots). Er nimmt weitere Prämien ein und bekommt über kurz oder lang die Aktien wieder eingebucht.

Für das **Strategie-Depot** setze ich eine zusätzliche Prämieneinnahme von 2.500 € an. An den obigen Prämieneinnahmen, die vergleichbaren realen Geschäften entsprechen, sehen Sie, dass diese zusätzliche Einnahme **sehr konservativ** gehalten und weit am unteren Rand der Möglichkeiten angesetzt ist. **Prämieneinnahme gesamt:** 7.500 €.

5.–8. Jahr	
Reines Aktien-Depot	**Strategie-Depot**
Da sich die Kursgewinne des 5. Jahres wieder vollständig verflüchtigten, ist dieser Investor nicht mehr zufrieden.	Im Strategie-Depot werden alle paar Monate Calls oder Puts verkauft. Ich setze erneut **nur** eine zusätzliche Prämieneinnahme von 5.000 € an.
Endergebnis im 8. Jahr	
Im 8. Jahr verbuchte das Aktien-Depot beim Kurs von 105 € je Aktie einen Kursgewinn von +5%. **Depotwert (Aktien):** 52.500 € **Gewinn:** +5% **Gewinn in €:** 2.500	Im Strategie-Depot gab es (mindestens) Prämieneinnahmen von 12.500 € **Depotwert (Aktien):** 52.500 € **Kontostand:** 12.500 € **Gesamtwert:** 65.000 € **Gewinn:** +30% **Gewinn in €:** 15.000 **Zusätzlicher Gewinn in €:** 12.500

Fazit: Trotz weniger, nur beispielhaft dargestellter Trades ist der **Gewinn des Strategie-Depots 6-mal so hoch wie der des reinen Aktien-Depots.** Vielleicht ist diese Rechnung idealisiert. Aber: Sie können im Strategie-Depot an jeder beliebigen Stelle Abstriche vornehmen, das Ergebnis wird **immer** besser sein als das des reinen Aktien-Depots.

Das perfekte Depot in der Praxis

In die vorherige Gegenüberstellung habe ich (nur) eine Aktie in 2 Depots (Aktien-Depot / Strategie-Depot) über Jahre begleitet. Sie sehen, dass diese Strategie perfekt ist, auch wenn sich eine Aktie im Ergebnis über viele Jahre kaum bewegt. Daraus lassen sich die folgenden beiden Ergebnisse ableiten:

1. Ständiges Traden nicht notwendig

Diese Strategie richtet sich an den „typischen" Langfristanleger in Aktien. Er ist gewohnt, gelegentlich in sein Depot zu schauen, und will nicht wöchentlich oder gar täglich handeln müssen. Es geht hier auch nicht um ständiges Traden. Dieses Depot lässt sich mit einem einmaligen Optimieren pro Monat führen.

2. Mehr Trades ermöglichen weit höhere Performance

Höhere Gewinne sind möglich: Wird ein Strategie-Depot tradingorientiert geführt, können Sie weitaus höhere Gewinne erzielen als die wenigen, die ich hier im Laufe von mehreren Jahren exemplarisch dargestellt habe. Aber auch in dieser Darstellung ist die Performance des Strategie-Depots schon 6-mal so hoch wie die des reinen Aktien-Depots.

Strategie-Depot: 10-mal bessere Performance als Aktien-Depot: Ein Strategie- Depot kann sich um ein Vielfaches besser als ein reines Aktien-Depot entwickeln. So können für jeden Monat immer wieder kurzlaufende Call-Optionen auf Aktienbestände verkauft werden.

Hinzu kommen die vereinnahmten Prämien von verkauften Puts, die zum möglichen Aktienkauf führen. Auch wenn die Prämie dann monatlich nur jeweils 1% des Aktienwertes beträgt, sind das 12 % zusätzliche Gewinne im Jahr. Und selbst wenn es nur gelingt, 1% im Quartal zusätzlich zu erwirtschaften, sind das 4% im Jahr.

Schon in der der obigen Darstellung über „nur" 8 Jahre kommen **zusätzliche hohe Gewinne** zusammen.

Zum Abschluss der Betrachtung von Aktien plus Optionen noch 2 Tipps

a) Kaufen Sie Aktien IMMER mit Rabatt und verkaufen Sie diese mit Zusatzgewinn:

Sie wissen, dass Sie als Verkäufer eines Puts eine Prämie gutgeschrieben bekommen, aber damit auch die Verpflichtung haben, 100 Aktien pro verkauftem Put-Kontrakt zu dem festgelegten Preis abzunehmen. Stellen Sie sich vor, Sie wollen 100 ABC-Aktien kaufen. Voraussetzung für die folgende Strategie ist, dass Sie 100 Aktien einer Aktiengesellschaft auch wirklich kaufen und im Depot halten wollen. Der Kurs steht exakt bei 50 €. Sie müssten also heute 5.000 € investieren, um diesen Kauf zu tätigen, und eigentlich würden Sie diese Order mit dem Kauf für diese 100 Aktien an Ihre Bank geben.

Hinweis:

Kaufen Sie diese 100 Aktien nicht jetzt, sondern verkaufen Sie einen Put mit Basispreis 50 € und einer Laufzeit von 3 Monaten. Sie wollten die Aktien eigentlich zum Kurs von 50 € kaufen. Nun müssen Sie gegebenenfalls die 100 Aktien zu diesem Kurs abnehmen. Dafür bekommen Sie aber sofort den Verkaufspreis der Puts (die Prämie), der bei etwa 400 € liegen müsste, gutgeschrieben. Hierbei kann Folgendes passieren:

1. Der Kurs der Aktie fällt

Sie müssen die Aktien als Stillhalter der Puts abnehmen. Kein Problem, Sie wollten ja sowieso kaufen, weil Sie von der mittelfristigen Kurssteigerung überzeugt sind. Aber – Sie haben 400 € Prämie eingenommen. Das ist folglich Ihr Vorteil im Vergleich zum sofortigen Kauf der Aktien.

2. Der Kurs der Aktie bleibt in etwa gleich

Die verkauften Puts verfallen wertlos. Auch hier haben Sie im Vergleich zum sofortigen Aktienkauf den Vorteil des vereinnahmten Geldes und entsprechenden Gewinn erzielt.

3. Der Kurs der Aktie steigt bis unter 54 € pro Aktie

Er steigt beispielsweise auf 53 €. Die verkauften Puts verfallen wertlos, die 400 € vereinnahmte Prämie sind Ihr Gewinn. Hätten Sie stattdessen 100 Aktien zu je 50 € gekauft, wäre Ihr Gewinn „nur" 300 € (Differenz zwischen Kaufpreis von 50 € und dem Kurs von 53 € pro Aktie). Als Put-Verkäufer (Stillhalter) haben Sie also 100 € mehr verdient.

4. Der Kurs der Aktie steigt auf 54 €

Sie haben durch die verkauften Puts 400 € eingenommen, aber 100 Aktien sind in diesem Beispiel nun 5.400 € wert. Beide Investitionen wären gleich gut gewesen. Sie hätten einen Gewinn von jeweils 400 € erzielt.

5. Der Kurs der ABC-Aktie steigt über 54 €

Die 100 Aktien hätten einen Gewinn von über 400 € innerhalb der Laufzeit der verkauften Puts erbracht. Ihr Gewinn bleibt allerdings auf 400 € begrenzt (Ihre Prämie durch den Put-Verkauf). Da Sie die Aktien aber sowieso kaufen wollten, würde ich Ihnen dieses raten: Wenn der Kurs so stark steigt, kaufen Sie die Aktien, sobald der Kurs beispielsweise über 53 € oder 54 € pro Aktie steigt. Gleichzeitig kaufen Sie die verkauften Puts an der Eurex (Terminbörse) zurück. Diese werden nun erheblich günstiger sein als zu dem Zeitpunkt, an dem Sie diese verkauft hatten. Der Weg, die Aktien über verkaufte Puts zu kaufen, müsste auch in diesem Fall ein kleines Plus einbringen.

Aktienverkauf durch Short-Call

Nahezu zwangsläufig ergibt sich aus dem Tipp „Kaufen Sie Aktien mit Rabatt" der Folgetipp: Aktien, die Sie im Depot haben, sollten Sie über das Stillhalter-Geschäft mit Short-Calls verkaufen. Anstatt des Verkaufs suchen Sie sich eine Call-Option mit kurzer Laufzeit, die leicht „im Geld" ist und verkaufen diese als Stillhalter. Selbst wenn diese Call-Option nur ein paar Cent je Aktie an Prämie einbringt, bringt das „ein paar Prozente" mehr Gewinn.

b.) Mit Optionen Risiko reduzieren

Sie können Optionen noch auf eine weitere Art nutzen, nämlich um das Risiko in Ihrem Aktiendepot zu reduzieren und gleichzeitig die Gewinn-Chancen zu erhöhen.

Kein Widerspruch: Gewinne optimieren – Risiko minimieren

In den oft nervösen Märkten können Sie die Kombination von Value-Aktien und Optionen nutzen, um sowohl Ihr Risiko zu reduzieren als auch Ihre Gewinn-Chancen zu erhöhen. Risiko minimieren und gleichzeitig Gewinn-Chancen erhöhen ist dabei nur ein scheinbarer Widerspruch: Denn wenn Sie Ihren Investitionsgrad reduzieren, minimieren Sie Ihr Risiko. Dadurch, dass Sie die Hebelkraft von Optionen nutzen, erhöhen Sie gleichzeitig Ihre Gewinnchancen.

So können Sie das Risiko in Ihrem Aktiendepot reduzieren

An der Value-Aktie des Versicherers Munich RE (Münchener Rück) zeige ich Ihnen, wie Sie dieses umsetzen können.

Kauf der Aktie bindet rund 24.000 € Kapital

Die Munich RE, ehemals Münchener Rück, wurde 1880 gegründet. Das Unternehmen ist die zweitgrößte Rückversicherungs-Gesellschaft weltweit und ein klassisches Investment von Warren Buffett. Die Aktie kostet

(Stand: Dezember 2020) etwa 240 €. Wenn Sie 100 Aktien der Munich RE kaufen oder im Depot halten, sind Sie mit 24.000 € investiert.

Chance und Risiko: Damit profitieren Sie von weiteren Kursgewinnen. Sie tragen aber auch das Risiko, dass der Kurs der Aktie deutlich fällt.

Kauf der „richtigen“ Option bindet 12.300 € Kapital

Anstatt die Aktie direkt zu kaufen, können Sie auch langlaufende Call-Optionen „tief im Geld“ kaufen. „Tief im Geld“ heißt, der Basispreis der Calls liegt weit unter dem aktuellen Kurs der Aktie. Für diese Strategie gut geeignete Calls haben z. B. diese Ausstattung:

Option: Call
Basiswert: Munich RE
Kürzel: MUV2
Laufzeit: Juni 2022
Basispreis: 120 €
Kaufpreis: 123 €
Calls je Kontrakt: 100
Ein Kontrakt dieser Optionen kostet 12.300 €

Diese Calls, die weit im Geld notieren, haben nur einen sehr geringen Zeitwert. Er beträgt 3 € je Aktie. Innerer Wert des Calls (120 €) plus Zeitwert (3 €) entsprechen dem Kaufpreis des Calls von 123 €.

Chance und Risiko: Mit diesen Calls haben Sie das Recht, die Munich RE-Aktie zum Kurs von 120 € (Basispreis der Calls) zu kaufen. Dabei spielt es keine Rolle, zu welchem Kurs diese Aktie an der Börse gehandelt wird. Sie profitieren also nahezu 1:1 von jeder Kurssteigerung der Aktie. Gleichzeitig haben Sie Ihre Gesamt-Investition im Vergleich zum direkten Kauf der Aktie fast halbiert und damit das Risiko reduziert.

Vergleich von Kauf der Aktie und der Call-Option

Gewinnchancen: Von weiteren Kursgewinnen der Aktie profitieren Sie bei beiden Vorgehensweisen gleichermaßen. Die Unterschiede sind wenig gravierend.
Kein Vorteil für eine der beiden Investitionen.

Dividende und Stimmrecht: Wichtig ist, bei der Aktie haben Sie Stimmrecht und, wichtiger noch, Sie erhalten eine Dividende. Mit dem Kauf der Call-Option haben Sie kein Stimmrecht und Sie erhalten keine Dividende. Das ist ein Nachteil für die Option.
Vorteil für den Kauf der Aktie.

Risiko: Durch den **Kauf der Aktien** sind Sie mit etwa 24.000 € investiert. Bei einem möglichen Crash sind Verluste von 50% und weit mehr keine Seltenheit. Immerhin hat der Aktienkurs seit seinem Höhenflug im Jahr 2000 in der Spitze auch schon einmal mehr als 80% verloren. Und von Mai bis Juni 2015 sowie noch einmal von Mai 2016 bis Juli 2016 jeweils mehr als 30%. Im Februar und März 2020 waren es ebenfalls etwa 50% Verlust. Ein Verlustrisiko von 30% bis zu 80% ist also nicht unrealistisch.

Bei der Option besteht im Crashfall das Totalverlustrisiko. Notiert die Aktie zum Laufzeitende im Juni 2022 bei 120 € oder darunter, ist das in die Calls investierte Geld von 12.300 € weg. In diesem Grenzfall hätten Sie mit den Aktien zwar „nur“ etwa 12.000 € verloren. Der Optionspreis beinhaltet ja noch den Zeitwert von 100 € pro Kontrakt. Dieser liegt am Ende der Laufzeit bei null. Jedoch kann die Aktie sehr schnell auch sehr viel tiefer fallen und weit höhere Verluste generieren. Die Option nicht.

Durch dieses Beispiel werden 2 wesentliche Vorteile des Kaufs von „tief im Geld" liegenden Calls im Vergleich zum Kauf des Basiswerts deutlich:

1. Je tiefer die Aktien gegebenenfalls notieren, desto größer der Vorteil der Calls. Denn der Verlust des Long-Calls ist immer auf das eingesetzte Kapital von 12.300 € begrenzt. Die Aktien dagegen können deutlich mehr verlieren.

2. Sie investieren nur etwa die Hälfte des Betrages, der für die Direktinvestitionen Aktie notwendig wäre. Das restliche Kapital steht für andere Investments zur Verfügung.

Fazit: Es gibt keine allgemein gültige Antwort, die immer für eine der beiden Investitionsmöglichkeiten spricht. Wenn Sie aber das Gefühl haben, dass Sie zu hoch investiert sind oder keine 24.000 € für 100 Aktien investieren wollen, ist die oben beschriebene Strategie mit Optionen eine sehr gute Möglichkeit, Ihr Depot zu optimieren.

3

Start in den aktiven Optionen-Handel

3 Start in den aktiven Optionen-Handel

Wenn Sie keine Erfahrung mit Optionen haben und ohne Anleitung (z. B. durch einen Börsenbrief wie den Optionen-Profi) handeln wollen, meine dringende Empfehlung: Machen Sie sich erst mit den grundlegenden Eigenschaften von Optionen vertraut. Lesen Sie dazu die Kapitel bis vor den „Strategien der Investment-Elite".

Wenn Sie „streng nach Anleitung" handeln, müssen Sie die Funktionsweise von Optionen nicht vollständig verinnerlicht haben, es hilft Ihnen aber ungemein. Sonst sehen Sie möglicherweise Entwicklungen im Depot, die Ihnen völlig unverständlich vorkommen. So z. B. dass der Kurs eines Basiswerts (leicht) steigt, sich die Option aber nicht im Kurs mitbewegt. Aus den vorherigen Kapiteln wissen Sie, dass das völlig normal sein kann. Die grundlegenden Eigenschaften und Funktionsweisen von Optionen setze ich in den folgenden Kapiteln voraus.

Steigen wir ein: Sie sind von Optionen überzeugt und wollen mit dem Optionen-Handel starten.

3.1 Voraussetzungen für den Optionen-Handel

Um in den Optionen-Handel einzusteigen, benötigen Sie ein paar wenige grundlegende Voraussetzungen.

Geld: So banal es klingt, Geld gehört dazu. Da jedes Börsengeschäft das Verlustrisiko beinhaltet, sollten Sie nur mit Geld arbeiten, das Sie für keinen anderen Zweck benötigen oder eingeplant haben. Die Spekulation mit Optionen auf Basis von Krediten verbietet sich von selbst. Davon gibt es keine Ausnahme.

Termin-Geschäftsfähigkeit: Für den Handel an Terminbörsen verlangen diese eine entsprechende Termin-Geschäftsfähigkeit. Diese erhalten Sie vom Broker.

Broker/Zugang zu Terminbörsen: Sie benötigen einen Zugang zu den Terminbörsen. Das ist die deutsch/schweizerische Terminbörse Eurex. Für den Handel mit US-Optionen sind das die US-Terminbörsen. Diesen Zugang stellt Ihnen ein **geeigneter Broker** zur Verfügung.

Sehen wir uns die o.a. beiden Voraussetzungen Finanztermin-Geschäftsfähigkeit und Broker genauer an.

3.1.1 Termin-Geschäftsfähigkeit

An den Terminbörsen dürfen Sie nur handeln, wenn Sie die entsprechende Zulassung haben. Das ist die bereits erwähnte Termin-Geschäftsfähigkeit. Diese erhalten Sie von Ihrem Broker. Für die Termin-Geschäftsfähigkeit muss Sie der Broker über die Risiken an den Terminbörsen aufklären. Dafür verwenden die Broker unterschiedliche Wege.

Der erste Schritt ist immer, dass Sie gefragt werden, ob Sie schon mit Optionen gehandelt haben. Wenn Sie das bejahen und gegebenenfalls eine ausreichende Anzahl bereits getätigter Trades mit Optionen (oder Optionsscheinen, Zertifikaten etc.) nennen, „ist der Fall erledigt“. Sie werden für den Handel mit Optionen zugelassen.

Am Rande: Vor Jahren hatten Sie kaum eine andere Möglichkeit, als diesen Weg (Angabe der entsprechenden Trades) zu wählen. Heute ist dies immer noch der einfachste Weg.

Wenn Sie angeben, dass Sie noch keine Erfahrung an Terminbörsen bzw. mit Optionen etc. haben, wird der Broker Ihnen die Risiken an Terminbörsen auf entsprechenden Formularen gedruckt oder im Internet bekannt machen und von Ihnen die Bestätigung verlangen, dass Sie dieses gelesen und verstanden haben.

Je nach Broker werden Ihnen dann vielleicht auch noch Fragen zur Funktionsweise von Optionen gestellt, die Sie richtig beantworten müssen.

Möglicherweise werden Ihnen dann auch noch Fragen nach Ihrem vorhandenen Vermögen gestellt. Dazu 2 Anmerkungen:

1. Den Broker interessiert das nicht wirklich. Er will sich nur gegen mögliche Regressforderungen absichern. Da gerade in den USA „gegen Alles und Jedes" geklagt wird und es oft skurrile Urteile gibt, sichern sich die Broker ab.

2. Wenn Sie starten und „nur" Optionen kaufen und diese später verkaufen, haben Sie kein höheres Risiko als Ihr eingesetztes Geld. Bei dieser Art von Geschäften gibt es keine Nachschusspflicht. Daraus folgert:

Es geht den Broker nicht wirklich etwas an, ob Sie 5.000, 50.000, 500.000 €, $, CHF oder mehr Vermögen haben. Eine Angabe, die zur Zulassung zum Optionen-Handel führt, müssen Sie aber tätigen.

Bei servicefreundlichen Brokern erhalten Sie diese Zulassung mit wenigen Mausklicks bei der Depoteröffnung und die Mitarbeiter helfen Ihnen gegebenenfalls bei Fragen.

3.1.2 Broker für den Optionen-Handel

Um Optionen zu handeln, benötigen Sie über Ihre Bank oder Ihren Broker einen Zugang zur Terminbörse Eurex (nicht Stuttgarter Euwax) und zu den US-Börsen für Optionen. Viele Banken und die meisten Sparkassen bieten keinen oder einen erschwerten, oft auch weit überteuerten Zugang zu den Terminbörsen an.

Achten Sie auf die Gebühren

Für die Bereitstellung Ihres persönlichen Zugangs zu den Optionen-Börsen und die Weiterleitung Ihrer Kauf- oder Verkaufs-Orders für Optionen an die Terminbörsen erheben die Geldinstitute Gebühren. Diese Gebühren sind bei den verschiedenen Geldinstituten unterschiedlich hoch. Leser haben mir von Bankgebühren in dreistelliger Höhe für den Kauf oder Verkauf eines einzigen Kontraktes von Optionen berichtet.

Wenn Sie also von Ihrer Hausbank hören, dass diese für den Kauf und nochmals Verkauf eines Kontraktes 50 €, 100 € oder noch mehr verlangt, wählen Sie einen anderen Handelspartner. Dort will man Sie offensichtlich durch hohe Gebühren abschrecken oder abzocken.

Zur Orientierung: Günstige Broker verlangen zwischen etwa 1,00 € und 4,00 € für ein Optionen-Geschäft. Günstige Gebühren sind also ein entscheidender Faktor für Ihre Gewinn-Optimierung.

Billig ist nicht unbedingt günstig

Bei der Gebührenfrage gilt es zu beachten: Viele Broker berechnen die Gebühren beim Handel mit Optionen nach der Anzahl ge- und verkaufter Kontrakte. Kostet ein Kontrakt z. B. 1,50 €, bezahlen Sie beim Handel mit 10 Kontrakten je Trade entsprechend 15 € usw. Manche Broker berechnen die Gebühren nach Umsatz des Trades, nehmen aber eine Mindestgebühr. Das können z. B. 0,5% vom Umsatz sein. Wenn Sie regelmäßig mit vielen Kontrakten je Trade handeln, kann die Berechnung mit 0,5% vom Umsatz unter Umständen günstiger sein, als die auf den ersten Blick niedrige Gebühr von z. B. 1,50 € je Kontrakt.

Damit Ihre Gewinne aus dem Optionen-Handel nicht durch unnötig hohe Gebühren stark beeinträchtigt werden, sollten Sie also den für Sie günstigsten Broker auswählen.

Sie benötigen ein Margin-Konto

Bei der Eröffnung Ihres Depots werden Sie nach Margin-Konto bzw. Cash-Konto gefragt. Klare Entscheidung: Eröffnen Sie ein Margin-Konto. Dieses dient als Konto für Cash-Bestände und eventuelle Sicherheitsleistungen bei Stillhalter-Geschäften.

Wenn Sie irgendwann später mal mit Stillhalter-Geschäften arbeiten wollen, benötigen Sie ein solches.

Sobald Sie Optionen in Fremdwährungen im Depot halten, haben Sie auch das Währungsrisiko. Entsprechend verlangen die Broker für diese Geschäfte ein Margin-Konto.

Erläuterung Margin-Konto: Ein Margin-Konto ermöglicht grundsätzlich die Spekulation auf Kredit. Davon rate ich zwar unbedingt ab, aber: Hier geht es darum, dass die „Margin" bereit steht, wenn Sie in Fremdwährungen oder auch mit ungedeckten Stillhaltergeschäften spekulieren. Denn beide beinhalten ein nicht auf den Cent genau berechenbares Risiko. So gering dieses auch sein mag, der Broker verlangt dieses Margin-Konto.

Sie werden voraussichtlich in Fremdwährungen handeln. Das gilt z. B. wenn Sie auch an US-Terminbörsen und somit in US-Dollar handeln. Aber auch an der Eurex können Sie Optionen in Fremdwährungen handeln. Das gilt z. B. für Optionen auf Schweizer Aktienunternehmen (Nestlé, Novartis …). Diese notieren in Schweizer Franken. Die entsprechende Abrechnung nimmt Ihr Broker automatisch vor.

Basis-Währung sollte Heimatwährung sein

Je nach Broker müssen Sie die Frage beantworten, in welcher Basis-Währung Ihr Depot geführt werden soll. Wenn Sie nicht ganz spezifische Gründe haben, empfehle ich als Basiswährung Ihre Heimatwährung. Das wird für die meisten Leser dieses Buches der Euro sein. Aber auch der Schweizer Franken kommt infrage.

Komfortabel: Handel an allen Terminbörsen aus einem Depot

Je nach Broker können Sie aus einem Depot heraus an allen wichtigen Terminbörsen handeln. Dabei haben sich die deutsche Terminbörse Eurex und die US-Terminbörsen als meist gewählte Handelsplätze für Optionen-Trader aus dem deutschsprachigen Raum herauskristallisiert. Bei einigen Brokern können Sie an diesen Terminbörsen (und anderen Aktienbörsen) aus einem Depot heraus handeln. Ein unschätzbarer Vorteil.

Haben Sie Ihr Depot z. B. als Basiswährung in Euro eröffnet, können Sie aufgrund Ihres Euro-Guthabens Optionen (und andere Wertpapiere) bequem in Fremdwährungen (US-Dollar, Schweizer Franken etc.) kaufen und verkaufen.

Handel in Fremdwährung: Zinsen beachten

Wenn Sie Optionen in einer anderen Währung als in Ihrer Basis-Währung kaufen, leiht Ihnen der Broker für die Dauer des Geschäftes den eingesetzten Betrag. Grundlage ist Ihr Guthaben in der Basis-Währung. Er tauscht also nicht z. B. Euro in US-Dollar um.

Für diesen geliehenen Betrag verlangt der Broker moderate Zinsen. Diese können Sie vermeiden, indem Sie den entsprechenden Betrag umtauschen. Das kostet (moderate) Gebühren. Ich empfehle Ihnen für kurzfristige Trades keinen Umtausch, denn das Hin und Her des Währungsumtausches ist schnell teurer als die Zinsen. Erst wenn sich nennenswerte Beträge in Fremdwährungen angesammelt haben, sollten Sie hier einen Umtausch vornehmen.

3.2 Optionen: Handelbare Märkte (Basiswerte)

Mit Call- und Put-Optionen können Sie nahezu alle Basiswerte handeln. Das heißt, Sie haben die Möglichkeit, von jeder Auf-, Ab- oder Seitwärtsbewegung der Märkte zu profitieren.

Dabei ist das Angebot an der Eurex und an US-Terminbörsen ganz unterschiedlich. An der Eurex ist das Angebot auf die Aktien aus dem DAX, EuroStoxx und einigen wichtigen anderen Aktien sowie auf Indizes beschränkt. In den USA können Sie auf nahezu alle Aktien als Basiswert Optionen handeln.

Der Grund für den Unterschied: In Deutschland haben die Banken und Wertpapierhäuser als Emittenten den Markt für Hebelprodukte fest im Griff. Mit ca. 500.000 unterschiedlichen Derivaten, wie Optionsscheinen, Zertifikaten etc., wird der Markt dicht gemacht.

An der Terminbörse Eurex handeln hauptsächlich institutionelle Investoren. Und die wählen nur die gängigsten Basiswerte.

In den USA hingegen sind die von Emittenten herausgegebenen Derivate wegen ihrer Manipulationsanfälligkeit verboten. Wer dort Hebelprodukte handelt, nimmt Optionen oder Futures. Das führt zu der enormen Vielfalt an Basiswerten, auf die es Optionen gibt.

Basiswerte an der Eurex: Beschränkte Auswahl

Die deutsche Terminbörse Eurex bietet gleichwohl eine attraktive Anzahl an Auswahlmöglichkeiten. Nach Ihrer Internetseite unterscheidet sie dabei diese Gruppierung:

Aktienoptionen, Aktienderivate, Aktien-Futures, Aktienindexderivate, Dividendenderivate, Exchange Traded Funds-Derivate, Immobilienderivate, Inflationsderivate, Kreditderivate, Rohstoffderivate, Volatilitätsindexderivate, Wetterderivate, Zinsderivate

Am interessantesten davon sind Optionen auf Aktien: Vorrangig sind das die Aktien aus dem DAX, EuroStoxx und Optionen auf wichtige andere europäische Aktien. Damit lassen sich alle „großen" Aktiengesellschaften handeln. Aber die Auswahl könnte größer sein.

Basiswerte an US-Terminbörsen: Spannende Vielfalt

Ganz anders die Auswahl an US-Terminbörsen. Dort können Sie Optionen auf viele tausend US-Aktiengesellschaften handeln. Hinzu kommen Optionen auf Nicht-US-Unternehmen, die direkt oder als ADR an US-Börsen gehandelt werden.

Abkürzung ADR: Das steht für American Depositary (oder auch Depository) Receipts. Kurz: Es ist ein Aktienersatzschein, der an der US-Börse stellvertretend für die Original-Aktie gehandelt wird.

Optionen auf ETFs bereichern das Angebot

Eine spannende Vielfalt an Basiswerten für Optionen findet sich in den sogenannten ETFs.

Abkürzung ETF: Das steht für Exchange Traded Funds. Das sind Fonds, die den zugrunde liegenden Basiswert nahezu 1 : 1 abbilden und die an der Börse wie Aktien gehandelt werden.

Auf die meisten ETFs gibt es auch Optionen. Diese ETFs gibt es für wichtige Aktien-Indizes (wie DAX, Dow Jones, S&P500, Nasdaq usw.), Währungen (z. B. €/$-Kurs), Rohstoffe (wie Gold und Silber) und „fast alle erdenklichen" anderen Basiswerte.

Eurex und US-Terminbörsen: Alles ist möglich

Wenn Sie einen Broker wählen, der Ihnen sowohl den Zugang zur Eurex als auch den zu den US-Terminbörsen anbietet, und das empfehle ich, gibt es so gut wie keine Beschränkung an Basiswerten, auf die Sie Optionen handeln können.

3.3 Erfahrungen aus der Praxis

Theorie und Praxis lassen sich nicht messerscharf trennen. Das habe ich auch gar nicht versucht. In vielen „theoretischen" Darstellungen ist der Bezug nicht nur von mir gewollt, sondern auch zwangsläufig erforderlich. Umgekehrt ist ein Hinweis auf die „Theorie" auch in der praktischen Umsetzung hilfreich und wird von mir gegebenenfalls eingesetzt.

Aber wie bei einem Schachspiel gilt auch bei Optionen: Wenn Sie die Regeln kennen, können Sie im Grunde starten. Grundsätzliche Fehler machen Sie nicht (solange Sie die Regeln befolgen), aber zum „Meister“ ist es noch ein gutes Stück Weg.

Und so zeige ich Ihnen in den folgenden Kapiteln, wie Sie am besten mit dem Optionen-Handel starten, wenn Sie ganz neu dazukommen und was Sie beachten sollten, wenn Sie auf dem Weg schon ein gutes Stück vorangekommen sind.

3.3.1 Für Einsteiger: Erste Schritte im Optionen-Handel

Gleich vorweg: Wetten, dass es morgen so gute Gewinn-Chancen wie heute gibt? Wetten, dass es in 10 Jahren so gute Gewinn-Chancen wie vor 10 Jahren gibt? Banal? Ja! Ist doch klar? Sicher. Daraus folgert, Sie verpassen nichts, aber auch gar nichts, wenn Sie in aller Ruhe starten.

Tipp: Achten Sie zu Beginn überhaupt nicht auf (vermeintliche) Gewinn-Chancen. Die kommen morgen sowieso wieder. Achten Sie nur darauf, erste Erfahrungen zu sammeln. Und wenn dann noch 10 € oder 100 € Gewinn dabei rausspringen, umso besser. Wichtig ist es für den Anfang aber nicht.

„Wenig Geld“ beim Broker einzahlen

Ich gehe davon aus, dass Sie ein Depot bei dem Broker Ihrer Wahl eröffnet haben. Empfehlungen dazu habe ich Ihnen im Abschnitt „3.1.2 Broker für den Optionen-Handel“ gegeben. Der nächste Schritt ist, dass Sie „wenig“ Geld dort einzahlen. *„O.k.“*, würde Warren Buffett sagen, *„nehme ich erstmal nur 10 Millionen.“* Ein anderer fragt sich, ob 1.000 € ausreichen.

„Wenig Geld" ist keine feste Größe. Ich empfehle einen Betrag, der für Sie „Spielgeld" ist. Zum Start sollte er aber trotzdem nicht weniger als 2.000 € betragen. 5.000 € sind jedoch völlig ausreichend.

Realtime-Kurse für US-Markt und europäischen Markt freischalten

Als nächstes sollten Sie die Kursdaten für den US-Markt (ich setze voraus, Sie wollen da handeln) und für die Eurex freischalten. Das kostet pro Monat (je nach Broker) ca. 10 € Gebühren je Markt. Ich empfehle das aber dringend. Schon *ein* guter Kauf- oder Verkaufskurs pro Monat holt die Gebühren schnell wieder rein.

Auch für das Bestellen der Echtzeitkurse gilt: Wenn Sie die Freischaltung nicht finden, nutzen Sie den Service der Broker. Rufen Sie an, lassen Sie sich unterstützen.

Für Sparfüchse: Je nach Broker können Sie diese Kurse für glatte Monate abbestellen. Wenn Sie also z. B. einen ganzen Monat (z. B. durch Urlaub) nicht handeln, können Sie sich die Gebühren sparen.

Handelsmaske: Alles ist neu

Bei den meisten Brokern wird der Optionen-Handel über das Internet abgewickelt. Die Broker stellen Ihnen dafür eine Software zur Verfügung. Diese Software (Tradingmaske, Handelsmaske) laden Sie typischerweise von der Internetseite Ihres Brokers auf Ihren Computer. Die Installation auf Ihren Computer erfolgt meist automatisch und wird durch Anweisungen und Hinweisfenster der Software unterstützt.

Nun sitzen Sie vor der für Sie möglicherweise neuen Handelsmaske. Ich kann Ihnen versichern: So wie Sie, fühlen sich zu Beginn alle. Eine eventuell verwirrende Vielfalt von Menüpunkten, blinkenden Zahlen und anderen Informationen. Mir ging es vor nun schon vielen Jahren nicht anders. Und: Alle haben es geschafft. Sie schaffen es also auch. Immerhin haben Sie einen Vorteil. Sie haben diese Anleitung hier im Buch. Die hatten viele tausend Anleger vor Ihnen nicht.

Und wieder: Nutzen Sie den Service der Broker. Nutzen Sie den! Rufen Sie an, lassen Sie sich unterstützen.

Handelsmaske: Videos im Internet

Aus vielen Gesprächen mit Lesern des Optionen-Profi weiß ich, dass die Nutzung der für sie meist neuen Handelsmaske der Broker Fragen aufwirft. Daher habe ich Videos erstellt, die zeigen, wie einfach Sie Ihre Kauf- oder Verkaufsorders am besten platzieren und wie Sie die vielen Möglichkeiten dieser Handelsmaske für sich nutzen können.

Diese Hilfestellung habe ich in den Videos anhand der Handelsmaske von Interactive Brokers dargestellt. Die Servicebroker von Interactive Brokers verwenden diese Handelsmaske lediglich mit kleinen Änderungen. Sie können die Videos daher auch für diese anderen Broker nutzen.

Eine Zusammenstellung dieser Videos finden Sie auf meiner Internet-Seite:

www.optionen-investor.de

und dort unter dem Menüpunkt „Videos".

Ich gebe Ihnen aber im Folgenden eine

Schritt-für-Schritt-Anleitung zum ersten Trade mit Optionen

Für dieses Beispiel nehme ich die Handelsmaske von Interactive Brokers (IB). Diese Anleitung können Sie also nahezu 1 zu 1 auf diese Broker übertragen. Bei anderen Brokern sehen die Handelsmasken anders aus. Die grundsätzliche Vorgehensweise ist aber vergleichbar.

Sie erwarten steigende Kurse bei der Deutschen Bank und wollen folglich einen Call kaufen.

Hinweis: Eine Option hat keine WKN oder ISIN, sondern ist durch die Angaben „Basiswert (Underlying), Basispreis, Laufzeit, Call oder Put" immer eindeutig definiert.

Struktur der Handelsmaske

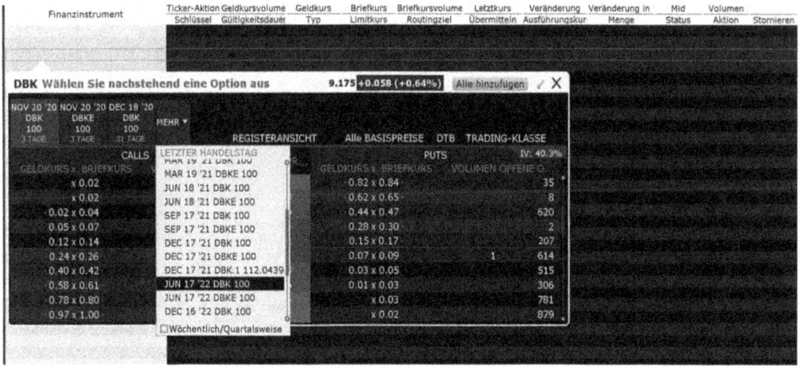

Sie geben in die Ordermaske das Kürzel „DBK" für die Deutsche Bank ein und klicken in der dann erscheinenden Liste auf „Optionen". Es öffnet sich das Menü mit der Auswahl an Optionen. Klicken Sie auf „MEHR“, um alle Laufzeiten zu sehen. Im Beispiel wähle ich die Laufzeit bis zum 17.Juni 2022.

Im Auswahlfenster der Handelsmaske von Interactive Brokers und deren Service-Providern führt eine klare Struktur zur ausgesuchten Option.

Im nächsten Auswahlschritt wählen Sie „CALL“ und „Basispreis“. Sie sehen die Angaben, die diese Option eindeutig definieren: Underlying DBK, Börse DTB (= Eurex), Beschreibung: Laufzeit, Basispreis, Call oder Put (hier Call), Option.

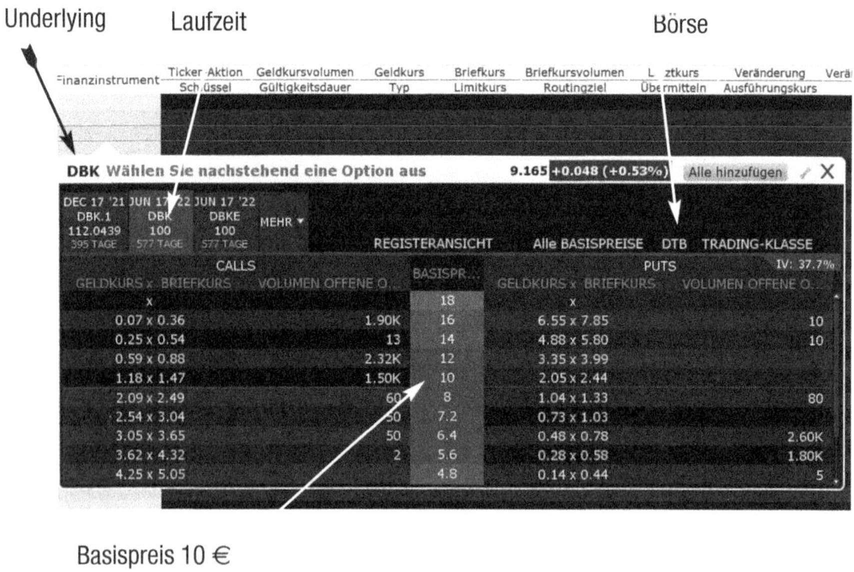

Optionen werden immer mit Einzelpreisen angeboten, aber gehandelt werden sie als Kontrakte mit in der Regel je 100 Optionen. Ein Kauf der Call-Optionen auf die Deutsche Bank kostet zum Zeitpunkt des Kaufs 100 × 1,45 €= 145 €. Dies sehen Sie anhand der unteren Abbildung in der Order-Zeile der Handelsmaske eines Brokers.

Wenn Sie nun einen Kontrakt kaufen wollen, klicken Sie den Kaufpreis an, dann sieht das folgendermaßen aus:

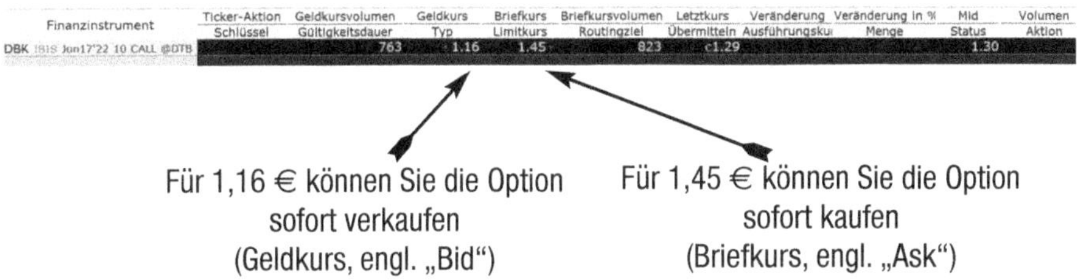

Sie haben nun den Kauf vorgemerkt, aber noch nicht an der Börse platziert. Erst mit einem weiteren Mausklick auf „Übermitteln“ geht Ihre Order an die Börse und Sie haben den Kauf getätigt. Diese Position erscheint in Ihrem Depot, genauso wie Sie es möglicherweise von Aktien kennen.

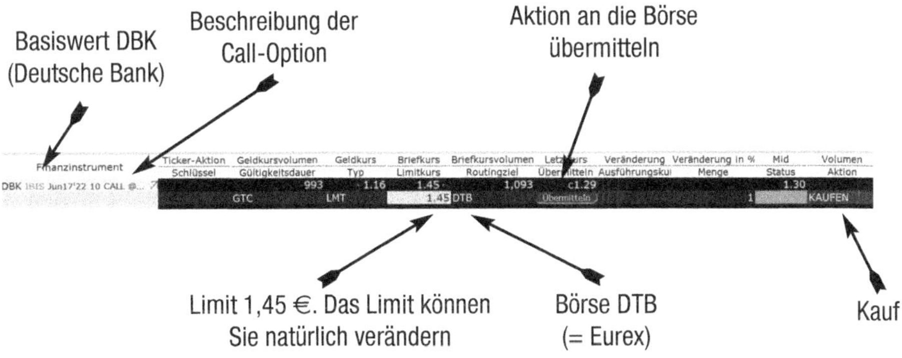

So kaufen Sie eine Option ganz einfach in 7 Schritten

1. Kürzel der Aktiengesellschaft suchen, auf die Sie eine Option kaufen wollen
2. Kürzel in Handelsmaske eingeben, beispielsweise „DBK“
3. „Option“ wählen
4. Verfallsmonat bestimmen
5. Basispreis und „Put“ oder „Call“ auswählen
6. Mausklick auf den Kaufpreis (Briefkurs, engl. „Ask“), um eventuell das Limit anzupassen
7. Mausklick auf das „Übermitteln“.

Gegebenenfalls erhöhen Sie noch die Kontraktanzahl („Menge“, voreingestellt ist 1) und ändern die Gültigkeitsdauer (voreingestellt ist „DAY“)

Die Angabe „Übermitteln“ oder „Transmit“ gilt für Interactive Brokers. Bei anderen Brokern schließen Sie die Order per Mausklick auf „OK“ oder ähnlich ab.

In diesem Beispiel lautete die Empfehlung: Kaufen Sie den Call auf die Deutsche Bank (DBK), Laufzeit 17. Juni 2022, Basispreis 10 €.

So verkaufen Sie Ihre im Depot befindliche Option:

In Ihrem Depot sehen Sie Ihre vorhandenen Positionen, Aktien und Optionen. Nehmen wir an, Sie haben den o. a. Kontrakt DBK-Calls im Depot. In diesem Beispiel sehen Sie im Auswahlmenü „Menge“, dass sich genau 1 Kontrakt der Option DBK im Depot befindet.

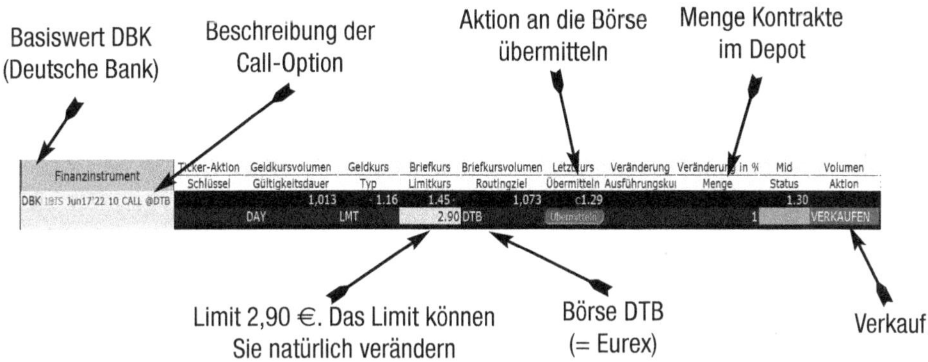

Sie klicken den Verkaufspreis an und ändern ihn ab – in diesem Beispiel auf das Limit 2,90 € pro Option, also gesamt 290 €. Denn Sie wollen die Calls mit Gewinn verkaufen. In meinem Börsendienst verfolge ich konsequent die +100%-Ziel-Verkauf-Strategie.Wenn wir also, wie im Beispiel, für 1,45 € gekauft haben, liegt der +100%-Ziel-Kurs bei 2,90 €.

So verkaufen Sie eine im Depot befindliche Option ganz einfach in 3 Schritten

1. Die Option im Depot auswählen
2. Mausklick auf den Verkaufspreis (engl. „Bid"), eventuell Limit anpassen
3. Mausklick auf „Übermitteln"

Die Angabe „Übermitteln" oder „Transmit" gilt für Interactive Brokers. Bei anderen Brokern schließen Sie die Order per Mausklick auf „OK" oder ähnlich ab.

Sie handeln an den Börsen in den USA genauso einfach wie an deutschen Börsen

Sie gehen bei Optionen auf US-Werte exakt so vor, wie gerade beim Kauf bzw. Verkauf des Calls für DBK beschrieben.

Es gibt für Sie (bei Interactive Brokers und deren Service-Providern) lediglich einen kleinen Unterschied zwischen dem Handel von Optionen an der Deutschen Terminbörse (DTB = Eurex) und dem Handel an den Börsen direkt in den USA. Dieser besteht darin, dass Ihnen bei US-Terminbörsen eine Auswahl der Börse angeboten wird. Wählen Sie hier immer „Smart“. Smart ist ein Routing-System des Brokers, das automatisch die für Sie günstigste Börse auswählt. Die weitere Vorgehensweise ist wie oben beschrieben.

Erster Trade: Kaufen Sie „nur“ 1 Kontrakt

Innerhalb Ihrer Handelsmaske können Sie „spielen“ und üben, solange Sie keine Order an die Börsen absenden. Entsprechend empfehle ich Ihnen, mehrere Basiswerte und zugehörige Optionen in die Handelsmaske aufzunehmen und auch wieder zu löschen. Damit bekommen Sie ein Stück Sicherheit im Umgang mit der Handelsmaske. Viele Broker bieten Ihren Kunden auch sogenannte „Papertrading-Konten“ an, mit denen Sie den Umgang mit der Handelsmaske üben können, ohne echtes Geld zu investieren.

Wenn Sie diese Sicherheit ein Stück weit haben, lautet meine Empfehlung: Kaufen Sie als ersten Trade nur 1 Kontrakt. Das ist ganz unabhängig davon, ob Sie als Millionär oder mit 2.000 € Depot-Einlage handeln. Es geht bei diesem ersten realen Trade nach wie vor nicht darum, Gewinne zu erzielen (das kann und darf als Ergebnis herauskommen – spielt aber keine Rolle). Es geht einzig und allein darum, den ersten Trade durchzuführen, um die Handelsmaske weiter kennenzulernen.

Nehmen Sie einen selbst recherchierten Trade oder greifen Sie auf eine professionelle Empfehlung für Optionen zurück und kaufen Sie dann einen Kontrakt.

Wenn Sie diesen einen Kontrakt gekauft haben, sehen Sie ihn im Depot eingebucht. Sie sehen in den Tagen danach die Kursentwicklung und möglicherweise auch die deutlichen Kursschwankungen, die diese Option hat. Das ist typisch für Optionen, weil diese eine so hohe Hebelkraft besitzen. Kurz: Sie bekommen ein Gespür für Optionen.

Ab dem 2. Trade: Ganz langsam mehr investieren

Wenn Sie die erste Option gekauft und auch wieder glattgestellt haben, gratuliere ich Ihnen zum ersten erfolgreichen Trade mit Optionen. Ob Sie einen Gewinn erzielt haben oder nicht, spielt nach wie vor keine Rolle. Sie haben gekauft und verkauft, damit einen Trade erfolgreich abgeschlossen.

Erst danach, so meine Empfehlung, können Sie Ihre Trades-Anzahl langsam steigern. Es schadet aber auch dann nicht, wenn Sie noch eine ganze Zeit deutlich weniger Optionen im Depot halten, als Ihre finanziellen Möglichkeiten dieses erlauben.

Steigern Sie doch einfach zuerst auf 10% Investition, danach schrittweise bis auf 50%. Und dann lassen Sie das solange so bestehen, bis Sie sich wirklich sicher fühlen. Es ist normal, wenn dies einige Wochen Zeit in Anspruch nimmt.

Optionen: Immer mit Limit ordern

Eine feste Regel empfehle ich immer einzuhalten: Ordern Sie immer mit Limit. „Vergessen“ Sie beim Optionen-Handel die Orderart „bestens“ oder „Market“. Kauf- oder Verkaufsorders werden bei dieser Orderart zum nächsten erreichbaren Kurs, egal wie dieser aussieht, ge- bzw. verkauft. Das führt bei Optionen zu 2 Problemen:

1. Hohe Kursschwankungen können zu schlechten Kursen führen

Optionen haben eine hohe Hebelkraft. Dadurch schwanken die Kurse oft stark. Eine kurze Kursbewegung kann dazu führen, dass Sie Ihre Option zu teuer kaufen bzw. zu günstig verkaufen. Wenn Sie sicher sein wollen, dass Sie „auf jeden Fall" kaufen / verkaufen, wählen Sie das Limit, z. B. 5 oder 10 Cent über bzw. unter dem aktuellen Ask- / Bid-Kurs. Damit bekommen Sie in 99,99% eine sofortige Ausführung. Sie vermeiden aber, dass Ihnen eine kurze Kursspitze einen ungünstigen Ausführungskurs beschert.

2. Eurex hat z. T. niedriges Volumen

Gerade an der Eurex gibt es immer wieder Optionen mit einem (zu) niedrigen Kauf-/Verkaufsvolumen. Hier sorgen Market-Maker für Kursstellungen. Die

a) stellen dann aber oft nur ein begrenztes Volumen zur Verfügung und

b) ziehen den Spread (Differenz zwischen Bid/Ask oder An- und Verkaufskurs) gelegentlich zu weit auseinander.

Der Fall a) betrifft Sie in der Regel dann, wenn Sie mehr als etwa 10 Kontrakte handeln wollen. Das vom Market Maker angebotene Volumen variiert dabei.

Mein Tipp zu Fall b): Limitieren Sie Ihre Order zu einem Preis, der in der Mitte zwischen Kauf - und Verkaufskurs liegt.

Kurse von Optionen sind nur bei Kauf und Verkauf wichtig

Wenn Sie bereits an der Börse gehandelt oder Kurse und Börsennachrichten beobachtet haben, sind Sie damit vertraut, dass Sie die Kurse und deren Performance (täglich) beobachten.

Am Schönsten ist es, wenn der Kurs eines gekauften Papiers unmittelbar nach dem Kauf steigt und danach nicht wieder unter den Kaufpreis fällt. Am Ende steht dann der Verkauf mit Gewinn. So weit, so gut.

Wenn Sie an der Börse aktiv sind, gehören Kursverluste dazu, so wie der Regen zum Wetter. Beides (Regen beim Wetter und Verluste an der Börse) sind eine Selbstverständlichkeit. Das gilt für realisierte Verluste, vielmehr aber noch für Buchverluste. Das fängt schon beim Kauf an:

Option nach Kauf zwangsläufig mit Buchverlust

Sie kaufen zum Kaufkurs und der Broker rechnet noch seine Gebühren auf den Kaufkurs drauf. Anschließend bewertet der Broker die gekaufte Option etwa mit der Mitte zwischen Kauf- und Verkaufskurs. Zwangsläufige Folge: Ihre gekaufte Option notiert fast immer schon unmittelbar beim Kauf im Minus. Ein paar Euro nur, aber im Minus.

Buchverluste sind unwichtig

Ich sehe auch lieber Buchgewinne im Depot als Buchverluste. Aber: Ich weiß, dass Buchverluste nicht zu vermeiden sind. Und wegen der Hebelwirkung bei Optionen und den daraus resultierenden großen Kursschwankungen sind diese Buchverluste bei Optionen noch öfter anzutreffen, als z. B. bei Aktien. Um im „Regen-Beispiel“ von oben zu bleiben: Sehe ich Buchverluste, betrachte ich die wie den Regen draußen, den ich aus meinem trockenen, warmen und gemütlichen

Büro sehe: Er interessiert mich nicht. Und genau das empfehle ich Ihnen auch für den Optionen-Handel.

Kurse von Optionen sind nur 2-mal wichtig

Es gibt exakt 2 Zeitpunkte, an denen Kurse von Optionen sehr wichtig sind, ja, wo Sie auf jeden Cent achten sollten: Das erste Mal ist beim Kauf. Das zweite Mal ist beim Verkauf.

Wie sich der Kurs der Option zwischen Kauf und Verkauf entwickelt, ist nicht wichtig – und vor allem, es sagt nichts über die Gewinn-Chancen einer Option aus. Denn, wie oben geschrieben: Dank der hohen Hebelwirkung springen die Kurse von Optionen oft sehr stark hin und her.

Wie wenig der Tageskurs einer Option über das Endergebnis aussagt, zeigt ein realer Trade, den ich im Februar 2018 empfohlen habe:

Reales Beispiel: Sehr große Kursschwankungen im Call auf Nike

Sie alle kennen sicherlich den Sportartikel-Hersteller Nike. Am 09.01.2020 habe ich Calls auf die Nike-Aktie empfohlen (Option: Call – Laufzeit: Januar 2021 – Basispreis: 120 $). Der Kaufkurs für die Call-Optionen betrug 3,80 $.

Kurz nach dem Kauf der Calls ging die wilde Achterbahnfahrt auch schon los. Zunächst brach der Basiswert infolge des Corona-Crashs im Frühjahr 2020 heftig ein. Der Call stürzte natürlich ebenfalls ab.

Doch auch heftige Kursrückgänge von 50% und mehr sind im Optionen-Handel nicht selten. Aufgrund meiner Analyse war ich jedoch weiterhin vom Potenzial der Nike-Aktie überzeugt. Und sehen Sie, was passierte: Der Call explodierte nach dem Tief innerhalb von knapp

5 Monaten in mein +100%-Gewinn-Ziel. Am 02.09.2020 empfahl ich den Verkauf zur Gewinn-Realisierung bei 7,60 $. Das war kein Einzelfall – derartige Beispiele könnte ich Ihnen mehrere nennen.

„Achterbahnfahrt" der Nike-Aktie – wir gewinnen trotzdem +100% mit Calls

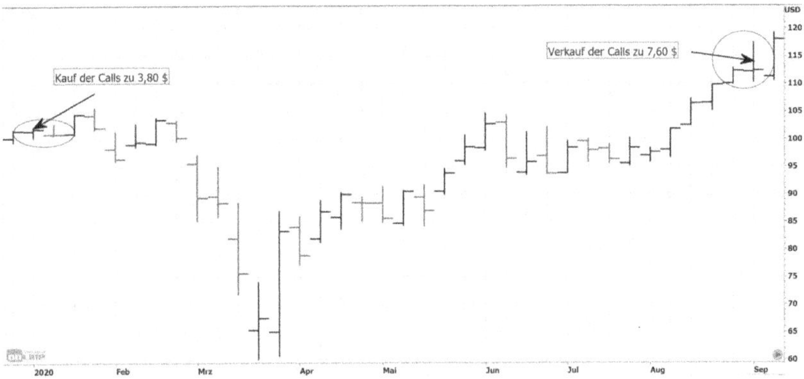

Nach zunächst heftigen Schwankungen konnten wir mit Calls auf die Nike-Aktie trotzdem mit unserem +100%-Ziel-Gewinn verkaufen.

Gewinnen mit Optionen auf die harte Tour

Das war ein Gewinn auf die „harte Tour". Und deswegen ist ein Teil dieses Gewinns auch richtig mit dem Begriff „Schmerzensgeld" zu bezeichnen. Sicher war diese Kursentwicklung extrem – und doch, so ganz untypisch war sie nicht. Die hohe Hebelkraft von Optionen ermöglicht enorme Gewinne. Aber manchmal muss man auch aushalten, dass es vorübergehend in die falsche Richtung läuft und schmerzt.

Optionen: Hebelkraft macht alles möglich

Oft läuft es rund, aber nicht immer. Aber das ist Börse, wie sie wirklich ist. Eben keine Märchenstunde.

Kurse der Optionen nicht beachten – während der Haltedauer

Das Beste, was Sie während der Haltedauer von Optionen machen können, ist, deren Kurse nicht zu beachten. Das heißt nicht, „blind" in den Verlust zu laufen. Sondern: Wichtig ist, die Aussicht zu bewerten, ob der Kurs des Basiswerts das erwartete Kursziel während der Laufzeit der Option realistischerweise noch erreichen kann.

Und so habe ich mich bei dem obigen Trade mit Calls auf Nike auch immer nur gefragt: Kann die Nike-Aktie bis Ende der Laufzeit der Calls in Richtung 120 $ laufen? Solange ich diese Frage positiv bewertete, war alles in Ordnung.

Kurse von Optionen sind unwichtig – während der Haltedauer

Natürlich zehrt es an den Nerven, wenn eine Option Achterbahn fährt. Trotzdem hat der Kursverlauf von Optionen während der Haltedauer dieser Optionen kaum Aussagekraft.

Bewertung der Gewinnaussichten einer Option

Bei offenen Positionen im Depot ist das wichtigste Kriterium immer die Antwort auf eine dieser beiden Fragen:

1. Bei Call-Optionen: Kann der Kurs des Basiswerts während der Laufzeit der Call-Optionen auf den Basispreis und höher steigen?

2. Bei Put-Optionen: Kann der Kurs des Basiswerts während der Laufzeit der Put-Optionen auf den Basispreis oder tiefer fallen?

Das sind die Fragen, die ich mir bei meinen Analysen stelle. Solange ich diese Fragen positiv beantworte, sind die Gewinn-Aussichten einer Option gegeben und der aktuelle Tageskurs der Option ist unwichtig.

Chancen und Risiken „billiger“ Optionen

Wenn Sie selbstständig Optionen handeln, sehen Sie bei der Auswahl immer nominal günstige und teure Optionen. Beide haben ihre Vor- und Nachteile. Das zeige ich an einem Beispiel auf. Dazu habe ich 2 Call-Optionen mit realen Preisen auf die fiktive Buch-Konzern-Aktie verglichen. Der Kurs der Buch-Konzern-Aktie soll 80 € betragen.

Die eine Call-Option kostet 8,00 €, also 800 € je Kontrakt mit 100 Calls.
Die andere Call-Option kostet 0,60 €, entsprechend 60 € je Kontrakt mit 100 Calls.

Unterschied zwischen „billigen“ und „teuren“ Calls

Der „billige“ Call besitzt diese Ausstattung:
Basiswert: Buch-Konzern-Aktie / Laufzeit: 8 Monate / Basispreis 140 € / Der Kontrakt kostet 60 €
Der „teure“ Call besitzt diese Ausstattung:
Basiswert: Buch-Konzern-Aktie / Laufzeit: 20 Monate / Basispreis 120 € / Der Kontrakt kostet 800 €

Die Unterschiede liegen im **Kaufpreis, Basispreis** und vor allem auch in der **Laufzeit.** Der Kaufpreis hängt direkt vom Basispreis und der Laufzeit ab. Da der Call mit der Laufzeit 8 Monate viel billiger als der andere Call mit der Laufzeit 20 Monate ist, habe ich diese beiden Komponenten untersucht.

Dazu eine kurze Rückblende auf die **Definition der Calls:**

Allgemein: Ein Call gibt Ihnen das Recht, den Basiswert zum Basispreis während oder am Ende der Laufzeit des Calls zu erwerben. Das bedeutet für die beiden Calls:

Der „billige" Call: Dieser Call gibt Ihnen vom Kauftag an gerechnet 8 Monate lang das Recht, die Buch-Konzern-Aktie zum Kurs von 140 € zu kaufen, unabhängig davon, wie teuer die Aktie wirklich ist.

Der „teure" Call: Dieser Call gibt Ihnen vom Kauftag an gerechnet 20 Monate lang das Recht, die Buch-Konzern-Aktie zum Kurs von 120 € zu kaufen, unabhängig davon, wie teuer die Aktie wirklich ist.

Chancen der beiden Calls im Vergleich

1. Der „billige" Call

Die Buch-Konzern-Aktie kostet rund 80 €. Bei dem „billigen" Call haben Sie 8 Monate lang das Recht, diese Aktie zum Kurs von 140 € zu kaufen. Damit dieses Recht am Ende der Laufzeit der Calls etwas wert ist, muss die Aktie auf einen Kurs von mehr als 140 € steigen. Sonst könnten Sie diese Aktie an der Börse billiger kaufen. Der Kurs muss also innerhalb von 8 Monaten ca. 75% zulegen. Nicht unmöglich, aber doch nicht sehr wahrscheinlich.

Der Preis des Calls entwickelt sich im Laufe dieser 8 Monate danach, für wie wahrscheinlich oder unwahrscheinlich die Marktteilnehmer es erachten, dass die Buch-Konzern-Aktie bis zum Ende der Laufzeit der Calls noch auf über 140 € steigt. Am Kauftag kostet dieser Call 0,60 €. Der Preis zeigt: Die Marktteilnehmer sind nur bereit, „etwas Spielgeld" in diesen Call zu investieren. Sie zocken. Geht's gut, ein schöner prozentualer Gewinn, geht's daneben, hat's nicht wehgetan (bei nur wenig gekauften Kontrakten!).

Notiert die Buch-Konzern-Aktie beispielsweise 3 Monate vor Ende der Laufzeit der Calls immer noch mit rund 80 €, liegt die Wahrscheinlichkeit, dass sie auf mehr als 140 € steigt, fast bei null. Der Call würde dann voraussichtlich für maximal 0,05 € gehandelt werden.

2. Der „teure" Call

Die Buch-Konzern-Aktie kostete rund 80 €. Bei dem „teuren" Call haben Sie 20 Monate lang das Recht, diese Aktie zum Kurs von 120 € zu kaufen. Damit dieses Recht am Ende der Laufzeit der Calls etwas wert ist, muss die Aktie auf einen Kurs von mehr als 120 € steigen. Sonst könnten Sie diese Aktie an der Börse billiger kaufen. Der Kurs muss sich also innerhalb von 20 Monaten um etwa 50% nach oben bewegen. Die Annahme, dass die Buch-Konzern-Aktie innerhalb von 20 Monaten um 50% steigt, hat, bei guter Recherche, eine relativ hohe Wahrscheinlichkeit.

Der Preis des Calls entwickelt sich im Laufe dieser 20 Monate danach, für wie wahrscheinlich oder unwahrscheinlich die Marktteilnehmer es erachten, dass die Buch-Konzern-Aktie bis zum Ende der Laufzeit der Calls noch auf über 120 € steigt. Am Kauftag kostet dieser Call 8,00 €. Der Preis zeigt: Die Marktteilnehmer messen dieser Kursentwicklung eine große Chance bei. Sie sind bereit, viel Geld zu investieren.

Selbst wenn die Buch-Konzern-Aktie beispielsweise nach 6 Monaten immer noch mit rund 80 € notiert, ist die Wahrscheinlichkeit, dass sie bis Ende der Laufzeit der Calls, also in den noch verbleibenden 14 Monaten Laufzeit, auf mehr als 120 € steigt, sehr hoch. Der Call würde zwar keine 8,00 € mehr kosten. Aber er würde voraussichtlich zum Kurs von 6,00 € gehandelt werden. Er hätte weiterhin einen relativ hohen Preis, weil die Gewinnaussichten nicht allzu stark gesunken wären.

Risiken der beiden Calls im Vergleich

1. Der „billige“ Call

Die Wahrscheinlichkeit, dass die Buch-Konzern-Aktie in der Restlaufzeit der 8 Monate auf 140 € und mehr steigt, sinkt grundsätzlich von Tag zu Tag. Deshalb wird dieser Call auch sehr schnell weniger wert. Selbst wenn die Buch-Konzern-Papiere beispielsweise in den letzten 2 bis 3 Monaten 80 € auf 110 € steigen würde, wird sich der Call kaum noch im Kurs bewegen. Denn die Wahrscheinlichkeit, dass die Aktie danach in nur 1 bis 2 Monaten bis auf 140 € klettert, läge fast bei Null.

2. Der „teure“ Call

Auch dieser Call hat ein Verlustrisiko. Das Risiko besteht darin, dass sich die Aktie abwärts bewegt bzw. sehr lange nicht über 100 € klettert. Aber um über 100 € und dann bis in Richtung 120 € zu steigen, hat der Käufer 20 Monate lang Zeit.

Für Puts gelten vergleichbare Bedingungen

Die Überlegungen zu den „billigen“ und „teuren“ Calls auf das fiktive Unternehmen Buch-Konzern können Sie auf alle Calls übertragen. Im Umkehrschluss gilt das auch für alle Puts. Dort lautet die Frage aber: Wie hoch ist die Wahrscheinlichkeit, dass der Basiswert bis zum Ende der Laufzeit der Puts unter den Basispreis der Puts fällt?

Je höher diese Wahrscheinlichkeit ist, desto höher sind die Gewinnchancen; der Put ist „teuer“. Je niedriger diese Wahrscheinlichkeit ist, desto niedriger ist die Gewinnchance; der Put ist „billig“.

Fazit: Prozentualer Gewinn nebensächlich

+100% Gewinn einer 0,60-€-Option sind 0,60 € bzw. 60 € je Kontrakt.
+ 50% Gewinn einer 8,00-€-Option sind 4,00 € bzw. 400 € je Kontrakt.

Was nutzen Ihnen also mögliche schnelle +100%-Gewinne, wenn das nur 60 € sind? Wenn Sie mit solchen Optionen wirklich Geld verdienen wollen, müssen Sie eine größere Anzahl Kontrakte kaufen. Dafür ist das Risiko zu hoch und Sie zahlen zudem höhere Gebühren an den Broker. Wenn Sie investieren, also strategisch Geld anlegen, sollten Sie optisch „billige" Optionen vermeiden oder nur „Spielgeld" darin investieren.

Die 7 Anfängerfehler im Optionen-Handel vermeiden

Aus Erfahrung weiß ich, dass viele Anleger „Anfängerfehler" im Optionen-Handel und an der Börse machen. Diese habe ich hier zusammengefasst. Und ich gebe Ihnen Tipps, wie Sie diese Anfängerfehler im Optionen-Handel vermeiden. Da diese Fehler immer wieder auftreten, führe ich sie hier auf, auch wenn einzelne Tipps sich mit bereits Geschriebenem überschneiden.

1. Anfängerfehler im Optionen-Handel: Falsche Laufzeit der Option

Lösung: Die Option mit der richtigen Laufzeit erzielt hohe Gewinne

Die Auswahl des richtigen Basiswerts (Aktie, Index, Rohstoff etc.) und die dazu passende Option ist der 1. Schritt zum erfolgreichen Handel mit Optionen. Manche Anleger kaufen eine Call- oder eine Put-Option, weil sie eine wichtige Meldung zum Basiswert gelesen haben und eine kurzfristige Kursbewegung erwarten. Andere Investoren ziehen langfristig ausgerichtete Analysen vor. Oft wird dann eine Option mit der falschen Laufzeit ausgewählt. Der nicht zueinander passende Zeithorizont der erwarteten Kursbewegung im Verhältnis zur Laufzeit der Option, ist einer der Anfängerfehler im Optionen-Handel, den Anleger oft begehen.

Wenn der Kurs eines Basiswerts in 6 Monaten deutlich steigt, die ausgewählte Option aber nur 3 Monate läuft, kommt der Kursaufschwung für die Option zu spät. Umgekehrt ist eine langlaufende Option zu teuer, um eine kurzfristige Kursbewegung zu traden. Richtig ist die Option, die innerhalb des analysierten Zeitraums den optimalen Gewinn für die zu erwartende Kursbewegung verspricht.

Zwei „Formeln", um diesen Anfängerfehler im Optionen-Handel zu vermeiden

Die eingangs des Buchs bereits genannten 2 Fragen, je eine für Call und Put, helfen Ihnen bei der Einschätzung, wie Sie die richtige Option finden:

a. Frage zur Call-Option

Wird der Kurs des Basiswerts nach dem Kauf der Call-Option steigen und bis etwa 3 Monate vor dem letzten Handelstag des Calls über dem Basispreis des Calls bzw. am letzten Handelstag deutlich darüber notieren?

Die Bewertung:

Können Sie diese Frage bejahen, hat der Call gute Gewinn-Aussichten.

b. Frage zur Put-Option

Wird der Kurs des Basiswerts nach dem Kauf der Put-Option fallen und bis etwa 3 Monate vor dem letzten Handelstag des Puts unter dem Basispreis des Puts bzw. am letzten Handelstag deutlich darunter notieren?

Die Bewertung:

Können Sie diese Frage bejahen, hat der Put gute Gewinn-Aussichten.

Mit obiger einfacher Vorgehensweise vermeiden Sie den 1. Anfängerfehler im Optionen-Handel.

2. Anfängerfehler im Optionen-Handel: Sich gegen einen dynamischen Trend stellen

Lösung: Analysieren Sie Trends vor der Investition

Trends (steigende oder fallenden Kurse) bei Aktien dauern meist länger, als die meisten Anleger dies erwarten. Viele Anleger verlieren Teile ihres Geldes, weil sie sich gegen einen Trend stellen und in die Gegenbewegung investieren. Nach dem Motto: „Einmal muss der Trend doch zu Ende gehen." Aber der Markt wird nie deswegen drehen, nur weil Sie gerade heute gegen den Trend investieren.

Gute Analysen untersuchen laufende Trends und wie die Mehrzahl der Anleger diesen Trend einschätzt. Dabei lässt sich oft beobachten, dass ein Trend genau dann beginnt, wenn wenige Investoren an ihn glauben.

Stellen Sie sich einen Aufwärtstrend vor, der noch sehr jung ist. Viele Anleger sind noch vorsichtig und halten Barmittel bereit, die sie noch jederzeit in den Trend investieren können, wenn sie merken, dass dieser andauert. Erst wenn die Mehrzahl der Anleger an einen Trend glaubt und in ihn investiert ist, wird dieser kippen. Dann sind keine Gelder mehr für Anschlusskäufe vorhanden.

Einen „jungen" Trend, an den wenig Anleger glauben, können Sie für Gewinne nutzen. Ein Trend, dessen Nachricht auf Titelseiten großer Boulevardzeitungen verkündet wird, nähert sich seinem Ende.

Die Analyse eines Trends steht in untrennbarem Zusammenhang mit der Einschätzung der Mehrheit der Anleger. Sie ermöglicht das Aufspüren gewinnbringender Trading-Chancen.

Lassen Sie uns die wesentlichen Aspekte des 2. Anfängerfehlers im Optionen-Handel zusammenfassen:

1 Stellen Sie sich nicht gegen einen laufenden Trend, nur weil er Ihrer Meinung nach schon zu lange anhält.
2. Versuchen Sie, „junge" Trends zu handeln. Diese entstehen sehr oft nach einer heftigen, überzogenen Kursbewegung eine Richtung, bevor sich ein neuer „junger" Trend in die Gegenrichtung entwickelt.
3. Verkaufen Sie, wenn den Trade die „Spatzen von den Dächern pfeifen" und daher die Masse der Anleger bereits investiert ist.

Mit obiger einfacher Vorgehensweise vermeiden Sie den 2. Anfängerfehler im Optionen-Handel.

3. Anfängerfehler im Optionen-Handel: Unfähigkeit, Verluste zu akzeptieren

Lösung: Gewinnen heißt auch, Verluste realisieren

Jeder von uns liebt Gewinne. Gewinne zu realisieren ist das Ziel jedes Investors. Das Wort Verlust ist mit negativen Emotionen behaftet. Das emotionslose und konsequente Realisieren von Verlusten ist ein Schlüsselelement auf dem Weg zum erfolgreichen Trader.

Sie müssen alle Ihre Anlagen objektiv analysieren und emotionslos entscheiden, welche Investitionen positive Aussichten haben und welche nicht bzw. nicht mehr. Hohe Verluste werden durch eine solche Vorgehensweise vermieden. Das Kapital kann für neue und profitablere Chancen bereitgehalten werden. Für den Fall, dass der Markt sich anders entwickelt, als Sie es erwarten, müssen Sie ein Ausstiegsszenario vorbereitet haben. Das heißt: Ab einem bestimmten Zeitpunkt müssen Sie Verluste einfach akzeptieren und realisieren. Das gehört zum erfolgreichen Optionen-Handel (und überall an der Börse) dazu.

Mit obiger einfacher Vorgehensweise vermeiden Sie den 3. Anfängerfehler im Optionen-Handel.

4. Anfängerfehler im Optionen-Handel: Gier

Lösung: Ziel-Gewinn realisieren

Ein weit verbreiteter Anfängerfehler im Optionen-Handel vieler Anleger ist, dass sie Buchgewinne in Teilen wieder abgeben oder sogar zu Verlusten werden lassen. Sie haben dann den richtigen Zeitpunkt für den gewinnbringenden Ausstieg aus einem Trade verpasst.

Sie müssen Gewinne realisieren, auch wenn sich Ihre Position scheinbar eindeutig in die von Ihnen gewünschte Richtung bewegt. Beim Handel mit Optionen muss vor dem Kauf schon festgelegt werden, zu welchem Zeitpunkt oder mit welchem Gewinn Sie wieder aussteigen werden. Ist dieser Gewinn oder Zeitpunkt erreicht, müssen Sie den Gewinn konsequent realisieren. Nur realisierte Gewinne kann Ihnen niemand mehr wegnehmen. Sind die Aussichten für den Basiswert nach der Gewinn-Realisierung weiterhin gut, kaufen Sie einfach eine neue Option mit einem anderen Basispreis, die günstiger ist. Mehr dazu lesen Sie weiter hinten unter „Cash out“.

Mit obiger einfacher Vorgehensweise vermeiden Sie den 4. Anfängerfehler im Optionen-Handel.

5. Anfängerfehler im Optionen-Handel: Alles auf eine Karte setzen

Lösung: Begrenzter Kapitaleinsatz optimiert Gewinne

Oftmals starten Anfänger im Optionen-Handel und erzielen sofort schnelle und sehr hohe Gewinne. Das geht mehrfach gut. Dann glauben sie, den „Stein der Weisen" und damit den schnellen und einfachen Weg zu großem Reichtum gefunden zu haben. Sie investieren ihr ganzes Geld, inklusive des gewonnenen, in einen einzigen Trade, um endgültig reich zu werden – und der Markt nimmt ihnen alles. Daraus ziehen sie die Konsequenz, nie wieder mit Optionen zu handeln.

Dieses Anlegerverhalten war lehrbuchmäßig beim explosionsartigen Kursanstieg der Aktien des Neuen Marktes bis Anfang des Jahres 2000 und dem darauf folgenden dramatischen Kursverfall innerhalb von rund einem Jahr zu beobachten. Parallel dazu verließen Anleger geradezu scharenweise für immer die Börsen.

Erfolgreiche Anleger wissen, dass das Money-Management entscheidend für stetige Gewinne ist. Sie müssen immer festlegen, wie viel Geld Sie in einen einzelnen Trade mit Optionen investieren. Wenn Sie beispielsweise maximal 10 Positionen im Depot halten, dürfen Sie in einen einzelnen Trade nie mehr als 10% der Gesamtmittel investieren. Ist der Trade sehr spekulativ, investieren Sie nur 5% des Geldes in diesen Trade. Das bietet Ihnen 3 Vorteile:

a. Sie können bei einem einzelnen Trade nie zuviel verlieren.

b. Wenn Ihr Depot steigt, ist jede folgende Investition in einen einzelnen Trade absolut höher als die vorhergehende. Denn 10% von z. B. 11.000 € sind mehr als 10% von 10.000 €. Auf diese Weise schalten Sie den „Turbo" im Depot ein.
c. Nach Trades mit Verlusten reduzieren Sie automatisch das Risiko. Denn analog zum vorhergehenden Punkt gilt, 10% von 10.000 € sind weniger als 10% von 11.000 €.

Mit obiger einfacher Vorgehensweise vermeiden Sie den 5. Anfängerfehler im Optionen-Handel.

6. Anfängerfehler im Optionen-Handel: Mit der Herde laufen

Lösung: Gewinnen, wenn alle anderen Verluste verbuchen

Anfänger folgen der Mehrheitsmeinung oft „blind". Oder sie entdecken eine Nachricht in den Medien, die überaus positiv über eine Aktiengesellschaft berichtet und investieren sofort in diese vermeintliche Chance. Sobald Sie einen „heißen Tipp" lesen, können Sie jede Wette eingehen, dass diese Nachricht in den Börsenkursen schon enthalten ist. Wer dauerhaft dem Herdentrieb folgt, wird eines Tages mit der gesamten Herde untergehen.

Kritische und dadurch erfolgreiche Anleger bilden sich eine eigene Meinung. Sie analysieren jede „neue und heiße" Nachricht und suchen die Hintergrundinformationen. Zusätzlich nutzen sie die Charttechnik für den Kursverlauf des Basiswerts und untersuchen die mehrheitliche Anlegermeinung. Oft zeigen sich da Widersprüche. Und genau dann, wenn die Mehrheit falsch liegt, investieren erfolgreiche Anleger gegen die mehrheitliche Meinung. Und wenn dann die meisten Anleger Verluste verbuchen, erzielen erfolgreiche Anleger Gewinne.

Mit obiger einfacher Vorgehensweise vermeiden Sie den 6. Anfängerfehler im Optionen-Handel.

7. Anfängerfehler im Optionen-Handel: Zu komplexe Strategien anwenden

Lösung: Das beste Chance-/Risikoverhältnis nutzen

Optionen bieten fantastische Strategien. Einige davon sind:

- Kauf von Call- oder Put-Option
- Der Long-Strangle (gleichzeitiger Kauf von Calls und Puts auf denselben Basiswert mit unterschiedlichen Basispreisen der Optionen)
- Der Long-Straddle (gleichzeitiger Kauf von Calls und Puts auf denselben Basiswert mit denselben Basispreisen der Optionen)
- Stillhalter-Geschäfte
- Gedeckte Stillhalter-Geschäfte
- Stillhalter-Geschäfte mit Strangles (Short-Strangles)
- Stillhalter-Geschäfte mit Straddles (Short-Straddles)

Jedes der oben angesprochenen Geschäfte können Sie mit jedem anderen kombinieren und verfeinern. Eine wahre Fundgrube für Tüftler.

Das führt häufig dazu, dass Anleger Strategien anwenden, die so komplex sind, dass sie einen Taschenrechner oder einen Optionsrechner benötigen, um auszurechnen, wann sie Gewinn erzielen oder auch Verlust verbuchen. Oder sie investieren so in unterschiedliche Optionen, dass der Verlust nahezu ausgeschlossen ist. Auf diese Weise können Sie aber auch keine dauerhaften Gewinne erzielen.

Sie wollen an der Börse spekulieren. Dann müssen Sie ein gewisses Risiko eingehen. Wenn Sie das völlig vermeiden wollen, ist die Börse nicht der geeignete Ort zum Investieren. Es gilt also, das beste Chance-/Risikoverhältnis zu finden. Und die Betonung liegt auf Chance. Vereinfacht lässt sich sagen: Je komplexer die Strategie ist, desto kleiner wird die Gewinnchance.

Eine der jeweiligen Marktlage angepasste Mischung von Call- und Put-Optionen ist dabei eine von mir seit Jahren empfohlene erfolgreiche und einfache Gewinn-Strategie.

Mit obiger einfacher Vorgehensweise vermeiden Sie den 7. Anfängerfehler im Optionen-Handel.

Das sind 7 Schritte, um Anfängerfehler im Optionen-Handel und an der Börse zu vermeiden.

3.3.2 Strategien, Tipps & Techniken für den Optionen-Handel

Dass ein Führerscheinneuling als Fahranfänger nicht die Erfahrung eines „alten Hasen“ am Steuer hat, ist klar. Das gilt für jedes Fachgebiet, ob beim Autofahren, im Sport, im Beruf oder eben auch an der Börse.

Sie haben jetzt ein gutes Rüstzeug, um Optionen zu verstehen und um mit ihnen zu handeln. Für den eigenständigen Optionen-Handel gehört Erfahrung dazu. Diese kann ich Ihnen in einem Buch nicht liefern. Und doch, da ich über viele Jahre Börsen-Erfahrung verfüge, kann ich Ihnen so manchen Tipp geben, wie Sie den Optionen-Handel von Anfang an erfolgreich(er) gestalten.

Money-Management

Optionen ermöglichen unbegrenzt hohe Gewinne. Der Handel mit Optionen birgt aber auch Risiken. Das Risiko strikt zu begrenzen, ist daher Basis eines jeden erfolgreichen Optionen-Traders.

Die Verlust-Gewinn-Bilanz

Verlust des ursprünglichen Kapitals in Prozent	Prozentual notwendiger Gewinn zum Ausgleich des Depots
-10%	+11,1%
-20%	+25%
-30%	+42,9%
-40%	+66,7%
-50%	+100%
-55%	+122%
-60%	+150%
-65%	+186%
-70%	+233%
-75%	+300%
-80%	+400%
-85%	+567%
-90%	+900%

Die Grafik „Die Verlust-Gewinn-Bilanz“ oben verdeutlicht die unabdingbare Bedeutung von angewandtem Money-Management. Deshalb habe ich hier diese Grafik bewusst nochmals von vorn im Buch wiederholt.

In dieser Grafik sehen Sie links einen möglichen Wertverlust in Prozent eines Depots. Rechts habe ich gegenübergestellt, um wie viel Prozent (gerundet) das Depot gesteigert werden muss, um wieder auf 100% zu gelangen.

Sie sehen, dass ein Depot von minus 30% schon 42,9% zulegen muss, nur um wieder seine Ausgangsgröße zu erreichen. Bei einem Minus von 50% muss verbliebenes Kapital schon verdoppelt werden, um „zurück auf Start“ zu gelangen. Risikobewusster Umgang mit Geld (Money-Management) ist daher das A und O jeder Kapitalanlage.

Halten Sie immer Calls und Puts im Depot

Auf meinem Tisch liegt das Buch „Der Schwarze Schwan“ von Nassim Nicholas Taleb. Er beschreibt mit diesem Bild, dass die Menschen davon ausgehen, dass alle Schwäne weiß sind.

Er zeigt aber, dass es selten auch schwarze Schwäne gibt und – dass diese auftauchen. Sie erscheinen selten, aber wenn sie auftauchen, verändern Sie im Extremfall die Welt (Anschlag auf World Trade Center oder Atomunfälle in Tschernobyl und Fukushima), ein einzelnes Leben (Schicksalsschlag oder auch ein positiver „Schwarzer Schwan“, ein Lotto-Gewinn) oder etwas weniger dramatisch, das Depot eines Börsianers. Viele dieser „Schwarzen Schwäne“ können Sie nicht verhindern.

„Schwarzen Schwan aus dem Depot jagen“

Aber den „Schwarzen Schwan“, um den es hier geht, den des Börsianers, der viele Depots geschreddert hat und immer wieder schreddern wird, den können Sie dauerhaft verbannen. Damit verhindern Sie keine einzelnen Verluste, auch keine möglichen Verlustserien, aber Sie verhindern, dass ein scheinbar nicht vorhersehbares Ereignis Ihr Depot pulverisiert. Ich schreibe „scheinbar“. Sie können natürlich nicht jedes Ereignis vorhersehen. Aber Sie können die Folgen vorhersehen.

Auf das Unvorhersehbare vorbereitet sein

Die Katastrophe des Börsianers tritt ein, wenn nach guter Recherche ein nicht prognostizierbares Ereignis jede Vorhersage ad absurdum führt. Dies geschieht zum Beispiel bei einem Crash, der über kurz oder lang alle Papiere mit in den Abwärtsstrudel zieht. So hat sich im Crash der Jahre 2000 bis 2003 oder auch in dem der Jahre 2008/2009 und natürlich auch im Crash im Frühjahr 2020, kein DAX-Wert gegen die dramatischen Kursverluste behaupten können.

Aber: Wenn Sie zu dem Zeitpunkt Put-Optionen im Depot hatten, verbuchten diese Gewinne. Im ersten Schritt haben diese die Verluste aus Call-Optionen (und Aktien) etwas gemildert, aber nicht verhindert. Als es dann zum richtigen Crash kam, konnten diese Put-Optionen ein Depot in den Gewinn führen. Das ist keine Theorie, ich habe dies in meinem Börsenbrief „Optionen-Profi" erfolgreich in die Praxis umgesetzt.

Die Frage, wie Put-Optionen rechtzeitig ins Depot kommen, lässt sich einfach beantworten. Sie müssen immer im Depot sein. Das kostet zwar Performance in Börsenzeiten, in denen die Kurse steigen, verhindert aber den Depot-Crash, wenn es plötzlich abwärts rauscht. Übrigens: Welche Puts Sie zum Absichern welcher Märkte am besten verwenden, habe ich Ihnen in Kapital 2.6. erläutert.

Ich zeige Ihnen nun, wie ich das in der Praxis umsetze und empfehle:

Beispiel: 5:1-Strategie Call- zu Put-Optionen

Über die Jahre hat sich meine Strategie, immer Calls und Puts im Depot zu halten, bestens bewährt. Zur Zeit verfolge ich eine 5:1- Call-zu-Put Strategie. Sie besagt ganz einfach: Ich empfehle, dass Sie für je 5.000 €, die Sie in Call-Optionen investieren, für 1.000 € Put-Optionen auf Aktienindizes kaufen. Gleich vorweg: Dieses Verhältnis 5:1 Calls zu Puts kann sich verändern in Richtung 4:1, aber auch zu 2:1 oder aber 7:1. Entscheidend ist aber immer, dass Sie NIE nur Calls oder NUR Puts im Depot haben.

Gleichzeitige Investition in Calls und Puts sichert Ihr Depot und führt es bei jeder großen Marktbewegung in den Gewinn

„Der DAX steht Ende 2021 bei 16.250 Punkten", könnten beispielsweise bullishe Analysten sagen. Sehr bärische Analysten könnten einen Absturz bis auf 7.150 Punkte prognostizieren. Ich erwarte steigende

Kurse. Eine „verbindliche" Aussage über den Stand des DAX am 31.12.2021 kann ich natürlich nicht geben. Deshalb habe ich empfohlen, nicht einseitig nur in Calls oder nur in Puts zu investieren. Da ich von steigenden Kursen ausgehe, halte ich zum aktuellen Zeitpunkt ein Verhältnis von 5 : 1 in Calls und Puts für angemessen.

Meine Empfehlung lautet: Kaufen Sie für je 5.000 €, die Sie in Calls investieren, für 1.000 € Puts. 2 Beispiele zeigen Ihnen, wie sicher diese Strategie ist und wie Sie damit sowohl bei deutlichen Kursgewinnen der Indizes als auch im Crash Gewinn erzielen.

1. Beispiel: Der DAX steigt um 25%

Die bullischen Prognosen gehen von einem Kursgewinn im DAX von etwa 25% aus. Die Calls, die ich empfohlen habe, erreichen 100% Gewinn, wenn der jeweilige Basiswert um rund 25% steigt. Sehen Sie sich an, wie sich ein Depot entwickelt:

Start des Depots am 01.01.2021:
5.000 € Investition in Calls
1.000 € Investition in Puts
6.000 € gesamte Investition

Der DAX steigt bis zum Jahresende um ca. 25%. Die Calls erreichen 100% Gewinn und werden verkauft. Die Puts verfallen wertlos.

Wert des Depots am 31.12.2021:
10.000 € Wert der Calls
0 € Wert der Puts
10.000 € Wert des Depots

Bilanz:
6.000 € gesamte Investition am Jahresanfang
10.000 € Wert des Depots am Jahresende
+66,6% Gewinn auf die Gesamtinvestition

Das ist eine sehr vereinfachte Darstellung. In der Praxis gibt es Käufe und Verkäufe. Aber diese Darstellung zeigt, wie einfach die 5:1-Strategie Calls zu Puts bei steigenden Märkten funktioniert.

2. Beispiel: Es kommt zum Crash

Der DAX fällt, wie von den bärischen Analysten erwartet, auf rund 7.150 Punkte und verliert entsprechend rund 45% seines Wertes.

Start des Depots am 01.01.2021:
5.000 € Investition in Calls
1.000 € Investition in Puts
6.000 € gesamte Investition

a) Der DAX fällt im ersten Rutsch um etwa 20%
Der DAX fällt in den ersten Monaten des Jahres um etwa 20%. Die Calls verbuchen einen Verlust von 50%. Die Puts legen um +100% zu.

Wert des Depots:
2.500 € Wert der Calls
2.000 € Wert der Puts
4.500 € Wert des Depots

Bilanz:
6.000 € gesamte Investition am Jahresanfang
4.500 € Wert des Depots
30% Buchverlust auf die Gesamtinvestition

Nicht toll. Und doch hat die 5:1-Strategie Calls zu Puts dazu geführt, dass die hohen Buchverluste aus den Calls durch die Gewinne mit den Puts ein gutes Stück reduziert wurden.

b) Der DAX fällt bis zum Jahresende um rund 45%

Wenn sich abzeichnet, dass die Märkte weiter fallen, empfehle ich, Gewinne von 100% mit Put-Optionen nicht zu realisieren, denn es sind Gewinne in nahezu unendlicher Höhe möglich.

Das ist keine Theorie, sondern genau so haben wir das im Optionen-Profi bereits einige Male umgesetzt. Rechnen wir also weiter und bleiben beim 5 : 1-Call-zu-Put-Verhältnis: Der DAX fällt bis zum Jahresende um 45%. Die Calls verfallen wertlos. Die Puts verbuchen einen Gewinn von +500%.

Wert des Depots:
0 € Wert der Calls
6.000 € Wert der Puts
6.000 € Wert des Depots

Bilanz:
6.000 € gesamte Investition am Jahresanfang
6.000 € Wert des Depots
Kein Verlust auf die Gesamtinvestition

Das Depot war also optimal gesichert. Auch hier eine vereinfachte Darstellung. So habe ich alle Calls mit Totalverlust eingerechnet. Da sind aber auch bessere Ergebnisse möglich. Jeder Call, der „nur“ mit 10% Restwert oder auch mehr verkauft wird, verbessert das Ergebnis und bringt das Depot sogar in Zeiten eines Crashs ins Plus!

3 Hinweise:

1. In diesem Beispiel habe ich die Calls mit einem Buchverlust von 100% eingerechnet. Eine Option (Call oder Put) kann aber während ihrer Laufzeit nie wertlos verfallen. Erholen sich die Börsen, erholen sich auch Call-Optionen.

2. Es ist eine vereinfachte Darstellung, sicher auch ein Stück idealisiert. In der Praxis kann es natürlich vorkommen, dass die Gewinne aus den Puts nicht den gesamten Verlust der Calls kompensieren können. In jedem Fall jedoch reduzieren Sie die Call-Verluste erheblich. So sind Sie mit Puts jederzeit gut gegen Kurseinbrüche geschützt. Ob Urlaub oder Wochenende, Sie können nicht eingreifen, aber Ihr Depot hat Sicherheit, wenn es „knallt".

3. Diese Darstellung veranschaulicht, dass die 5 : 1-Strategie Calls zu Puts Ihr Depot auch bei einem Crash absichert und Sie gegebenenfalls sogar noch einen Gewinn erzielen können. Und dies, obwohl Sie 5-mal so viel Geld in Calls wie in Puts investiert haben. Nochmals der Hinweis: Das Verhältnis 5 : 1 kann sich ändern, aber nie in die Richtung, dass Sie nur Call-Optionen oder nur Put-Optionen im Depot halten.

In meinem Börsenbrief empfehle ich diese Strategie. Es mag Für und Wider geben. Sie „müssen" diese Strategie nicht umsetzen. Aber ich meine das Wort „müssen" anwenden zu „müssen", wenn ich rate: Sie „müssen" jederzeit Calls und Puts im Depot haben – immer.

Das ist sicher zu vernachlässigen, wenn Sie mit „Spielgeld" starten. Dann sind Sie abgesichert, eben weil Sie nur kleine Summen investieren. Aber sobald Sie nennenswerte Beträge investieren: Nie ohne Calls **und** Puts.

Angst ausschalten – Gierfalle vermeiden

Zum Geldmachen an der Börse gehören die richtigen Empfehlungen. Das richtige Money-Management, also das Managen Ihres zur Verfügung stehenden Anlagekapitals, ist aber genauso wichtig wie die Auswahl des richtigen Basiswerts und der passenden Option.

Das Ziel jedes Investors ist es, Gewinne zu erzielen. Es gibt 2 Gründe, die dies oft verhindern:

„Angst" reduziert Gewinnchancen

Jede Investition an der Börse beinhaltet ein Risiko. Dem steht die Chance gegenüber, Gewinn zu erzielen. Viele Anleger trennen sich aber von einer Investition (Option), sobald sie Buchverluste sehen. Sie haben Angst vor einem höheren Verlust. Oft nehmen sie sich dadurch die Chance auf einen Gewinn.

So beseitigen Sie die Angst

Um Gewinne zu realisieren, müssen Sie finanziell und emotional in der Lage sein, Buch-Verluste und auch realisierte Verluste auszuhalten. Auch die erfolgreichsten Optionen-Trader verbuchen Verluste. Ehrlich gesagt: Ich kenne keinen einzigen erfolgreichen Börsianer, der nicht auch immer wieder Verluste und sogar Verlustserien verbucht. Deshalb darf das für die Börse bereitgestellte Geld kein Geld sein, das Sie für Ihren täglichen Bedarf oder absehbare Zahlungen benötigen. Darüber hinaus ist elementar wichtig, dass Sie Ihre Investitionen immer auf mehrere Werte verteilen und sowohl Calls als auch Puts kaufen. Dadurch begrenzen Sie Ihr Risiko.

Erfolgreiche Börsianer begrenzen ihre Verluste

Sie haben beispielsweise 10 Kontrakte einer Option im Depot. Die Position entwickelt sich entgegen Ihrer Erwartung. Mein Tipp: Verkaufen Sie 5 Kontrakte und realisieren Sie damit einen begrenzten Verlust. Die Hälfte der ursprünglichen Position halten Sie im Depot. Damit profitieren sie von möglichen kommenden Gewinnen. Sie haben aber durch den Teilverkauf ihr Risiko reduziert und die Angst beseitigt.

„Gier“ reduziert Gewinnchancen

Viele Anleger sind von der Gier beherrscht. Kein Gewinn ist ihnen groß genug. Haben sie bei einem Trade z. B. 100% Buchgewinn erreicht, wollen sie mehr. Diese Gier endet nie. Das Ergebnis ist dann nicht selten, dass Buchgewinne dahinschmelzen. Ja, schlimmer noch: Buchgewinne kehren sich zum Teil in reale Verluste um.

So lassen Sie keine Gier aufkommen

In meinem Börsenbrief, dem Optionen-Profi, gebe ich deshalb diese Empfehlung: Erteilen Sie sofort nach dem ausgeführten Kauf einer Option eine unbefristete Order zur Gewinn-Realisierung mit +100%. Wenn die Kapitalverdopplung erreicht ist, wird der Gewinn durch diese frühzeitig erteilte Order automatisch realisiert. Gier hat so keinen Einfluss auf einen einmal umgesetzten Trade. Das schließt ja nicht aus, diese Verkaufsorder mit 100% Gewinn auszusetzen oder nach oben zu verändern, wenn es wirklich fundierte Gründe für höhere Gewinne gibt.

Erfolgreiche Börsianer realisieren Gewinne durch Teilverkäufe

Sie haben beispielsweise 10 Kontrakte einer Option im Depot. Erfreuliche Buchgewinne sind zu verzeichnen. Sie verkaufen 5 Kontrakte und halten die Hälfte der ursprünglichen Position im Depot. Damit profitieren sie von weiteren Gewinnen. Sie haben aber durch den Teilverkauf die Gier zum großen Teil ausgeschaltet. Außerdem können Ihnen die realisierten Gewinne nicht mehr verloren gehen.

„Cash out" zur Gewinnoptimierung oder 1.000% Gewinn sind ein Fehler

So schön sich z. B. 200%, 500% oder auch 1.000% Gewinn anhören. Wenn mir jemand von einem Trade mit 1.000% Gewinn erzählt, begeht er wohl zu 99% (um nicht zu sagen zu 100%) einen Fehler. Natürlich sind Gewinne mit Optionen unbegrenzt möglich. Und in einer Serie von Gewinnen mit unterschiedlichen Optionen auf denselben Basiswert können sich diese Gewinne auch auf 1.000% und mehr addieren. Aber ein Gewinn von 1.000% mit einem einzigen Trade ist „falsch". Der Grund: Die optimierte Strategie „Cash out" wird nicht genutzt. Schauen wir uns so einen Trade an:

Bei Erreichen eines Gewinn- oder Kursziels führt eine neue Analyse dazu, dass es weiteres Gewinnpotenzial gibt. Dann empfehle ich die Strategie „Cash out". Diese funktioniert ganz einfach:

Nehmen wir an, Sie haben für 500 € einen Kontrakt Calls (5 € je Call mal 100 Calls im Kontrakt) auf eine Aktie gekauft. Der Basispreis der Calls beträgt 48 €. Zum Zeitpunkt Ihres Kaufs notierte die Aktie mit 50 €. Ihre Spekulation geht auf und der Kurs der Aktie steigt auf 54 €. Die Calls werden für 1.000 €, also mit dem 100% Gewinn gehandelt. Sie gehen aber von weiteren Kursgewinnen der Aktie aus.

Meine Empfehlung: Nehmen Sie Ihren Gewinn von 500 € aus diesem Trade. Investieren Sie nur diesen Gewinn in neue Call-Optionen auf denselben Aktienwert. (Das nennt man „Cash out".) Sie wählen also denselben Basiswert, also dieselbe Aktie, aber Sie suchen eine Call-Option mit einem höheren Basispreis. In diesem Beispiel müsste ein Call mit dem Basispreis von 53 € etwa 500 € kosten. Wenn Sie diesen neuen Kontrakt Calls kaufen, investieren Sie nur Ihren Gewinn.

Cash out funktioniert auch mit Put-Optionen

In diesem Beispiel habe ich Call-Optionen genannt. Natürlich können Sie dieselbe Strategie auch mit Put-Optionen anwenden. Der einzige Unterschied: Sie müssen beim Cash out und Neukauf anderer Put-Optionen einen niedrigeren Basispreis als zuvor wählen.

Ihr Vorteil: Sie erzielen zusätzliche Gewinne, wenn der Aktienkurs weiter steigt respektive fällt (je nach Call oder Put). Gleichzeitig ist Ihr Risiko für diese beiden aufeinander folgenden Trades auf exakt null gesunken. Diese Vorgehensweise können Sie beliebig oft wiederholen, solang Sie weiteres Kurspotenzial eines Basiswerts sehen.

Stop-Loss für Optionen nicht (gut) geeignet

Eine Stop-Loss-Order ist grundsätzlich eine sinnvolle Einrichtung, weil Sie mit ihr Gewinne absichern bzw. Verluste begrenzen. Eine Stop-Loss-Order legen Sie wie eine „normale" Verkaufsorder in den Markt. Anstatt eines festen Verkaufslimits legen Sie einen Kurs fest, der unterhalb des aktuellen Kurses liegt. Wird dieser Kurs erreicht oder unterschritten, werden die Wertpapiere zum bestmöglichen Kurs verkauft.

Stop-Loss-Order in Zahlen

Sie haben an der Eurex eine Option zum Kurs von 2 € gekauft. Diese wollen Sie möglichst mit dem 100%-Ziel-Gewinn, also zum Kurs von 4 €, verkaufen. Nach einiger Zeit notiert diese Option mit 3 €. Ein schöner Buchgewinn von +50%. Auf der einen Seite wollen Sie die Chance auf den 100%-Ziel-Gewinn erhalten. Auf der anderen Seite wollen Sie aber nicht, dass Ihnen dieser Buchgewinn von +50% verloren geht. Das ist eine Ausgangssituation, um eine Stop-Loss-Order einzusetzen.

Wenn Sie das Stop-Loss-Limit auf 2,50 € festlegen, sichern Sie sich (theoretisch) einen Gewinn von 25% (Kauf zu 2 €, Verkauf gegebenenfalls zu 2,50 €). Kommt es nach der Platzierung Ihrer Stop-Loss-Order zum Kurs von 2,50 € oder niedriger, wird das Stop-Loss ausgelöst. Ihre Optionen werden zum bestmöglichen Kurs verkauft. Liegt der folgende Umsatz wieder bei 2,50 €, werden Ihre Optionen verkauft. Sie haben einen Gewinn von 25% (Kauf zu 2 €, Verkauf zu 2,50 €) realisiert.

Optionen: Stop-Loss-Order hat 2 Risiken

Im obigen Zahlenbeispiel liegt Ihre Verkaufsorder nach Auslösung des Stop-Loss mit dem Limit „bestens" im Markt. Das heißt: Ihre Optionen werden zu dem danach bestmöglich erreichbaren Kurs verkauft. Das birgt folgende Risiken:

1. Risiko: Hohe Hebelkraft sorgt für volatile Kurse

Optionen haben eine große Hebelwirkung. Deshalb ist eine hohe Schwankungsbreite (Volatilität) bei Preisen von Optionen normal. Das kann im obigen Beispiel aber dazu führen, dass der Kurs Ihrer Option deutlich unter 2,50 €, auf 2,20 € oder auch 2 € fällt. Gibt es dann den nächsten Umsatz bei 2 €, wird Ihre Option auch zu diesem Kurs verkauft. Eventuell haben Sie dann zum Tagestiefkurs und zu billig verkauft. Wenn der nächste Umsatz nach der Auslösung Ihrer Stop-Loss-Order dagegen unter 2 € liegt, hätten Sie sogar einen Verlust realisiert.

2. Risiko: Wenig Umsatz in der Option

Die europäische Terminbörse eilt von Rekordumsatz zu Rekordumsatz. Grund: Immer mehr Anleger handeln mit Optionen anstatt mit Optionsscheinen, Zertifikaten etc. Trotzdem gibt es an der Eurex immer noch Optionen mit wenig Umsatz. Das kann sich bei einer Stop-Loss-Order für Optionen negativ auswirken. Im obigen Beispiel liegt Ihre Verkaufsorder „bestens" im Markt. Der Verkauf findet also zu jedem erreichbaren Kurs statt. Wenn es hier nur eine geringe Kaufnachfrage gibt, kann es sein, dass ein Optionen-Trader diese Option mit einem „Abstauber- Limit“ kaufen will. Er hat möglicherweise eine Kauforder mit dem Limit von 1,00 € im Markt. Dieser Kurs ist dann der bestmögliche Kurs. Ihre Option wird zu 1,00 € verkauft, obwohl sie rund 2,50 € wert ist. Hier wäre es zu einem realisierten Verlust gekommen, weil Sie einen Gewinn von 25% per Stop-Loss- Order absichern wollten.

Gedanklicher Stop-Loss besser als börslich gesetzter Stop-Loss

Natürlich gibt es auch Trades, bei denen eine Stop-Loss-Order ein besseres Ergebnis eingebracht hätte als das Halten der Option. Ich meine jedoch, die oben genannten Risiken zeigen, dass die Nachteile überwiegen. Eine konsequent angewandte Stop-Loss- Strategie im Optionen-Handel erzielt im Gesamtergebnis eine schlechtere Performance. Besser ist es gegebenenfalls, einen gedanklichen Stop-Loss festzusetzen und dann die Option mit einem realistischen Limit zu verkaufen.

Gestaffelter Kauf bringt Preisvorteil und Sicherheit

Möglicherweise kennen Sie das (wenn nicht, werden Sie es vermutlich noch kennenlernen): Sie kaufen von einer Empfehlung mehrere Kontrakte Optionen. Sie bezahlen den Kaufpreis. Sagen wir, er beträgt 6 € pro Option, entsprechend 600 € pro Kontrakt mit 100 Optionen. Und manchmal hätten Sie diese Kontrakte ein paar Tage später billiger kaufen können, beispielsweise für 5 €. Für den Kauf von beispielsweise sechs Kontrakten derselben Option bietet sich deswegen folgender gestaffelter Einstieg an:

Sie kaufen sofort zwei Kontrakte zum Kurs von 6 €. Jetzt gibt es zwei Möglichkeiten: Der Kurs steigt oder fällt. Sie legen schon beim Kauf für beide Möglichkeiten fest, wie Sie sich verhalten wollen.

1. Der Kurs fällt:

Für den Fall, dass der Kurs nach Ihrem Kauf fällt, planen Sie folgendermaßen: Sie kaufen zwei weitere Kontrakte beim Kurs von 5,50 € und nochmals zwei Kontrakte, wenn Sie die Option sogar noch für 5 € erwerben können. Ihr durchschnittlicher Kaufpreis ist von ursprünglich 6 € auf 5,50 € gesunken (Mittelwert vom Kauf je zweier Kontrakte bei 6 €, 5,50 € und 5 €). Sie stellen sich beim gestaffelten Kauf besser, als wenn Sie sofort alle sechs Kontrakte gekauft hätten.

2. Der Kurs steigt:

Nehmen wir den zweiten Fall: Der Kurs steigt nach Ihrem Kauf zu 6 €. Erst steigt er auf 7 € und danach auf 8 €. Zwei zusätzliche Kontrakte kaufen Sie nach beim Kurs von 7 €, und zwei weitere kaufen Sie zum Kurs von 8 €. Sie haben Ihren durchschnittlichen Kaufpreis dadurch zwar erhöht, aber …

… Sie haben die folgende große Sicherheit im Depot:

Beim ersten Nachkauf zu 7 € pro Option haben Sie schon ein Gewinn-Polster von 200 € (die ersten beiden Kontrakte mit je 100 Optionen sind ja jeweils von 600 € auf 700 € im Wert gestiegen). Und beim zweiten Nachkauf zu 8 € haben Sie ein noch dickeres Gewinn-Polster von 600 € (die ersten beiden Kontrakte sind von 600 € auf 800 € und die danach gekauften zwei Kontrakte von 700 € auf 800 € im Kurs gestiegen).

Gestaffelter Verkauf sichert Ihre Gewinne

Gerade habe ich Ihnen die Vorteile des gestaffelten Kaufs beschrieben.

Die umgekehrte Vorgehensweise sichert Ihre Gewinne, wenn Ihre Optionen schon ein attraktives Plus verbuchen. Lassen Sie uns in diesem Beispiel von 6 Optionen ausgehen, die Sie zum Kurs von 3 € je

Option gekauft haben. Insgesamt haben Sie 18 € für 6 Optionen, entsprechend 1.800 € für 6 Kontrakte mit je 100 Optionen bezahlt.

Nehmen wir an, die gekauften Optionen sind von 3 € auf 4,50 € gestiegen. Das entspricht einem Buchgewinn von +50%. Sie halten 6 Kontrakte. Das bedeutet, die investierten 1.800 € sind auf 2.700 € gestiegen. Sie besitzen einen schönen Buchgewinn von 900 €. Diesen wollen Sie sich nicht mehr nehmen lassen, zumindest aber so weit wie möglich absichern. Eine Möglichkeit:

Verkaufen Sie 4 der 6 Optionen zum Kurs von je 4,50 €. Sie erzielen einen Verkaufserlös von 1.800 € (4 Optionen × je 4,50 € × 100 Optionen im Kontrakt). Damit haben Sie Ihren kompletten Kaufpreis aus diesem Trade zurück. Das Verlustrisiko ist exakt auf null gefallen!

Sie sind aber weiter investiert und profitieren, wenn die Optionen noch weiter in den Gewinn laufen. Je nach Einschätzung des Trades können Sie in dieser Situation natürlich auch nur einen oder maximal 5 Kontrakte verkaufen.

Nehmen wir an, der Gewinn ist auf 100% gestiegen. Sie sehen weiteres Kurspotenzial. Ausgangspunkt ist dann dieses Szenario: Die gekauften Optionen sind von 3 € auf 6 € gestiegen. 100% Gewinn könnten realisiert werden.

Eine Möglichkeit: Nehmen Sie etwas mehr als Ihren Einsatz raus. Sichern Sie einen Teilgewinn unwiderruflich ab.
Konkret: Verkaufen Sie 4 der 6 Optionen zum Kurs von je 6 €. Sie erzielen einen Verkaufserlös von 2.400 €. Investiert hatten Sie 1.800 €. Das bedeutet, Sie haben jetzt schon 600 € mehr auf dem Konto als vor dem Trade. Und zusätzlich haben Sie 2 Kontrakte dieser Optionen im

Depot, die weiter in den Gewinn laufen können. Dieser gestaffelte Ausstieg hat Ihnen einen Teil Ihrer Gewinne unwiderruflich gesichert und bietet die Chance auf zusätzliche Gewinne.

Mein Tipp: Trading mit der konsequenten Zweitkauf-Strategie und+100%-Ziel-Verkauf

In meinem Optionen-Dienst setze ich beim Trading konsequent meine Zweitkauf-Strategie um.

Ich empfehle dazu, zunächst immer nur die 1. Hälfte des für einen Trade zur Verfügung gestellten Kapitals zu investieren. Für Call-Optionen gilt daher: Fällt der Kurs des Basiswerts nach dem Kauf der Call-Optionen zurück, greift die Zweitkauf-Strategie. Erkenne ich jetzt eine untere Umkehr und einen beginnenden Aufwärtsimpuls, empfehle ich die Investition der 2. Hälfte des Kapitals. Da die Calls jetzt viel billiger zu haben sind, können Sie mehr Kontrakte zum gleichen Betrag kaufen als beim 1. Kauf. Insgesamt erzielen Sie einen günstigeren Mischkurs. Jetzt haben Sie also das gesamte des für diesen Trade vorgesehenen Kapitals investiert, erreichen aber ihr Gewinn-Ziel früher.

Ich verfolge beim Trading eine klare +100%-Ziel-Verkauf-Strategie

Wenn der Kurs der Option um +100% zugelegt hat, realisiere ich zunächst diesen +100%-Gewinn. Sollte der zugrunde liegende Basiswert dann zurücksetzen und erneut nach oben drehen, steige ich gegebenenfalls erneut in diese Option ein. So kann ich auch serienweise +100%-Gewinne erzielen.

Mit der Zweitkauf-Strategie erziele ich einen günstigeren Mischkurs und erreiche dadurch auch das +100%-Gewinn-Ziel früher.

Dazu ein einfaches Rechenbeispiel: Ich möchte insgesamt 1000 € in einen Trade investieren. Mein +100%-Gewinn-Ziel liegt damit bei 2000 €, wenn ich sofort mein gesamtes Kapital von 1000 € in den 1. Kauf investiere. Anderes beim strategischen Zweitkauf. Dazu ein Beispiel:

1. Kauf: Ein Call kostet 5 €, also 500 € pro Kontrakt.
Ich investiere die 1. Hälfte des Kapitals, kaufe einen Kontrakt zu 500 € und habe 500 € in Reserve.

2. Kauf: Der Basiswert ist gefallen. Der Call kostet jetzt nur noch 2,50 €, also 250 € pro Kontrakt
Ich investiere die 2. Hälfte des Kapitals und kann für die restlichen 500 € jetzt 2 Kontrakte zu je 250 € kaufen.

Berechnung des Mischkurses
Kaufpreis jetzt für insgesamt 3 Kontrakte: 1000 €
Mischpreis je Kontrakt: 1000 € / 3 Kontrakte = 333,33 € je Kontrakt. Mein +100%-Gewinn-Ziel erreiche ich jetzt also schon bei 666,66 € je Kontrakt! Und nicht erst bei 1000 € je Kontrakt. Hätte ich die 1000 € sofort investiert, könnte ich 2 Kontrakte zu je 500 € kaufen. Den +100%-Ziel-Gewinn erziele ich dann, wenn die Option von 5 € auf 10 € steigt. Im Fall des Zweitkaufs ergibt sich der günstigere Mischkurs beim Kauf der Option zu 3,33 €. Den +100%-Ziel-Gewinn erziele ich dann bereits, wenn die Option von 3,33 € auf 6,66 € steigt!

Gestaffelter Kauf beim Straddle und Strangle

Beim Long-Straddle und Long-Strangle (gleichzeitiger Kauf von Calls und Puts auf denselben Basiswert, Long-Straddle mit demselben Basispreis, Long-Strangle mit unterschiedlichen Basispreisen) können Sie taktieren.

Die Kurse von Call und Put entwickeln sich gegenläufig. Wird der eine teurer, sinkt der andere im Preis und umgekehrt. Sie können also erst einen „Teil" des Long-Straddles / Long-Strangles kaufen und dann den anderen Teil. Ein gewisses Risiko besteht darin. Das Risiko begrenzen Sie, wenn Sie jeweils mehrere Kontrakte kaufen wollen und schrittweise vorgehen.

Beim Kauf von je 10 Kontrakten Calls und Puts für diese Strategien macht es grundsätzlich Sinn, wie folgt zu verfahren. Erst der Kauf von drei Kontrakten Calls, anschließend drei Kontrakte Puts, dann nochmals drei und drei etc. Dabei bleibt das Risiko immer begrenzt.

Bei beispielsweise 20 Kontrakten Calls und Puts schlage ich Ihnen dieses Vorgehen vor: Sie kaufen Zug um Zug in Dreier-Schritten je rund 10 Kontrakte Puts und Calls. Und anschließend kaufen Sie die fehlenden Calls und Puts nach, immer dann wenn sie deutlich billiger geworden sind. Und das wieder in Dreier-Schritten. Also wie folgt:

Sie haben nach und nach je 10 Kontrakte Calls und Puts eines Long-Straddles / Long-Strangles gekauft. Und jetzt bewegt sich der Basiswert aufwärts. Die Puts werden günstiger. Sie kaufen 3 Kontrakte Puts hinzu. Nehmen wir an, der Kurs steigt von da an immer weiter. Dann war der Put-Kauf nicht mehr optimal. Trotzdem führen die 10 Kontrakte Calls die Position (10 mal Call und 13 mal Put) in den Gewinn, wenn der Basiswert immer weiter steigt.

Umgekehrt, wenn der Basiswert nach Kauf von 10 Kontrakten Calls und Puts **immer weiter fällt,** kaufen Sie drei Kontrakte Calls billiger nach. Fällt der Wert weiter, führen die Puts die Gesamtposition (13 mal Call und 10 mal Put) in den Gewinn.

Es ist aber auch möglich, dass es positiv für Sie läuft: Sie haben beispielsweise 13 Kontrakte Calls und 10 Kontrakte Puts im Depot. Und der Basiswert steigt von da an kontinuierlich. Dann kaufen Sie keine weiteren Puts hinzu, sondern freuen sich an dem Gewinn, der umso stärker ausfällt, weil Sie mehr Calls als Puts halten. Umgekehrt gilt das entsprechend. Sie haben beispielsweise 13 Puts und 10 Calls im Depot. Und ab da fällt der Basiswert. Ihr Straddle / Strangle enthält mehr Puts als Calls und gewinnt entsprechend schnell.

Schwankt der Kurs des Basiswerts, kaufen Sie in Dreier-Schritten solange billig Calls und Puts zu, bis die gewünschte Anzahl Kontrakte (z. B. jeweils 20 Calls und Puts) im Depot ist.

Dynamisches Traden als Schlüssel zum Erfolg

Manche Optionen-Trader versuchen, eine scheinbar narrensichere Technik anzuwenden, um Verluste zu vermeiden. Wenn sie einen Totalverlust erleiden, investieren sie in den nächsten Trade das doppelte Kapital. Verlieren sie noch einmal, investieren sie wieder das Doppelte. Einmal „muss doch ein Gewinner kommen“, meinen sie. Dieser Gewinntrade soll alles rausreißen. Theoretisch haben sie Recht. Praktisch wird für diese Technik eine schier endlos große Brieftasche benötigt. Eine Serie von 10 Verlusttrades nacheinander ist nicht auszuschließen. Selbst wenn in den ersten Trade nur 100 € investiert wurden, müssten nach diesem System in den 10. Trade 51.200 € investiert werden. Steigt der Trader mit einem Einsatz von 1.000 € in den 1. Kauf ein, müsste er in den 10. Trade 512.000 € investieren.

Dauerhaft erfolgreiche Anleger arbeiten genau umgekehrt. Sie reduzieren ihre Investition je Trade nach verbuchten Verlusten. Sie steigern die Investitionen nach realisierten Gewinnen. Das Reduzieren der

Investition nach Verlusten erhält das Kapital, auch wenn es mal eine Verlustserie gibt. Das Steigern der Einsätze nach Gewinntrades lässt die Bildung von Rücklagen dynamisch wachsen.

Langlaufende Optionen haben beste Gewinn-Chancen

Mal kommt es zu schnellen Gewinnen, ein anderes Mal dauert es seine Zeit. (Exakt) vorhersagbar, wie lange ein Trade dauert, ist unmöglich. Seit Auflage des 1. Deutschen Dienstes für Investitionen in Optionen, dem Optionen-Profi, im Februar 2006, haben wir bis Anfang Dezember 2020 795 Trades im Gewinn geschlossen. Bei 325 Trades wurde der +100%-Ziel-Gewinn realisiert, und auch mehr. Denn viele Gewinne aus dem tradingorientierten Chancen-Depot lagen um ein mehrfaches höher. Im Durchschnitt dauerte es nur gut 2,5 Monate bis zum von mir jeweils angestrebten 100%-Ziel-Gewinn. Dabei konnte der +100%-Ziel-Gewinn in vielen Fällen schon nach wenigen Tagen realisiert werden, in anderen Fällen dauerte es auch schon einmal mehr als 1 Jahr.

Gewinn-Realisierung ist zeitlich nicht exakt planbar

Für jede Options-Empfehlung prognostiziere ich eine deutliche Kursbewegung der Basiswerte. Was ich aber nicht weiß, ist, wann der Basiswert die von mir erwartete Kursbewegung ausführt. Deshalb ist die Realisierung eines Gewinns nach 2 bis 7 Wochen genauso typisch wie die nach 3, 6, 10 oder mehr Monaten. Für meine weitere Betrachtung wähle ich beispielhaft 2 Gewinner-Optionen.

2 typische Trades mit 100% Gewinn

Ein sehr gutes Beispiel für einen Trade, der Geduld erforderte, ist die Empfehlung von Calls auf einen ETF auf den S&P Konsum-Index (XLY). Hier dauerte es 9 Monate, bis die Calls den Gewinn von +100% realisierten. Bei den Calls auf Analog Devices (ADI) ging es mit etwa 30 Tagen deutlich schneller. Hier realisierten wir sogar +115% für das Chancen-Depot!

Diese beiden Trades sehen Sie in den beiden folgenden Charts *Langlaufende Optionen: Schneller +115% Gewinn* und *Langlaufende Optionen: Geduld zahlt sich aus.*

Mit langlaufenden Optionen haben Sie keinen Handlungszwang

Der Verlauf des Preises des Calls auf die Aktie von Analog Devices zeigt, wie schnell der hohe Hebel der Optionen uns in den +115%-Gewinn schießen kann. Innerhalb von etwa 30 Börsentagen konnten wir diesen realisieren.

Langlaufende Optionen: Schneller +115% Gewinn

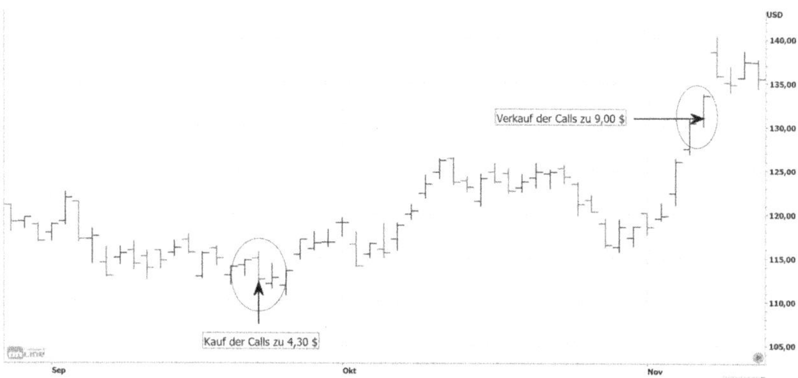

Am 25.09.2020 habe ich die Calls (ADI - Jun.21 - 135 $) auf die Aktie von Analog Devices empfohlen. Der Chart zeigt den Verlauf des Aktienkurses sowie den Zeitpunkt des Kaufs- und Verkaufs des Calls. Die Laufzeit der Optionen von etwa 9 Monaten war relativ lang für ein volatiles Hightech-Unternehmen. Die vergleichsweise lange Laufzeit der Optionen war – rückwirkend betrachtet – nicht nötig, sie schadete aber auch nicht. Bereits am 05.01.2020 empfahl ich den Verkauf zu 9,00 $. Mit diesem Trade für das Chancen-Depot haben wir dann +115% Gewinn realisiert.

Die Empfehlung mit den Calls auf einen ETF auf den S&P Konsum-Index zeigt dagegen, dass auch ein zwischenzeitlicher deutlicher Buchverlust keine große Bedeutung hat. Hier wurde dieser Buchverlust danach nicht nur abgebaut, sondern die Calls liefen bis zum 100%-Ziel-Gewinn. Gut möglich ist das aber nur bei Optionen mit (sehr) langer Laufzeit. Diese setzen den angestrebten Gewinn bei schnellen Kursbewegungen der Börse um. Und sie ermöglichen Ihnen, hohen Kursschwankungen gelassen zuzusehen, denn Optionen mit langer Restlaufzeit erfordern keinen sofortigen Handlungszwang.

Langlaufende Optionen: Geduld zahlt sich aus

Am 05.09.2019 habe ich im Optionen-Profi Calls (XLY - Jan.21 - 130$) auf einen ETF auf den S&P Konsum-Index empfohlen; seinerzeit mit der langen Laufzeit von etwa 21 Monaten. Der Chart zeigt den Verlauf des Aktienkurses sowie den Zeitpunkt des Kaufs- und Verkaufs des Calls. Nach dem Kauf der Calls stieg der ETF zunächst wie erwartet an. Dann jedoch stürzte er während des Corona-Crashs ab. Ich ging jedoch davon aus, dass die Bodenbildung des Basiswerts nach dem Corona-Crash bald abgeschlossen sein würde und sich der Kurs dann wieder deutlich erholt. Da die Optionen eine lange Laufzeit hatten, konnten wir geduldig warten. Am 05.06.2020, also nach nach etwa 9 Monaten, konnten unsere Leser den +100%-Ziel-Gewinn für das Basis-Depot realisieren!

Langlaufende Optionen bieten Ihnen die doppelte Chance auf 100%-Ziel-Gewinn

Ich empfehle deshalb gern Optionen, die sowohl sehr schnelle als auch mittelfristige Gewinne ermöglichen. Die in diesem Tipp „Langlaufende Optionen haben beste Gewinn-Chancen“ genannten 2 Trades (Calls auf Analog Devices (ADI) und auf den ETF auf den S&P Konsum-Index (XLY)) hatten eines gemeinsam: Es waren Optionen mit langer Laufzeit.

Optionen mit langer Laufzeit: Kurz- und langfristig die besten Gewinn-Chancen!

Bei den beiden Charts habe ich reale Trades gewählt. Beide Trades hatten anfangs dieselbe Chance auf Gewinn. Einmal (siehe Analog Devices) gelang es, einen Gewinn von +115% schnell zu realisieren. Beim zweiten Trade (XLY) dauerte es etwa 9 Monate bis zum +100%-Gewinn.

Tipp: Wenn Sie selbst recherchierte Trades mit Optionen umsetzen und nicht sicher sind, welche Laufzeit die Option haben soll: Nehmen Sie Optionen mit langer Laufzeit. „Die paar Euro oder USD“, die diese mehr kosten, machen sich durch die erhöhte Gewinn-Chance schnell bezahlt.

Depot-Bewertung: Gewinn-Chancen von Optionen

Beim Kauf einer Call-Option und bei der späteren Beobachtung dieser Option auf ihre Gewinn-Aussichten hin, beantworte ich mir immer nur eine einzige Frage:

Die Frage: Kann der Kurs des Basiswerts (Aktie, Index, Rohstoff etc.) den Basispreis des Calls bis etwa 3 Monate vor dem letzten Handelstag der Calls erreichen oder am letzten Handelstag deutlich übertreffen?

Die Bewertung: Kann ich diese Frage bejahen, hat der Call gute Gewinn-Aussichten. Muss ich diese Antwort verneinen, wird das Gewinnziel der Option angepasst oder der Call verkauft.

Bei einer Put-Option ist es genau umgekehrt. Hier lautet …

… die Frage: Kann der Kurs des Basiswerts den Basispreis des Puts bis etwa 3 Monate vor dem letzten Handelstag der Puts erreichen oder am letzten Handelstag deutlich tiefer notieren?

Die Bewertung: Kann ich diese Frage bejahen, hat der Put gute Gewinn-Aussichten. Muss ich diese Antwort verneinen, wird das Gewinnziel der Option angepasst oder der Put verkauft.

Bewertungs-Methode, wie aussichtsreich eine Option ist

Bei offenen Trades im Depot analysiere ich regelmäßig, wie die Aussichten für den weiteren Kursverlauf sind. Dazu untersuche ich diese Kriterien:

1. Chart des Basiswerts der Option
2. Die Dauer der Restlaufzeit der Option
3. Den Basispreis der Option

Diese Kriterien setze ich zueinander ins Verhältnis, so wie Sie das im gleich folgenden Chart auf den XLY-ETF, *„100%-Ziel-Gewinn jederzeit realistisch“* sehen.

Bewertung der Call-Option auf XLY

So einfach wie oben dargestellt können auch Sie die Chancen einer jeden Option beurteilen. Wie das in der Praxis funktioniert, zeige ich Ihnen anhand der Empfehlung von Call-Optionen auf XLY vom September 2019, die eine ganze Zeit benötigte, um den angestrebten Gewinn von glatten +100% zu realisieren. Ich wähle bewusst diese Calls, auf die ich im vorigen Abschnitt „Langlaufende Optionen haben beste Gewinn-Chancen" schon einmal kurz Bezug genommen habe, weil dieser Trade nicht „ganz rund" verlief.

Die Daten zum Trade auf S&P Konsum-Index (XLY)

Im September 2019 hatte ich Call Optionen auf XLY mit dieser Ausstattung empfohlen:
Basiswert: ETF auf den S&P Konsum-Index (XLY)
Option: Call - Jan.21 - 130 $

100%-Ziel-Gewinn jederzeit realistisch

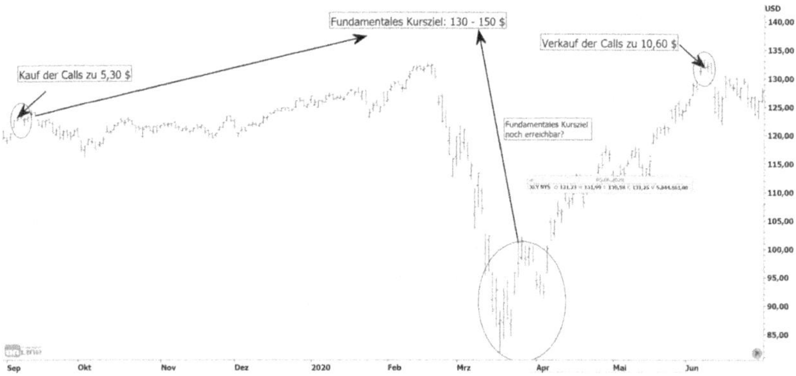

Der Kurs des Basiswerts XLY musste auf etwa 138,50 $ steigen, damit die Call-Optionen den damals anvisierten +100%-Ziel-Gewinn realisieren konnten. Vom Kaufzeitpunkt aus gerechnet hatten wir dazu rund 21 Monate Zeit. Im Januar 2020 wäre das +100%-Ziel-dann beinahe erreicht worden. Eine erste kritische Phase durchlebten wir im Frühjahr 2020, als der Basiswert einbrach,

und die Calls deutlich verloren. Doch meine Analysen bestätigten nach wie vor das Kursziel von etwa 138 $, Denn immerhin besaßen die Calls zu dem Zeitpunkt noch eine Laufzeit von rund 10 Monaten. Am 05.06.2020 realisierten wir dann schließlich den +100%-Ziel-Gewinn.

Zur Bewertung der Gewinn-Chancen dieser Calls habe ich uns die eingangs genannte Frage gestellt: Kann der Kurs des ETF auf den S&P Konsum-Index bis etwa 3 Monate vor dem letzten Handelstag der Calls den Basispreis des Calls von 130 $ erreichen oder am letzten Handelstag deutlich übertreffen? Diese Frage konnte ich während der Haltedauer jederzeit mit bestem Gewissen mit „Ja" beantworten. Das sehen Sie im Chart auf der vorigen Seite.

Aktueller Kurs der Option ist „uninteressant"

Haben Sie gemerkt, dass ich nie den aktuellen Kurs der Calls genannt habe? Das hat einen einfachen Grund: Der aktuelle Kurs einer Option interessiert mich kaum, und er hat keinerlei Einfluss auf meine Entscheidung, Optionen zu halten oder zu verkaufen. Die Kurse von Aktien und Indizes schwanken zeitweise heftig. Durch ihre hohe Hebelwirkung haben Optionen dadurch oft Kursveränderungen von 30%, 50% und auch mehr innerhalb weniger Handelsstunden oder Handelstagen.

Eine für 3 € gekaufte Option kann heute bei 1,80 € stehen und in wenigen Tagen einen Kurs von 4,50 € aufweisen. Das ist nicht ungewöhnlich, sondern eher typisch für Optionen. Selbst eine Option, die nur bei 0,10 € notiert, kann innerhalb ihrer Laufzeit noch auf 2 € oder 3 € und letztlich sogar unbegrenzt im Kurs steigen. (Sicher ein Idealfall, aber keine Sensation, wenn es passiert.)

Aus diesem Grund sind für die Einschätzung einer Option nur der aktuelle Kurs des Basiswerts und das angestrebte Kursziel entscheidend.

Die einzig wichtige Frage lautet dabei: Ist dieses Kursziel innerhalb der Restlaufzeit der Optionen zu erreichen? Wenn ja, bleibt alles, wie es ist. Wenn nein, muss das Kursziel der Aktie und damit das Verkaufslimit der Option angepasst werden.

Bewertung der Gewinnaussichten jeder Option ganz einfach

Die oben gemachten Untersuchungen können Sie auf jeden Trade mit Optionen übertragen. Damit können Sie die Gewinnaussichten jeder Option gut abschätzen. Das gilt für einen Neukauf genauso wie für bereits im Depot befindliche Optionen.

So wähle ich die eine richtige Option aus

Hier greife ich bewusst nochmals auf meine Ausführungen von weiter vorn im Buch zurück. Im Juni 2020 habe ich die Calls auf Ally Financial empfohlen und ausführlich erläutert, warum ich genau diese (ALLY - Call - Jan.22 - 20 $) ausgewählt habe. Diese Erklärung gebe ich hier wieder. Denn sie ist keine theoretische Abhandlung, sondern veranschaulicht meine Überlegungen vor einem Trade. So habe ich die Auswahl begründet:

Zu einem erfolgreichen Trade gehören 2 gleich wichtige Analysen und Entscheidungen:

1. Die Wahl des richtigen Basiswerts

Den richtigen Basiswert finde ich durch eine fundamentale Analyse in Kombination mit der Analyse der Charttechnik und der Auswertung der Marktstimmung. Auf diese Weise filtere ich die Basiswerte (Aktien, Indizes, Rohstoffe) heraus, die eine Kursbewegung von 15% bis rund 25% erwarten lassen. Denn diese Kursbewegung ist in etwa notwendig, damit sich die „richtige“ Option im Kurs verdoppeln und damit den 100%-Ziel-Gewinn realisieren kann.

Ich empfahl Ihnen Calls auf ALLY, weil ich davon ausgehe, dass a) ALLY im Kurs deutlich steigen und b) die „richtige“ Option bis zum 100%-Ziel-Gewinn laufen wird.

2. Die Wahl der „richtigen“ Option für den 100%-Ziel-Gewinn

Ich habe also den Basiswert, die Ally Financial Aktie. Und ich habe eine konkrete Vorstellung, in welcher Zeit die Aktie von Ally Financial welchen Kurs erreichen wird. Ich erwarte steigende Kurse, also wähle ich eine Call-Option. Um danach genau die eine richtige Option zu finden, müssen Laufzeit und Basispreis einer Option zusammenpassen, das heißt:

Entscheidung für Call-Option: Aber welche ...?

Ich habe den Basispreis und die Laufzeit so gewählt, dass die bestmöglichen Aussichten bestehen, dass der Kurs der ALLY-Aktie bis deutlich vor dem Ende der Laufzeit der Call-Optionen deren Basispreis erreichen oder, besser noch, übertreffen kann. Um infrage kommende Optionen zu vergleichen, lege ich mir diese mit unterschiedlichen Basispreisen und Laufzeiten in die Handelsmaske. Dann habe ich alle wichtigen Angaben auf einen Blick.

100%-Ziel-Gewinn realistisch erreichbar?

Ich habe die Daten für die infrage kommenden Optionen in meinen Optionsrechner eingegeben und kalkuliert, ob der 100%-Ziel-Gewinn mit der jeweiligen Call-Option realistisch erzielbar ist.

Die eine richtige Option

Herauskristallisiert hat sich dann die Option mit der langen Laufzeit bis Januar 2022. Diese lange Laufzeit hat den Vorteil, dass der 100%-Ziel-Gewinn schnell realisierbar ist (auch nach wenigen Tagen). Auf der anderen Seite haben Sie genügend Zeit, wenn die Kursbewegung nicht so schnell eintritt. Denn immerhin muss zunächst der charttechnische Widerstand bei etwa 19 $ und dann der massive Widerstand bei 21 $ überwunden werden. Bei ALLY kämen auch die Optionen mit noch längeren Laufzeiten oder mit Basispreisen infrage, die näher am damaligen Aktienkurs von 17 € lagen.

Hier gibt es nicht die eine, „absolut" richtige, Option. Aber mir waren die Optionen mit tieferen Basispreisen zu teuer. Optionen mit noch höheren Basispreisen sind dann zwar billiger, haben aber meist einen höheren Spread und ein geringeres gehandeltes Volumen. Daher die Entscheidung: ALLY - CALL - Jan.22 - 20 $.

Und damit geht es auf in Richtung 100%-Ziel-Gewinn …

An- und Verkaufspreise für Optionen mit wenig Umsatz

Der Handel mit Optionen erreicht nicht annähernd das Volumen, das der Handel mit den von Banken angepriesenen Optionsscheinen und K.o.-Scheinen erreicht. Das liegt daran, dass für Optionen so gut wie keine Werbung gemacht wird. An jedem Zeitschriftenstand können Sie in unzähligen Börsenzeitungen die Hochglanzanzeigen der Emittenten für Optionsscheine und K.o.-Scheine sehen. Auch wenn Sie durch viele Fachzeitungen blättern, über Optionen finden Sie nahezu nichts. Trotzdem erkennen in Deutschland immer mehr Investoren die Vorteile der bankenunabhängigen Optionen an der Eurex.

Auch wenn es in einigen Optionen nach wie vor wenig Umsatz gibt, ist ein fairer An- und Verkaufskurs gewährleistet. Für jede an der Eurex gelistete Option haben sich Eurex-Börsenteilnehmer verpflichtet, „auf Anfrage" oder „permanent" verbindliche Kauf- und Verkaufspreise zu stellen. Das sind die Market-Maker.

Gibt es zu einer an der Eurex gehandelten Optionen keinen An- oder Verkaufspreis, können Sie diesen von den Market-Makern durch einen so genannten „Quote Request“ (= Kursanfrage) anfordern. Durch eine Vielzahl miteinander konkurrierender Market-Maker wird seitens der Eurex Deutschland die Voraussetzung geschaffen, eine annähernd 100%ige Beantwortung aller Quote Requests zu erreichen.

Sollte ein Market-Maker seiner Verpflichtung nicht nachkommen, so wird er von der Eurex Deutschland gemahnt und riskiert im Wiederholungsfall den Verlust seiner Market-Maker- Vergünstigungen für das entsprechende Produkt. Durch diese Vereinbarung zwischen der Eurex und den Market-Makern sind faire An- und Verkaufskurse für Optionen fast immer sichergestellt, auch wenn es keinen Umsatz gibt.

Umsatz von Optionen an der Eurex

Trotzdem der Hinweis: Wenn Sie mit Optionen an der Eurex handeln, sehen Sie sich vorher das Open Interest (offene Optionen-Positionen, die noch nicht geschlossen wurden) an. Das können Sie im Internet auf der Seite der Eurex unter der Internet-Adresse: www.eurexchange.com – dann Marktdaten / Zeitverzögerte Quotes (Aktienderivate bzw. Aktien-Index-Derivate) vornehmen. Ist das „Open Interest“ zu niedrig oder liegt gar bei null, empfehle ich, diese Optionen nicht zu handeln. Das „Open Interest“ gibt einen guten Anhaltspunkt, um zu sehen, wie viel Angebot und Nachfrage in der Option sind.

Stellen Sie Optionen „im Geld“ immer vor dem Verfallstag glatt

Hier ist es Anfang 2012 zu einer positiven Neuregelung an den Terminbörsen gekommen. Bis Ende 2011 galt: Optionen verfallen am bzw. nach dem letzten Handelstag wertlos, auch wenn sie „im Geld“ notieren. Begründung: An den Terminbörsen handeln Profis. Diese sind selbst dafür verantwortlich, dass ihre Positionen glattgestellt werden. Eine schlechte Regelung.

Anfang 2012 kam es hier zum Umdenken. Die Terminbörsen haben per Rundschreiben bekannt geben, dass Optionen „im Geld“ aktiv ausgeübt werden, wenn sie nach dem letzten Handelstag noch im Depot des Anlegers sind. Eine positive Regelung, ohne jeden Zweifel. Dazu die folgende Anmerkung: Achten Sie daher darauf, dass Sie Optionen im Geld spätestens am letzten Handelstag aktiv verkaufen, um den Gewinn zu realisieren. Ansonsten erhalten Sie die Aktien in Ihr Depot gebucht. In den meisten Fällen ist das von Ihnen aber gar nicht gewollt.

Es kann Ihnen also passieren, dass Sie über Ausübung von Optionen „im Geld“ Basiswerte ein- oder ausgebucht bekommen. Da das nur passiert, wenn die Option am letzten Handelstag „im Geld“ ist und von Ihnen „vergessen“ wurde, handelt es sich um eine gute Regelung. Die Folge ist aber, dass Sie am ersten Handelstag danach (montags) Basiswerte im Depot haben (bei einer Call-Option) oder (bei einer Put-Option) leerverkauft haben (wenn Sie den Basiswert nicht im Depot hatten) bzw. ausgebucht bekommen, wenn der Basiswert im Depot war. Ab dem Tag haben Sie das entsprechende Marktrisiko dieser Position und müssen diese Position gegebenenfalls betreuen. Sicher ein eher seltener Fall, aber ich mache darauf aufmerksam.

„Optionen und die Griechen“

Weiter vorn im Buch, im Kapitel „Kennzahlen zur Kalkulation und Berechnung eines Optionspreises“ bin ich auf die Kennzahlen Delta, Gamma, Theta, Vega (kein griechischer Buchstabe, auch mit Griechisch Kappa bezeichnet), Rho und Omega schon einmal kurz eingegangen. Diese „Griechen“ geben an, wie der Optionspreis auf eine bestimmte Einflussgröße reagiert.

Wegen ihrer Namensherkunft werden sie „die Griechen“ genannt. Hier nochmals die kurze Erläuterung:

Delta:
Gibt den Einfluss der Preise des Basiswerts auf den Wert der Option an.

Gamma:
Kennzahl, die angibt, wie sich das Delta verändert, wenn sich nur der Kurs des Basiswerts ändert.

Theta:
Kennzahl zur Berechnung des abnehmenden Zeitwertes.

Vega:
Kennzahl zur Berechnung der Preis-Veränderung einer Option, wenn sich nur die Volatilität ändert.

Rho:
Berechnet den Einfluss von Zinsveränderungen auf den Optionspreis.

Omega:
Eine Hebelgröße, der sogenannte effektive Hebel einer Option.

Diese Erläuterung gibt Ihnen nur eine ansatzweise Vorstellung davon, was die Kennzahlen bedeuten. Sie soll auch keine abschließende Erklärung sein. Diese ist nicht wichtig. Denn in der täglichen Praxis, bei Ihrem Kauf und Verkauf von Optionen, haben diese Kennzahlen wenig Relevanz.

Die Griechen: heute so – morgen so

Sie können jede dieser Kennzahlen für den aktuellen Moment berechnen. Das geht z. B. mit dem weiter vorn vorgestellten Optionsrechner der Eurex. Alle diese Kennzahlen ändern sich ständig. Insbesondere hängt der aktuelle Zeitwert einer Option sehr stark von der gerade eingepreisten impliziten Volatilität (Schwankungsbreite) ab. Die eingepreiste Schwankungsbreite ändert sich jedoch fortlaufend und ist daher für die Zukunft sehr schwer zu prognostizieren. Und damit auch der künftige Optionspreis. Ändert sich eine Kennzahl, ändern sich alle Kennzahlen. Kein heute berechneter Wert hat dann morgen noch Gültigkeit.

Die Aussagekraft der Griechen bezogen auf die künftige Preisentwicklung einer Option ist also begrenzt. Für den Handel mit Optionen brauchen Sie diese Kennzahlen aber auch nicht zwingend. Deshalb finden Sie weder bei Börsendiensten im Mutterland der Börsen, den USA, noch bei uns die Angabe dieser Kennzahlen.

Aus diesem Grund haben Sie von diesen Kennzahlen im Verlauf dieses Buches auch nichts mehr gesehen. Für die praktische Anwendung im Handel von Optionen – und darauf liegt der Schwerpunkt dieses Buches – sind sie nur von untergeordnetem Interesse.

3.3.3 Zu komplexe Strategien vermeiden

Ich vergleiche die Möglichkeiten, die der Optionen-Handel bietet, gerne mit einem Schachspiel. So wie das Schachspiel in Büchern nicht abschließend und mit jedem kleinsten Detail zu beschreiben ist, so lassen sich auch nicht alle Variationen des Optionen-Handels beschreiben. Es macht auch keinen Sinn.

Sie können z. B. einen Long-Strangle dahingehend erweitern, dass Sie 5 Kontrakte Call-Optionen und 6 Kontrakte Put-Optionen kaufen und umgekehrt oder jede beliebige andere Anzahl.

Sie können Long-Calls mit Short-Puts sowie Short-Calls mit Long-Puts kombinieren und dabei wieder endlos viele Variationen mit der Anzahl ge- und verkaufter Kontrakte bilden. Kurz: Zum Tüfteln bleibt viel Raum … So lassen sich Strategien ausarbeiten, die das Verlustrisiko fast auf null minimieren. Aber: Die Gewinn-Chancen solcher Strategien sind vergleichbar, sie sind begrenzt und liegen auch nah bei null.

Je komplexer eine Strategie ist, desto weniger verständlich wird sie auch. Bei (zu) komplexen Trades besteht zusätzlich die Gefahr, dass Sie die Gewinne begrenzen, aber möglicherweise irgendwo eine Lücke übersehen, die das Risiko unter Umständen unbegrenzt lässt. Dazu reicht ein einfaches Übersehen des falsch gewählten Basispreises einer der Optionen an der falschen Stelle.

Deshalb habe ich in diesem Buch auch keine Strategien wie Short-Straddle, Short-Strangle, Butterfly Spread oder gar Short-Butterfly Spread ausführlich dargestellt.

Short-Straddle und Short-Strangle mit zuviel Risiko

Beim Short-Straddle oder Short-Strangle (gleichzeitiger Verkauf als Stillhalter von Calls und Puts auf denselben Basiswert) handelt es sich noch um überschaubare Strategien. Aber: Der hier jeweils verkaufte Call (Short-Call) beinhaltet ein unbegrenztes Verlustrisiko. Also gilt für diese Position das zum Short-Call weiter vorn im Buch Geschriebene: *„Sie dürfen Calls nie verkaufen, wenn Sie die entsprechende Anzahl Aktien (Basiswerte) nicht im Depot haben.* ***Davon darf es keine***

Ausnahme geben. Diese *Risiken können Sie aber vollständig durch gedeckte Stillhalter-Geschäfte begrenzen."*

Kombinieren Sie aber die Short-Calls aus dem Short-Straddle oder Short-Strangle mit Long-Calls, kommen Sie in die Richtung kombinierter Preis-Spread-Positionen unterschiedlicher Klassen. Der Kreis schließt sich: Es wird unüberschaubar komplex. Wenn Sie Spaß daran haben, können Sie unter Wikipedia mal beim Stichwort „Optionsstrategie" nachschauen. Dort gibt es viel Stoff zum Experimentieren, aber eher wenig zum Gewinnen.

Die Quintessenz ist ganz einfach: Wenn Sie Spaß am Tüfteln haben, warum nicht. Prüfen Sie gegebenenfalls jede Kombination gründlich auf ihr Risiko hin. Sehen Sie kein Risiko oder nur ein kleines und gleichzeitig attraktive Gewinn-Chancen, gehe ich jede Wette ein: Sie haben etwas übersehen. Hohe Gewinn-Chancen ohne Risiko gibt es nicht und das können Sie auch mit noch so ausgefeilten Strategien mit Optionen nicht erreichen.

Empfehlung: Vermeiden Sie (zu) komplexe Strategien.

3.3.4 Optionen und Futures im Zusammenspiel

Sie wissen, beim Kauf von Optionen haben Sie das Recht auf Kauf (Call-Optionen) oder Verkauf (Put-Optionen) des Basiswerts. Außer der Bezahlung des Kaufpreises haben Sie als Käufer der Optionen keine Pflichten.

Futures unterscheiden sich von Optionen dadurch gravierend, dass Sie immer die Pflicht zur Abnahme oder Lieferung des Basiswerts haben.

Also ganz unabhängig davon, ob Sie auf steigende oder fallende Kurse setzen, haben Sie eine Verpflichtung, die ein letztlich unbegrenzt hohes Risiko beinhaltet. Deshalb rate ich für den Einsteiger an den Terminbörsen dringend von Futures ab. Aber auch für den fortgeschrittenen Börsianern gilt: Hier sollten Sie nur mit langer Börsenerfahrung und dann mit gehörigem Respekt einsteigen.

Der Future-Handel ist sicher spannend. Nicht zuletzt, weil es auch standardisierte Ausstattungen und Abwicklungen sowie hohe Liquidität gibt, die den Futures-Handel in der Ausführung recht einfach werden lassen. Aber – und eine bewusste Wiederholung: Diese Einfachheit darf nicht dazu verleiten, ohne optimale Vorkenntnisse in den Futures-Handel einzusteigen.

Futures in Kurzform

Nehmen wir ein Beispiel: Sie gehen im Future auf den EuroSToxx50 (ESTX50) long. Der Future notierte z. B. mit rund 2.500 Punkten. Dieser Future hat den Multiplikator 10. Das bedeutet, mit jedem Punkt, den der ESTX50 nach Ihrem Kauf steigt, gewinnen Sie 10 €. Umgekehrt verlieren Sie 10 € mit jedem Punkt, den der Future fällt. (Gehen Sie in dem Future short, gilt dies genau umgekehrt.)

Hinweis: Der Multiplikator für die jeweils kleinstmögliche Bewegung des Futures ist bei den einzelnen Futures extrem unterschiedlich.

Ihre Chance: Da der ESTX50 unbegrenzt steigen kann, haben Sie letztlich eine unbegrenzte Gewinn-Chance.

Ihr Risiko: Der Future fällt. Sie haben ein (fast) unbegrenztes Verlustrisiko. „Fast“ schreibe ich, weil der ESTX50 natürlich nicht unter null fallen kann.

Die Schwankungsbreite von 100 Punkten am Tag ist nichts Außergewöhnliches. Also sind bei einer Haltedauer von einem Tag durchaus Schwankungen von 1.000 € nach oben oder unten für je einen gehandelten Kontrakt alltäglich. Diese 1.000 € sind aber keine Grenze, nur der normale Alltag.

Kombination von Optionen und Futures

Es gibt aber spannende Strategien, die ich hier der Vollständigkeit halber erwähnen möchte. In der richtigen Kombination von Geschäften mit Optionen und Futures können Sie das Risiko strikt begrenzen bei gleichzeitig unbegrenzt hoher Gewinn-Chance.

1. Future long plus Put-Option „im Geld"

Beim Future long auf den ESTX50 gewinnen Sie bei steigenden Kursen. Kein Problem bzw. bestens so. Aber Sie haben das nahezu unbegrenzte Verlustrisiko. Wenn Sie dann gleichzeitig „die richtige" Put-Option auf den ESTX50 kaufen, begrenzen Sie das Risiko. Die richtige Put-Option darf nicht zu weit „aus dem Geld" sein. Je nach Risikoneigung ist die Put-Option „am Geld" oder „im Geld".

Put-Optionen auf den ESTX50 enthalten 10 Puts je Kontrakt. Notiert die Put-Option „im Geld", gewinnen Sie mit dieser Put-Option 10 € je Punkt, den der ESTX50 fällt. Das Ergebnis: Läuft der Future gegen Sie, weil die Kurse fallen, verlieren Sie damit 10 € je Punkt. Gleichzeitig gewinnen Sie mit den Put-Optionen 10 € je Punkt. Ein perfektes Gleichgewicht. Gleichzeitig können Sie mit dem Future grenzenlos gewinnen, je weiter der ESTX50 steigt. Parallel dazu kann die gekaufte Put-Option nicht mehr als den Kaufpreis verlieren.

Kurz: Sie haben unbegrenzte Gewinn-Chancen mit exakt begrenzten Verlust-Risiken. Habe ich Ihnen nun die „Eier legende Wollmilchsau" geliefert? Endlich grenzenlos reich werden ohne Risiko? Hört sich so an. Hört sich aber auch nur so an. Denn:

Absicherung ist teuer

In diesem Beispiel kostet ein Kontrakt Put-Optionen leicht „im Geld" etwa 90 € je Put, also 900 € je Kontrakt mit 10 Puts. Laufzeit 3 Monate. Schauen Sie sich an, was passieren kann:

A. Future steigt leicht

Steigt der Future nun um 100 Punkte, gewinnen Sie dort 1.000 €, gleichzeitig sind diese Puts wenig wert. Der Einfachheit halber setze ich den Restwert auf Null (stimmt nicht ganz). Sie haben also 100 € gewonnen. Ganz nett.

B. Future steigt stark

Steigt der Future nun um mehrere 100 Punkte, gewinnen Sie für je 100 Punkte 1.000 €. Aber: 100 Punkte sind schon 4% beim Punktestand von 2.500. Mehrere 100 Punkte sind also 8%, 12% oder mehr Kursveränderung im Index. Möglich, aber nicht alltäglich.

C. Future fällt

Fällt der Future verlieren Sie 10 € je Punkt im Future. Der Put legt zu. Aber gleichzeitig hat er einen Zeitwertverlust. Die Absicherung ist völlig o.k., aber ganz ohne Verlust kommen Sie aus dieser Position nicht heraus.

D. Future läuft seitwärts

Läuft der Future seitwärts, passiert in dieser Position nichts. Aber Ihre Puts haben einen Zeitwertverlust. Nur um Aufzuzeigen, wie das aussieht, der „Extremfall": Der Future läuft 3 Monate seitwärts. Die Puts notieren am Ende „am Geld" oder ganz minimal „aus dem Geld". Damit verfallen die Puts wertlos, der Kaufpreis von 900 € je Kontrakt ist verloren. Gleichzeitig haben Sie mit dem Future nichts gewonnen. Nun wird man so einer Position nicht 3 Monate lang tatenlos zusehen. Aber je nach Zeitpunkt, zu dem Sie hier aussteigen, ist ein mehr oder weniger hoher Verlust aus den Puts vorprogrammiert.

2. Future short plus Short-Put

Die unter „1. Future long plus Put-Option im Geld" aufgezeigte Kombination können Sie auch genau umgekehrt „spielen". Sie setzen auf fallende Kurse im Future und kaufen zur Absicherung Call-Optionen „am Geld" oder „im Geld". Die 4 Szenarien, die ich oben unter A bis D beschrieben habe, gelten dann alle genau umgekehrt.

Optionen und Futures: Spannend, aber mit Risiken

Ich habe hier nur kurz skizziert, was möglich ist. An dieser Stelle können Sie weiter tüfteln, wenn Sie Spaß daran haben. Bedenken Sie dabei aber unbedingt, was ich an anderer Stelle schon geschrieben habe: Wenn Sie die „perfekte Kombination" von Optionen mit Futures gefunden haben, den fast narrensicheren Gewinnweg, dann wissen Sie dieses: Irgendwo haben Sie etwas übersehen. Denn zahllose Computerprogramme und Millionen Trader in mehreren Jahrzehnten aktiven Handelns an den Terminbörsen haben dafür gesorgt, dass es die „Eier legende Wollmilchsau" nicht gibt.

3.3.5 Optionen: Das Risiko

Ich schreibe hier absolut positiv über Optionen. Einfacher Grund: Ich bin davon überzeugt. Und so haben Sie viel über Gewinn-Chancen mit Optionen gelesen. Diese sind auch die Zielsetzung im Optionen-Handel und stehen deshalb zu Recht im Mittelpunkt dieses Buches.

Aber: So wie jedes Börsengeschäft beinhaltet auch der Optionen-Handel ein Risiko. Sie wissen, dass der hohe Hebel der Optionen die Bewegung des Basiswerts noch deutlich verstärkt. Dieser Hebel führt uns schnell zu unseren +100%-Ziel-Gewinnen. Wenn der Basiswert aber gegen uns läuft, verlieren die Optionen aber auch sehr schnell an Wert. So können zwischenzeitliche Verluste bis zu 50%, 60% oder auch einmal 70% betragen. Doch ebenso schnell kann die Option wieder in den Gewinn schießen. Ich zeige Ihnen dazu ein reales Beispiel aus meinem Börsen-Dienst:

„Dramatische" Entwicklung der Calls auf einen ETF auf den Chinesischen Aktienindex CSI 300 (ASHR)

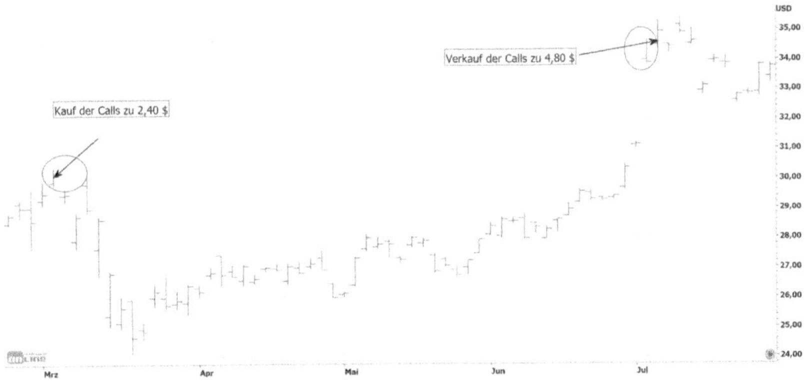

Am 05.03.2020 empfahl ich meinen Lesern den Kauf der Calls auf einen ETF auf den Chinesischen Aktienindex CSI 300 (ASHR - Call - Jan.21 - 29,71 $). Im Chart sehen Sie den dramatischen Verlauf des ETFs.

Kurz nach dem Kauf der Calls brach der ETF ein und die Calls notierten mit fast 60% im Minus. Danach verlief der ETF eher seitwärts, mit leicht steigender Tendenz. Doch im Juli explodierte unser Basiswert dann nach oben und wir konnten am 06.07. unseren +100% Ziel-Gewinn einkassieren. Dann fiel die Notierung wieder deutlich zurück.

Der Zeitpunkt des Verkaufs war also sehr gut getroffen, der Zeitpunkt des Kaufs dagegen sehr ungünstig. Aber die Hochs und Tiefs genau zu treffen, ist beim Traden ohnehin nur mit Glück möglich.

Hier hatten wir ein „Happy End". Das kann aber auch anders ausgehen. Das zeige ich Ihnen auch an einem anderen realen Trade.

Hoher Verlust gehört im Optionen-Handel wie Regen zum Wetter

Hoher Verlust mit Call-Optionen auf Rheinmetall (RHM)

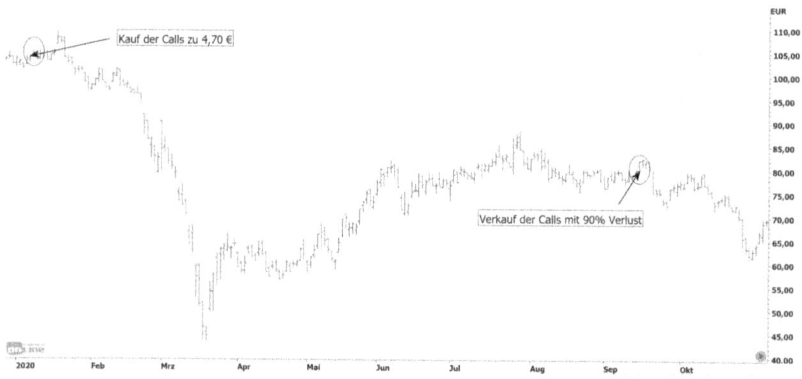

Im Januar 2020 setzte ich darauf, dass die Aktie von Rheinmetall weiter ansteigt und empfahl einen Call (RHM - Call - Dez.20 - 120 €), um das strategische +100%-Gewinn-Ziel zu erreichen. Wenige Tage nach dem Kauf der Calls stieg die Aktie auf knapp 110 €, Doch gerade auch Rheinmetall wurde von dem Pandemie-Einbruch und den folgenden Lockdown-Phasen besonders hart getroffen. Die Notierung brach dramatisch ein. Die Calls verloren mehr als 80% an Wert. Zwar erholte sich die Aktie wieder etwas und pendelte dann seitwärts. Das Ausgangsniveau konnte jedoch nicht annähernd wieder erreicht werden. Die Wahrscheinlichkeit, dass die Calls bis 3 Monate vor Ende der Laufzeit den Basispreis von 120 € erreichen würden, war sehr

gering. Zudem verloren die Calls deutlich an Zeitwert. Die Aktie zeigte weiterhin keine Anzeichen einer nachhaltigen Umkehrbewegung, im Gegenteil. Am 11.09. empfahl ich daher den Verkauf der Calls mit einem Verlust etwa 90%.

Typische Entwicklung einer Option: progressiv

Die folgende Kurve zeigt die durchaus typische Entwicklung einer Call-Option im Verhältnis zur Kursentwicklung des Basiswerts:

Call-Option entwickelt sich „explosiv dynamisch"

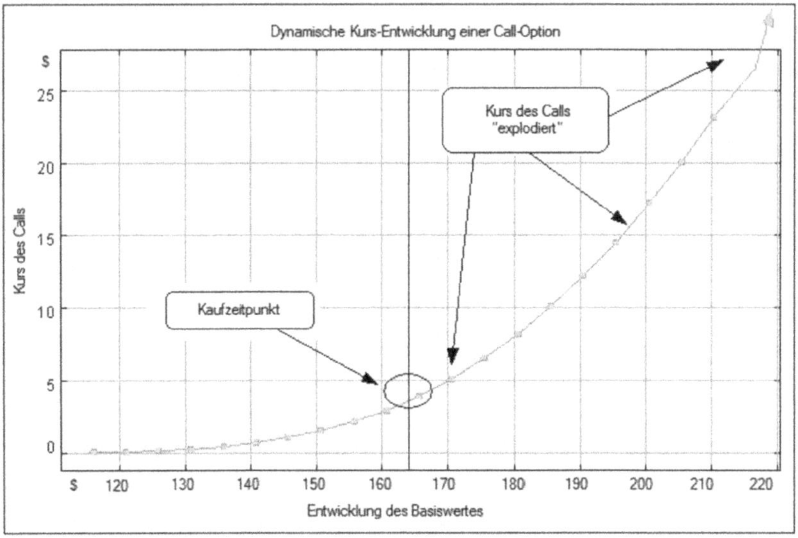

Hier sehen Sie die mögliche Entwicklung einer Call-Option, die bei einem Kurs des Basiswerts von 165 $ gekauft wurde und die rund 4 $ kostete. Wunderbare Darstellung des explodierenden Kurses – aber: Betrachten Sie bitte die linke Seite, also die Zeit vor dem Kauf. Dort sehen Sie, wie sich der Call entwickeln würde, wenn es abwärts geht. Und da gibt es dieses Risiko zu beachten:

1. Schritt: Der Kurs des Basiswerts fällt „nur" von 165 $ auf 155 $. Das sind nur 6%. Und doch hat der Call etwa die Hälfte seines Wertes verloren.

Überlegung: 50% Verlust in dem langlaufenden Call bei dem überschaubaren Verlust im Basiswert, die realisiere ich jetzt nicht. Ich denke, bei guter Recherche und Analyse eine gut vertretbare Entscheidung. Denn der Basiswert kann ja ebenso schnell wieder zulegen. Ein Kurs von z. B. 180 $ ist schließlich in realistischer Reichweite.

2. Schritt: Der Kurs des Basiswerts fällt erneut, sagen wir auf 145 $. Auch das sind nur 12% Kursverlust seit Kauf. Der Call hat noch einen Wert von etwa 1 $.

Überlegung: Nun lohnt noch kaum der Verkauf. Immerhin ist das gegebenenfalls ein realisierter Verlust von satten 75%. Hier lässt sich schnell „Sekt oder Selters" spielen. Die Kurserholung ist durchaus realistisch. Der Totalverlust droht schon.

Optionen-Handel: Glück und Leid liegen nah beieinander

Sie sahen die realen Trades mit Calls auf den CSI 300-ETF und den Calls auf Rheinmetall. Dazu die allgemein gehaltene Kursentwicklung eines Calls, die typisch für den Optionen-Handel ist. Bei einem Put verläuft diese Kurve übrigens vergleichbar, nur, dass der Basiswert im Kurs fallen muss.

Aus dieser Darstellung ergibt sich: Ein einziger Trade kann ein ganzes Depot in den Gewinn führen. Aber ein Verlusttrade, der nah am Totalverlust liegt, ist viel näher, als Ihnen lieb sein kann.

Optionen-Handel: Risiko immer „im Hinterkopf" behalten

Diese Kursentwicklung lässt sich sehr gut für Gewinne nutzen. Und in meinen „öffentlichen Trades" im Optionen-Profi zeige ich nachweisbar, dass das ganz real möglich ist. Bei guter Vorbereitung überwiegen die Gewinn-Chancen deutlich. Das darf uns aber nicht übermütig werden lassen.

Die Risiken müssen immer, aber auch bei Eröffnung eines jeden neuen Trades, im Bewusstsein bleiben.

Kauf von Optionen: Risiko begrenzt

Wenn Sie **long in Optionen** gehen (Kauf von Call- oder Put-Option), ist Ihr **Risiko** zwar immer auf den bezahlten Kaufpreis begrenzt. Ich habe in dem Satz das Wort **„Risiko"** fett geschrieben, nicht „begrenzt". Denn ein Totalverlust des bezahlten Kaufpreises ist immer möglich.

Stillhalter-Geschäft mit Optionen: Risiko unbegrenzt

Wenn Sie **ungedeckte Stillhalter-Geschäfte bei Kaufoptionen (Calls)** eingehen, ist das **Risiko** immer **unbegrenzt.** Bei **ungedeckten Stillhalter-Geschäften mit** Verkaufsoptionen (Puts) beläuft es sich auf den Basispreis multipliziert mit der Anzahl verkaufter Kontrakte sowie der Anzahl der Optionen je Kontrakt. Das können Sie durch gedeckte Stillhalter-Geschäfte begrenzen, aber das **Risiko** ist Begleiter aller Ihrer Trades.

4

Psychologie und Optionen-Handel

4 Psychologie und Optionen-Handel

Der Optionen-Handel bietet sehr viel höhere Gewinnmöglichkeiten als der Handel mit Aktien oder Fonds. Gleichzeitig gibt es die bereits aufgezeigten großen Kursschwankungen und Risiken. Diese beiden Elemente, die untrennbar zum Optionen-Handel gehören, führen zu den beiden „Feinden“, die es zu beherrschen gilt: Das sind die Angst und die Gier. Diese beiden verhindern oft, dass Anleger dauerhaft zu den Gewinnern zählen. Das gilt für alle Anlageformen an der Börse, wegen der großen Kursschwankungen im Optionen-Handel ist es hier aber besonders ausgeprägt.

„Angst“ reduziert Gewinnchancen

Jede Investition an der Börse beinhaltet ein Risiko. Dem steht die Chance gegenüber, das eingesetzte Kapital wieder und wieder zu verdoppeln. Viele Anleger trennen sich aber von einer Option, sobald sie Buchverluste sehen. Sie haben Angst vor einem höheren Verlust. Oft nehmen sie sich dadurch die Chance auf einen (hohen) Gewinn.

So beseitigen Sie die Angst

Um Gewinne bis hin zu mehreren +100% zu realisieren, müssen Sie finanziell und emotional in der Lage sein, auch (Buch-)Verluste auszuhalten. Auch die erfolgreichsten Optionen-Trader verbuchen Verluste. Ehrlich gesagt: Ich kenne keinen einzigen erfolgreichen Börsianer, der nicht auch immer wieder Verluste oder sogar Verlustserien verbucht. Deshalb darf das für die Börse bereitgestellte Geld kein Geld sein, das Sie für Ihren täglichen Bedarf oder abzusehende Zahlungen benötigen. Darüber hinaus ist es elementar wichtig, dass Sie Ihre Investitionen immer auf mehrere Werte verteilen und sowohl Calls als auch Puts kaufen. Dadurch begrenzen Sie Ihr Risiko.

Erfolgreiche Börsianer begrenzen ihre Verluste. Sie haben beispielsweise 10 Kontrakte einer Option im Depot. Die Position entwickelt sich entgegen der Erwartung. Sie verkaufen 5 Kontrakte und realisieren damit einen begrenzten Verlust. Die Hälfte der ursprünglichen Position halten diese Börsianer im Depot. Damit profitieren sie von möglichen kommenden Gewinnen. Sie haben aber durch den Teilverkauf ihr Risiko reduziert und die „Angst" beseitigt.

„Gier" reduziert Gewinnchancen

Viele Anleger sind von der Gier beherrscht. Kein Gewinn ist ihnen groß genug. Haben sie bei einem Trade z. B. 100% Buchgewinn erreicht, wollen sie mehr. Diese Gier endet nie. Das Ergebnis ist leider oft, dass Buchgewinne dahinschmelzen. Ja, schlimmer noch: Buchgewinne kehren sich zum Teil in reale Verluste um.

So lassen Sie keine Gier aufkommen

Erteilen Sie sofort nach dem Kauf einer Option eine unbefristete Order zur Gewinn-Realisierung. So gehe ich z. B. bei Trades mit meiner 100%-Ziel-Verkauf-Strategie vor. Wenn die Kapitalverdopplung erreicht ist, wird der Gewinn durch diese frühzeitig erteilte Order automatisch realisiert. Gier hat so keinen Einfluss auf einen einmal umgesetzten Trade.

Erfolgreiche Börsianer realisieren Gewinne auch durch Teilverkäufe. Sie haben beispielsweise 10 Kontrakte einer Option im Depot und verzeichnen erfreuliche Buchgewinne. Sie verkaufen 5 Kontrakte und halten die Hälfte der ursprünglichen Position im Depot. Damit profitieren sie von weiteren Gewinnen. Sie haben aber durch den Teilverkauf die Gier zum großen Teil ausgeschaltet. Außerdem können ihnen die realisierten Gewinne nie mehr verloren gehen.

4 Regeln führen Sie dauerhaft auf die Gewinnerseite

1. Regel **Setzen Sie nur einen begrenzten Teil Ihres Geldes für Optionen-Trading ein**

Legen Sie die Höhe Ihres Trading-Kapitals in einem angemessenen Verhältnis zu Ihrem Gesamtvermögen und Börsenkapital fest. Die richtige Größe Ihres Optionen-Depots nennen wir die „Wohlfühlposition". Wenn Sie merken, dass Sie dem Auf und Ab der Märkte nicht gelassen zusehen können, sind Sie zu risikoreich investiert. Reduzieren Sie dann Ihre Investitionen.

2. Regel **Setzen Sie nie zu viel Trading-Kapital für einen einzigen Trade ein**

Egal wie attraktiv die nächste Chance zu sein scheint, setzen Sie nie alles auf eine Karte. Wenn Sie Ihr gesamtes bzw. zu viel Trading-Kapital in einen einzigen Trade investieren, wird der Tag kommen, an dem Sie schmerzhafte Verluste erleiden.

3. Regel **Halten Sie immer einen Teil des für Optionen reservierten Geldes als Reserve**

Achten Sie darauf, dass Sie möglichst nie zu 100% investiert sind. Sie haben immer eine Reserve, wenn sich eine neue Gewinn-Chance ergibt. Und Sie können mit Puts oder Calls gegensteuern, wenn sich die Märkte gegen Sie entwickeln. Sind Sie zu 100% investiert, können Sie nicht mehr agieren, sondern nur noch reagieren.

4. Regel **Passen Sie Ihre Investitionen der Depotentwicklung an**

Reduzieren Sie Ihre Investitionen in neue Trades, wenn Sie zuvor Verluste verbucht haben. Auf diese Weise reduzieren Sie das Risiko, wenn es mal nicht so gut läuft. Erhöhen Sie Ihre Investition in neue Trades, wenn Sie zuvor Gewinne erzielt haben. Sie erhöhen Ihre Gewinne in guten Börsenphasen.

Optionen-Trading mit Money-Management ist erfolgreich

Jede einzelne dieser Regeln hört sich ganz einfach an. Die Regeln sind auch ganz einfach. Wichtig ist aber, dass Sie diese Regeln auch tatsächlich anwenden. Leider handeln viele Anleger immer wieder gegen diese Regeln. Diese Anleger verlieren auf lange Sicht.

Bei **konsequenter Anwendung dieser 4 einfachen Regeln** schalten Sie Angst und Gier aus und gehören dauerhaft zu den Gewinnern. Die Betonung in dem letzten Satz liegt auf dem Wort „Anwendung“.

5

Optionen und andere Derivate in den Medien

5 Optionen und andere Derivate in den Medien

Nach wie vor führen Optionen ein Nischendasein. Die geballte Werbemacht und Präsenz der Banken und Wertpapierhäuser sorgt dafür, dass diese spannende Anlageform in den Medien kaum präsent ist. Auch auf Messen, die ich regelmäßig besuche, ist das meist nicht anders. So bin ich oft der einzige Ansprechpartner für Optionen auf Börsentagen und auch auf großen Messen wie die World of Trading in Frankfurt oder auf der, nach Angeben der Veranstalter größten Finanzmesse in Deutschland, der Stuttgarter Invest.

Vermeintliche Fachleute kennen Optionen nicht

Zurück zur „Funkstille“ über Optionen in den großen Medien. Ich erlebe immer wieder, dass auch sogenannten Fach-Journalisten der Unterschied zwischen Optionsscheinen und Optionen nicht bekannt ist. Dasselbe gilt für viele Wertpapierberater, denen ich oft den Unterschied erklären und explizit darauf aufmerksam machen muss, dass die Eurex nicht die Euwax ist. Wie sollen es Optionen da in die Medien schaffen, wenn diese dort überhaupt nicht als eigenständige Anlageform bekannt sind.

Und dass Optionen nicht bekannt werden, dafür sorgen die Lenker in den großen Banken selbst. Die wollen nur ihre eigenen Produkte verkaufen. Das wurde wieder einmal bekannt, als im Frühjahr 2012 ein leitender Mitarbeiter der US-Großbank Goldman Sachs kündigte und seine Gründe für die Kündigung öffentlich machte. Der besagte Leiter der Abteilung Aktienderivate Europa, Nahost und Afrika, Greg Smith, der nach 12 Jahren im Unternehmen kündigte, schrieb, bei Goldman Sachs sei man nur erfolgreich, wenn man die Kunden dazu überrede, die Produkte zu kaufen, die Goldman Sachs loswerden wolle und welche dem eigenen Unternehmen die höchsten Gewinne und Gebühren einbringe.

Über dieses Kündigungsschreiben wurde viel diskutiert. Inwieweit alle Einzelheiten davon haltbar sind, darüber will ich hier nicht spekulieren. Es zeigt aber erneut, welche Kultur wohl in den Chef-Etagen vieler Banken herrscht und warum die Produkte, eben Optionen, die, weil bankenunabhängig, den Banken wenig Gebühren und Gewinne einbringen, nicht den Weg in die Öffentlichkeit finden. Und doch, kritische Medien berichten.

Schutzgemeinschaft der Kapitalanleger lobt Terminbörsen

So lobte die „Schutzgemeinschaft der Kapitalanleger“ (SdK) die Terminbörse Eurex im Schwarzbuch Börse, Ausgabe 2007, wegen ihrer transparenten Voraussetzungen für einen fairen Handel. Die SdK stellte die Terminbörse Eurex (an der Optionen gehandelt werden) z. B. der Stuttgarter Euwax (an der Optionsscheine etc. gehandelt werden) als positives Beispiel gegenüber.

Optionen: Im Umkehrschluss wird ein Schuh daraus

Da sich über Optionen in der deutschsprachigen Medienlandschaft kaum etwas findet, wird umgekehrt ein Schuh daraus. Sie wissen, Optionen werden nicht von Banken oder Wertpapierhäusern emittiert. Optionsscheine und Zertifikate werden von Banken emittiert. Aussagen zu Banken betreffen also deren Produkte, wie Optionsscheine und Zertifikate, und eben nicht Optionen. Kritische Aussagen zur Bankberatung und deren emittierte Derivate betreffen also Optionen nicht bzw. diese sind frei davon. Und da sieht es für Optionsscheine, Zertifikate & Co. ganz bitter aus.

Emittenten-Produkte in den Medien

Ich gebe hier nur einige wenige Zitate wieder, die ich in den letzten Jahren gesammelt habe.

SdK; Schwarzbuch Börse 2007

Zertifikatehandel: Börse im Nachteil
Die Börse garantiert (bei Zertifikaten) keine fairen bzw. marktgerechten Preise.
Willkür von Amts wegen (über die Emittentenbörse Euwax).
Das Problem mit den … unfairen Preisen … lässt sich … nicht lösen, es sei denn man stellt den gesamten Zertifikatehandel ein.

SdK; Schwarzbuch Börse 2008

Emissionsbanken sichern sich ihre Handelsgewinne durch ungerechtfertigte Stornierungen ab.
Zertifikate-Börsen: Wild-West-Zustände.
Willkür von Amts wegen an der Euwax.
Undurchsichtiges Transparenzstreben (zur Zertifikate-Industrie).
Aufgrund laxer gesetzlicher Vorschriften konnten die Investmentbanker der Zertifikate-Abteilungen uninformierte Privatanleger im großen Stil mit exorbitanten Kosten in undurchschaubaren Produkten übervorteilen.

SdK; Schwarzbuch Börse 2008

Kernproblem von Zertifikaten, die mangelnde Transparenz.
… verdeckte Preisaufschläge …, welche das Chance-/Risikoverhältnis der Investments für den Anleger oft völlig zerstören.
Abzockerei am grauen Kapitalmarkt: Es liegt offenbar auf der Hand, dass solche Zertifikate anstatt die Gewinne der Anleger nur die Bonuszahlungen der verantwortlichen Bankmitarbeiter sprudeln lassen.
Raub auf Raten (über Zertifikate).

… ohne klare und verlässliche Produktbedingungen fehlt die grundlegende Voraussetzung für die Funktionstüchtigkeit des gesamten Marktes (über Zertifikate).

Stiftung Warentest, Finanztest 10/2009

Banker haben nichts kapiert
Zertifikate: Als die Finanzkrise tobte, versprachen die Banken, von nun an verständliche Zertifikate und Anleihen anzubieten. Doch jetzt müssen wir vor ähnlichen Konstruktionen warnen wie vor der Krise.

Stiftung Warentest, Buch, Bankentricks

Vorsicht Zertifikate: Sie sind allzu oft undurchschaubar, teuer, chancenlos.

Stiftung Warentest, Finanztest 01/2010

Banken im Test: Keine war „gut", dafür zwei „mangelhaft".
Banken im Test: Hauptsache Provision.
Banken im Test: Grobe Nachlässigkeiten.

Stiftung Warentest, Finanztest 08/2010

Banken im Test: Sechsmal mangelhaft – wie Anlageberater das Gesetz missachten.
Banken im Test: Die Blamage geht weiter.
… Sie können sich einfach auf einen Bankberater nicht verlassen.
Die Banken missachten das Gesetz.

Profil, Extra Zertifikate 03/2009

Der Finanzwissenschafter Max Otte hält den Zertifikate-Markt für pervers und glaubt, dass Anleger belogen und betrogen werden. (Max Otte, Professor für internationale Betriebswirtschaftslehre an der Fachhochschule Worms)

Focus, Nr. 43 vom 20.10.2008

Bankinsider packen aus: Systematisch haben sie Kunden Risikoanlagen verkauft und dabei häufig Gefahren verschleiert.
Bankinsider berichten: „Kundeninteressen sind nebensächlich"
Die Bank gewinnt immer.

Focus, Nr. 26 vom 22.06.2009

Banken: Nur Provisionen im Kopf.

Stern, Nr. 45 vom 30.10.2008

Viele Sparer verlieren Geld, weil sie falsch beraten wurden. Dahinter steckt Methode. Bankmitarbeiter beschrieben ein System, das viele von ihnen krank macht und den Anlegern schadet.

Wirtschaftswoche, Nr. 6 vom 02.02.2008

Bankberater packen aus: Ich habe sie betrogen.
Mit welchen Drücker-Methoden die Banken ihre Kunden ausnehmen.
In vielen Filialen (der Banken) herrschen Zustände wie in einer Drückerkolonne.
Informierte und selbstbewusste Kunden sind unbeliebt und werden im Kollegenkreis als „Patienten" bezeichnet.

Es ändert sich nichts

Glauben Sie nicht, es hätte sich inzwischen etwas Grundsätzliches geändert oder gar verbessert. So hat die ehemalige *„Bundesverbraucherministerin Ilse Aigner Banken und Sparkassen aufgefordert, die Produktinformationsblätter für Geldanlageprodukte deutlich nachzubessern"*, weil *„die Produktinformationsblätter* [der Banken] *überwiegend nicht den Anforderungen an Vollständigkeit, Verständlichkeit und Vergleichbarkeit entsprechen."* (Pressemitteilung des Bundesverbraucherministeriums am 14.03.2012) – Beachten Sie das Wort „überwiegend".

„Das war doch 2012!“, werden Sie jetzt denken. Mittlerweile hat sich doch alles verbessert. Alles ist jetzt auch im Zertifikate-Bereich klar und transparent. Nein, ist es eben nicht! **Der „Zertifikate-Berater“, Deutschlands führende Publikation für strukturierte Produkte, titelt in seiner Ausgabe vom Februar 2018:**

Das Basisinformationsblatt, – absurde Szenarien, – irreführende Renditen, – unrealistische Kosten

Das neue Basisinformationsblatt (BIB) verfehlt sein Ziel. Was hinter den Angaben zu Risiken oder Kosten steckt, ist nur mit tiefem Blick in das Regelwerk zu verstehen – wenn überhaupt.

Dem habe ich nichts hinzuzufügen!

Optionen: Im Umkehrschluss wird ein Schuh daraus

Zu Beginn dieser Beispiele habe ich geschrieben: Da sich über Optionen in der deutschsprachigen Medienlandschaft kaum etwas findet, wird umgekehrt ein Schuh daraus. Dieser „Schuh“ sieht so aus:

Optionen werden nicht von Banken emittiert.
Optionen werden nicht von Banken empfohlen.
Im Zweifel raten Banken von Optionen ab, sei es aus Unkenntnis des schlecht informierten Wertpapierberaters, oder gezielt, um Ihnen dieses bankenunabhängige Produkt zu verschweigen.

Alle in den Medien genannten Nachteile und teils dramatischen Kritikpunkte gelten somit nicht für Optionen. Alleine deshalb sind Optionen einen besonderen Blick wert. Und ich weiß, wer sich eine Zeit damit befasst hat, kehrt den von Banken emittierten Produkten über kurz oder lang für immer den Rücken zu.

6

Fachbegriffe für den Optionen-Handel

6 Fachbegriffe für den Optionen-Handel

In jedem Spezialgebiet entwickelt sich ein Fachvokabular. Das gilt für den Börsenhandel genauso wie für das Spezial-Gebiet der Optionen. In diesem Buch habe ich Fachbegriffe nur genutzt, wenn sie der eindeutigen Definition dienten. Fachbegriffe sind aber regelmäßig auch unverzichtbar zur eindeutigen Bezeichnung.

6.1 Spezielle Fachbegriffe für den Kauf und Verkauf von Optionen

Auf einen Sprachgebrauch gehe ich an dieser Stelle vorab besonders ein. Die Begriffe „Kauf" oder „Verkauf" einer Option werden oft nicht eindeutig verwendet. Sie werden immer wieder in unterschiedlichen Bedeutungen genutzt. Im Optionen-Handel gibt es typischerweise diese beiden möglichen Transaktionen:

a. **Das Eröffnen einer Optionen-Position**
b. **Das Schließen einer Optionen-Position**

Kauf einer Option zur Eröffnung einer Optionen-Position

Das Eröffnen einer Long-Option geschieht durch den Kauf einer Option. Dieses Geschäft wird auch „Opening" genannt. „Opening" kommt aus dem Englischen und heißt „Eröffnung". Es bedeutet also, dass eine Position neu eröffnet wird. Dafür gibt es folgende Möglichkeiten:

Sie kaufen einen Call. Für diese Art der Geschäftseröffnung wird auch im deutschsprachigen Raum oft der englische Begriff „Open Long-Call" verwendet.

Entsprechend gibt es zur Positions-Eröffnung den Kauf eines Puts, der im Englischen als „Open Long-Put“ bezeichnet wird.

Nach Kauf eines Calls oder Puts sind Sie Inhaber eines Long-Calls oder Long- Puts.

Abgrenzung von Long-Call und Long-Put zu Stillhalter-Geschäften Short-Call und Short-Put

Jedes Optionen-Geschäft hat einen Käufer. Jeder Optionen-Handel hat entsprechend auch einen Verkäufer der Option. Das kann ein bisheriger Inhaber der Option sein, der seine Position glattstellt (verkauft).

Das kann aber auch ein Marktteilnehmer sein, der durch den Verkauf als Stillhalter tätig wird und seine Position ebenfalls eröffnet. Er ist damit Verkäufer des von Ihnen gekauften Kontraktes. Sie haben durch den Kauf von Calls oder Puts Rechte erworben. Der Verkäufer, der als Stillhalter die Gegenseite dieses Vertrages einnimmt, muss Ihre Rechte erfüllen, wenn Sie diese einfordern. Dafür haben Sie ihm den Kaufpreis (die Prämie) für die Option bezahlt. Der Stillhalter hat seine Position also auch eröffnet.

Zur Unterscheidung zwischen dem Käufer einer Option (Inhaber des Long-Calls oder des Long-Puts) und dem Stillhalter, wird die Position des Stillhalter-Geschäftes „Short-Call“ oder „Short-Put“ genannt.

Bei den Grundgeschäftsarten im Optionen-Handel gibt es folglich diese „Opening-Transaktionen“:

Open Long-Call (Käufer und Inhaber eines Calls)
Open Long-Put (Käufer und Inhaber eines Puts)

Open Short-Call (Verkäufer und Stillhalter eines Calls)
Open Short-Put (Verkäufer und Stillhalter eines Puts)

Der Käufer eines Calls wird zum Inhaber des Long-Calls. Der Käufer eines Puts wird zum Inhaber des Long-Puts. Analog dieser Fachausdrücke hat der Trader, der einen Long-Straddle oder Long-Strangle bildet, die Transaktionen Open Long Call und Open Long Put ausgeführt.

Das Schließen einer Optionen-Position

Die Glattstellung einer vorher gekauften Option

Das Schließen einer Optionen-Position wird „Glattstellen" oder „Closing" genannt. „Glattstellen" bedeutet immer, dass eine ursprünglich eröffnete Position geschlossen wird.

Das „Schließen" einer gekauften Option findet typischerweise durch den Verkauf (die Glattstellung) der gekauften Option statt. (Es ist auch die Schließung durch Ausübung möglich.)

Beim Schließen durch Verkauf ist der eindeutige Sprachgebrauch sehr wichtig: Der „übliche" Sprachgebrauch würde vielleicht sagen, Sie verkaufen den Call oder Put XYZ.

Eigentlich sollte klar sein, was damit gemeint ist. Eine Option, deren Inhaber Sie sind, wird verkauft. Wie Sie wissen, ermöglichen Optionen aber Stillhalter-Geschäfte. Sie haben gerade gesehen, dass ein Stillhalter-Geschäft durch den Verkauf einer Option an einen Käufer eröffnet wird.

Die Aussage „Die Option XYZ wird verkauft" ist also nicht eindeutig. Sie bezeichnet das Glattstellen (Closing) einer vorhandenen Position ebenso, wie das Eröffnen (Opening) einer Stillhalter-Position. Der Verkauf einer vorher gekauften Option in gleicher Art und Menge wird deswegen als Glattstellen oder Closing bezeichnet. De facto hat ein Anleger eine identisch ausgestattete Option gekauft und verkauft. Diese heben sich gegenseitig auf.

Bei den Grundgeschäftsarten im Optionen-Handel gibt es folglich diese „Closing- Transaktionen":

Glattstellung eines gekauften Calls durch den **Call-Inhaber**
Glattstellung eines gekauften Puts durch den **Put-Inhaber**
Glattstellung eines verkauften Calls durch einen **Stillhalter**
Glattstellung eines verkauften Puts durch einen **Stillhalter**

Diese Begriffe dienen dem eindeutigen Verständnis der Fachliteratur. Wenn Sie also künftig lesen …

… Open Long-Call, dann handelt es sich um den Kauf eines Calls zur Positionseröffnung
… Open Short-Put, dann handelt es sich um den Verkauf eines Puts zur Positionseröffnung eines Stillhalter-Geschäftes etc.

6.2 Allgemeine Fachbegriffe für den Optionen-Handel – alphabetisch sortiert

Abstauberlimit

Wenn Sie eine Option nur zu einem Preis kaufen möchten, der sich deutlich unter dem aktuellen Kurs befindet, setzen Sie ein so genanntes Abstauberlimit. Gerade bei dem Handel mit Optionen ist das Setzen eines Abstauberlimits immer wieder erfolgreich. Durch ihre Hebelwirkung schwanken Optionen oft stark im Preis. Ein kurzzeitiges Erreichen Ihres Abstauberlimits ermöglicht Ihnen einen günstigen Kaufpreis einer Option und optimiert Ihre Gewinnchancen.

ADRs (= American Depository Receipts)

Ein ADR (American Depository Receipt) ist ein Zertifikat (Aktienersatzschein), das von einem US-amerikanischen Kreditinstitut ausgestellt wird, welches die zugrunde liegenden Aktien verwahrt. Diese ADRs werden an US-Börsen wie normale Aktien gehandelt.

Aktienoption

Mit dem Kauf einer Option erwirbt der Käufer das Recht, eine Aktie in der Zukunft zu einem in der Option festgelegten Preis (Basispreis) zu kaufen oder zu verkaufen.

Amerikanische Option

Der Käufer der Option amerikanischen Typs hat während der gesamten Laufzeit das Recht diese auszuüben.

Am Geld

Eine Option, deren Basispreis dem aktuellen Kurs des Basiswerts entspricht. Wenn eine Aktie als Basiswert bei einem Kurs von 50 € steht und Sie einen Call oder Put kaufen, der als Basispreis 50 € hat, steht diese Option „am Geld“. Während der Laufzeit jeder Option kann sich der Status „am Geld – im Geld – aus dem Geld“ verändern. Siehe auch unter „im Geld“ und „aus dem Geld“ in diesem Stichwortverzeichnis.

Ask (deutsch „Briefkurs“)

Das englische Wort „ask“ heißt „fragen“. An der Börse „fragt“ ein potenzieller Verkäufer einer Option beispielsweise, ob ein Käufer für einen Kurs von 1,25 € seine Option kaufen möchte. Das aktuell beste Verkaufs-Angebot eines Traders an der Börse erscheint im „Ask“. Dieses sehen Sie bei einer Kursabfrage oder permanent in Ihrer Handelsmaske. Zu diesem Preis können Sie also sofort eine Option kaufen. Nehmen wir an, aktuell sind die 1,25 € der beste Preis, sehen Sie dieses Angebot bei der Kursabfrage. Sobald nun ein anderer Marktteilnehmer seine Optionen zu einem Kurs von 1,20 € anbietet, sind diese 0,05 € billiger. Der neue beste Preis erscheint als Angebot. Gleichzeitig wird immer als „Ask Volumen“ die Stückzahl angegeben, die zu diesem Kurs angeboten wird.

Aus dem Geld

Ein Call ist „aus dem Geld“, wenn der Basispreis der Option über dem aktuellen Kurs einer Aktie liegt. Wenn eine Aktie bei einem Kurs von 50 € steht und Sie einen Call mit einem Basispreis von 51 € oder höher kaufen, bedeutet das: Die Option ist „aus dem Geld“.

Sie wissen, dass Sie bei einem Kontrakt Calls das Recht haben, (meist) 100 Aktien zum Basispreis der Option zu beziehen. Sie dürften also in diesem Beispiel 100 Aktien für je 51 € kaufen, bekämen an der Börse aber 50 € pro Aktie. Diese Option steht damit „aus dem Geld". Die Gewinn- Chance für den Call liegt in dem erwarteten Kursgewinn der Aktie. Für einen Put gilt das entsprechend umgekehrt. Bei dem angenommenen aktuellen Kurs von 50 € läge ein Put mit dem Basispreis 49 € „aus dem Geld". Sie hätten ja in diesem Beispiel das Recht, 100 Aktien für 49 € pro Aktie zu verkaufen. An der Börse bekämen Sie aber 50 € je Aktie.

Während der Laufzeit jeder Option kann sich der Status „am Geld – im Geld – aus dem Geld" verändern. Siehe auch unter „am Geld" und „im Geld" in diesem Stichwortverzeichnis.

Ausüben einer Option

Wenn Sie das Recht auf Aktienbezug bei einem Call bzw. Aktienverkauf bei einem Put nutzen und Aktien beziehen oder liefern, nennt man das „Ausüben einer Option". Es wird zwischen einer Ausübung europäischen und amerikanischen Typs unterschieden. Dabei wird nicht auf die Herkunft der Option oder des Basiswerts abgestellt. Auch in Europa gehandelte Optionen haben meist die amerikanische Ausübungsform.

Eine Option mit der europäischen Ausübung kann nur am Verfallstag ausgeübt werden. Eine Option mit amerikanischer Ausübung kann jederzeit während ihrer Laufzeit ausgeübt werden.

Baisse, Bär, Bären, Bearish, Bärenmarkt

Bärenmarkt oder Baisse sind Synonyme für sinkende Kurse der Börsen.

Barausgleich

Bei einem gekauften Call oder Put kann das entsprechende Recht zum Kauf oder Verkauf des Basiswerts (z. B. eine Aktie) ausgeübt werden. Die physische Handelbarkeit der Aktie ist gegeben. Bei einer „Index-Option“ ist die physische Handelbarkeit nicht gegeben. Am Ende der Laufzeit einer Index-Option wird daher der Gewinn oder Verlust immer bar ausgeglichen. Siehe auch unter „Ausüben einer Option“ und „Index-Option“ in diesem Stichwortverzeichnis.

Basispreis

Er bezeichnet den Preis, zu dem man den Basiswert einer Option bei Ausübung kaufen oder verkaufen kann.

Basiswert

Als Basiswert bezeichnet man den Vertragsgegenstand eines Termin-, Terminkontrakt- oder Optionsgeschäfts, der für die Erfüllung und Bewertung des Vertrags als Grundlage dient. Basiswerte sind z. B. Aktien, Indizes, Rohstoffe oder Währungen.

Bestens, Kauf oder bestens, Verkauf

Bestens ist eine Handelsoption für Kauf- oder Verkauforders im Wertpapierhandel, die ohne Kurslimit ausgeführt wird. Im Orderbuch der Börse, an der verkauft werden soll, wird für den Verkaufauftrag ein Kaufauftrag gleicher Stückzahl mit dem besten (höchsten) Preis gesucht und entsprechend wird der Kaufauftrag mit der Orderangabe „bestens” zum bestmöglichen, das heißt günstigsten Kurs, ausgeführt. Dies gilt umgekehrt für Verkaufsorder, die bestens erteilt wurden.

Bid (deutsch „Geldkurs")

Das englische Wort „bid" heißt „bieten". An der Börse „bietet" ein potenzieller Käufer einer Option beispielsweise 1,25 € für den Kauf einer Option. Das aktuell beste Kauf-Angebot eines Traders an der Börse erscheint im „Bid". Dieses sehen Sie bei einer Kursabfrage oder permanent in Ihrer Handelsmaske. Zu diesem Kurs können Sie also eine Option sofort verkaufen. Diese haben Sie dann entweder in Ihrem Depot, oder Sie verkaufen Sie „leer", sind dann also „Stillhalter" (siehe dort). Nehmen wir an, aktuell sind die 1,25 € der beste Preis, der geboten wird. Sobald nun ein anderer Marktteilnehmer diese Option zu einem Kurs von 1,30 € kaufen würde, ist dieses Angebot besser. Der neue Preis erscheint als Angebot im „Bid". Gleichzeitig wird als „Bid Volumen" die Stückzahl angegeben, die zu diesem Kurs nachgefragt wird. Je höher Angebot und Nachfrage sind, desto fairer werden dadurch automatisch die Preise für Optionen. Siehe auch unter „ask" in diesem Stichwortverzeichnis.

Billigst, Kauf

Billigst ist eine Handelsoption für Kauforder im Wertpapierhandel, die ohne Bedingungen an den Kurs des Wertpapiers ausgeführt wird. Im Orderbuch der Börse, an der gekauft werden soll, wird für den Kaufauftrag ein Verkaufsauftrag gleicher Stückzahl mit dem billigsten Preis gesucht.

Black-Scholes-Modell

Finanzmathematisches Modell zur Bewertung von Finanzoptionen, das aus der Physik (brownsche Molekularbewegung) abgeleitet wurde.

Briefkurs

Der Briefkurs ist der Kurs, zu dem ein Marktteilnehmer bereit ist, ein Wertpapier zu verkaufen.

Broker
Ein Finanzdienstleister, der für die Vermittlung und Abwicklung von Wertpapiergeschäften zuständig ist. Broker nehmen für die Vermittlung einer Order sehr unterschiedlich hohe Gebühren. Durch die Wahl des richtigen Brokers können Sie Ihre Börsengeschäfte und Ihren Optionen-Handel optimieren.

Buchgewinn
Ein zu 350 € gekaufter Kontrakt mit Optionen ist beispielsweise gerade mit dem aktuellen Kurs von 600 € in Ihrem Depot „eingebucht“. Sie haben also einen Gewinn von 250 €. Dieser noch nicht realisierte Gewinn nennt sich Buchgewinn.

Bulle
In einer Marktphase, in der die Preise der Aktien anhaltend an Wert gewinnen, wird von einer Hausse oder einem Bullenmarkt gesprochen. Dementsprechend wird ein Börsenteilnehmer mit einer Erwartung steigender Kurse „Bulle“ genannt, seine Marktmeinung ist „bullish“.

Butterfly-Spread
Eine komplexe Kombination gekaufter Calls und Puts in Verbindung mit verkauften Calls und Puts. Alle Optionen beziehen sich auf denselben Basiswert, haben allerdings unterschiedliche Basispreise. Eine schnell unüberschaubar werdende Strategie mit begrenzten Gewinnaussichten.

Call-Option
Eine Option, die dem Käufer zum Kauf des Basiswerts (z. B. Aktie, Index, Rohstoff oder Währung) zu einem bestimmten Preis bis zu (amerikanischer Typ) oder an einem (europäischer Typ) bestimmten Termin berechtigt. Siehe auch unter „Option“ in diesem Stichwortverzeichnis.

Cash out

Eingesetztes Geld aus einem Optionen-Trade ziehen und nur den Gewinn neu investieren. Wenn bei einem Optionen-Trade ein hoher Gewinn erreicht und die Option weit „ins Geld" gelaufen ist, wird diese Option verkauft. Durch den Verkauf der Option wird der Gewinn realisiert. Gleichzeitig wird eine neue Option auf denselben Basiswert gekauft. Diese Option wird mit einem Basispreis „am Geld" gewählt. Die neu gekaufte Option „am Geld" ist erheblich preiswerter als die verkaufte Option „im Geld". Damit wird im Idealfall nur der realisierte Gewinn neu investiert. Durch Verkauf der ursprünglichen Option mit Gewinn und Kauf der preiswerteren neuen Option hat der Anleger durch das „Cash out" Gewinne gesichert und das Verlustrisiko reduziert. Er kann trotzdem von der weiteren Kursentwicklung des Basiswerts profitieren.

Chart

Diagramm zur Darstellung von Börsenkursen bezogen auf eine Zeitspanne.

Chartanalyse

Der Begriff Chartanalyse beschreibt eine Vielzahl einzelner Techniken bezogen auf Börsencharts, die eine Vorhersage zukünftiger Börsenkurse anhand historischer Kursentwicklungen (z. B. Trends) anstreben.

Charttechnik

Unter Charttechnik werden Hilfsmittel der Chartanalyse eingeordnet. Dazu zählen: Untersuchung von Gleitenden Durchschnitten, Unterstützungen, Widerständen, Abweichungen und vielen anderen Kursindikatoren. Ziel ist es, Trends und Kursbandbreiten zu finden sowie künftige Trends zu prognostizieren.

Clearing-Stelle
Verkäufer und Käufer von Optionen handeln untereinander anonym. Zwischengeschaltet ist an allen Börsen die Stelle, die Kauf, Verkauf, Ausübung oder Glattstellung einer Option abwickelt. Diese Stelle ist die Clearing-Stelle.

DAX
Der DAX (Deutscher Aktienindex), wichtigster deutscher Aktienindex, misst Entwicklung und Stand der deutschen Aktienkurse der 30 „größten" deutschen Aktiengesellschaften. Dabei erfolgt die Bestimmung der „Größe" anhand von der Deutschen Börse genau festgelegter Kriterien, die regelmäßig überprüft werden. Er ist Ausgangspunkt für den deutschen Index-Terminhandel.

Delta
Delta ist eine Kennzahl in der Optionspreisberechnung. Delta bezeichnet die Veränderung des Optionspreises im Vergleich zur Kursveränderung des Basiswerts, der der Option zugrunde liegt.

Delta-Neutral-Position
Eine komplexe Kombination von Optionen, die dazu führt, dass sich der addierte Optionspreis aller auf diesen Basiswert im Depot befindlichen Optionen nicht ändert, auch wenn der Basiswert im Kurs schwankt. Sicher mag es Gründe geben, eine solche Position einzugehen. Man kann dabei mit dem Zeitwert spekulieren oder andere Strategien verfolgen. Wirklich große Gewinne sind damit nicht zu erzielen.

Derivat
Stammt vom lateinischen Ausdruck „derivare" (=ableiten). Sammelbezeichnung für viele Produkte, deren Kauf- und Verkaufskurse vom Preis anderer Produkte abhängen oder davon abgeleitet werden.

Deutsche Terminbörse (DTB)

Die DTB war die erste neue Börse, die nach dem Zweiten Weltkrieg in Deutschland gegründet wurde. Sie ist eine Börse zum ausschließlichen Handel von Finanzderivaten. Die DTB hat sich 1998 mit der Schweizer Terminbörse SOFFEX zur Eurex zusammengeschlossen.

Discount-Broker

Broker, die in der Regel niedrigere Gebühren im Wertpapierhandel anbieten als Banken.

Dow Jones Index

Einer der weltweit wichtigsten Aktienindizes. Er dient zur Messung der Entwicklung des US-amerikanischen Aktienmarktes.

Dreifacher Hexensabbat

Viermal im Jahr (jeweils am 3. Freitag der Monate März, Juni, September und Dezember) kommt es an den Börsen zum sogenannten dreifachen Hexensabbat, dem großen Verfallstag. An diesen Tagen laufen an der Terminbörse EUREX die folgenden Terminkontrakte aus, d. h. sie verfallen: Future auf den DAX, Optionen auf den DAX, Optionen auf Aktien. Kennzeichnend dafür ist, dass häufig eine hohe Volatilität den 3-fachen Hexensabbat begleitet.

Durchschnittslinien, gleitend

Gleitende Durchschnitte (GD), in den USA „Moving Averages“, gehören zu den häufig angewandten charttechnischen Analysemitteln. GDs sind auf vielfältige Weise einsetzbar. Der Name „Gleitender Durchschnitt“ beinhaltet die beiden wichtigsten Eigenschaften des Indikators.

„Gleitend“ besagt, dass die Berechnung mit jedem neuen Kurs um einen Tag nach vorn verschoben wird. Der bis dahin letzte Kurs fällt also aus der Berechnung hinaus. „Durchschnitt“ bedeutet, dass über eine bestimmte Anzahl von Tagen ein Mittelwert der Kurse gebildet wird. Dieser Mittelwert der Kurse der beispielsweise letzten 50, 100 oder 200 Tage wird in den Kursverkauf (Chart) der zu analysierenden Aktie eingezeichnet.

Der Verlauf der gleitenden Durchschnittslinien im Verhältnis zu den tagesaktuellen Kursen erlaubt Schlussfolgerungen für den Verlauf der zukünftigen Kurse und liefert Entscheidungsgrundlagen für die Gesamtanalyse.

Emittent
Aussteller von Wertpapieren, die erstmals in Umlauf gebracht werden. Optionen haben keinen Emittenten. Deshalb spricht man auch von Emittenten-Produkten in Abgrenzung zu den bankenunabhängigen Optionen.

2 gravierende Nachteile der Emittenten-Produkte:
1. Es besteht die Gefahr des Totalverlustes durch Insolvenz des Emittenten. Egal wie hoch der Wert eines solchen Finanzproduktes ist – wird der Emittent insolvent, ist das Geld weg. Die Insolvenz von Lehman Brothers hat uns das im Jahr 2008 drastisch vor Augen geführt.
2. Sie handeln gegen die Bank. Im wahrsten Sinne des Wortes. Ich höre immer wieder von Anlegern, dass deren Bank gerade dann „ein technisches Problem“ hatte, wenn sie Gewinne realisieren oder Verluste begrenzen wollen. Sie sitzen machtlos vor der Handelsmaske und können nicht eingreifen. Und das kommt laufend vor. Außerdem können Emittenten ihre Finanzprodukte im Kurs manipulieren. Und sie tun das auch. Fazit: Emittenten-Produkte sind manipulationsanfällig. Mein Tipp: Investieren Sie keinen Cent in Emittenten-Produkte.

Eurex
Europäische Terminbörse und eine der größten Terminbörsen für Finanzderivate weltweit.

Europäische Option
Der Inhaber einer Kaufoption erwirbt das Recht, einen Basiswert (z. B. ein Wertpapier) zu einem vorher vereinbarten Preis (Basispreis der Option) zu kaufen oder zu verkaufen. Europäische Optionen können nur am Ende der Laufzeit ausgeübt werden. Amerikanische Optionen (siehe dort) können jederzeit während ihrer Laufzeit ausgeübt werden.

EuroStoxx50
Europäischer Aktienindex, der sich aus den Anteilsscheinen der 50 größten Aktiengesellschaften aus den Ländern der Eurozone zusammensetzt.

Fed
Abkürzung für die amerikanischen Notenbanken (amerikanische Zentralbanken) „Federal Reserve System".

Finanztermingeschäft
Am Terminmarkt abgeschlossenes Geschäft mit einem in der Zukunft liegenden Erfüllungstermin.

Futures
Eine Art der börslich gehandelten Termingeschäfte. „Future" bezeichnet einen verbindlichen Börsenvertrag (Kontrakt) zwischen zwei Parteien, in dem beide Parteien Rechte und Pflichten haben.

Gamma
Gamma ist eine Kennzahl in der Optionspreisberechnung. Das Gamma misst die Veränderung des Delta in Bezug auf eine Veränderung des Kurses des Basisobjektes.

Gap up
Kursveränderung einer Aktie oder eines Indexes nach oben, bei der ein Kursbereich übersprungen wurde, ohne dass ein Handel stattfinden konnte. Typisch ist ein „Gap up" direkt zur Börseneröffnung in Deutschland. Wenn am Vorabend die US-Börsen um 22.00 Uhr (MEZ = mitteleuropäische Zeit) mit deutlichen Kursgewinnen geschlossen haben, beinhalten die ersten Kurse um 9.00 Uhr an den deutschen Börsen oft Kurssprünge zum Schlusskurs des Vortages, die nicht handelbar sind.

Gap down
Plötzliche Kursveränderung einer Aktie oder eines Indexes nach unten, bei der ein Kursbereich übersprungen wurde, ohne dass ein Handel stattfinden konnte. Typisch ist ein „Gap down" direkt zur Börseneröffnung in Deutschland. Wenn am Vorabend die US-Börsen um 22.00 Uhr (MEZ = mitteleuropäische Zeit) mit deutlichen Kursverlusten geschlossen haben, beinhalten die ersten Kurse um 9.00 Uhr an den deutschen Börsen oft Kurssprünge zum Schlusskurs des Vortages, die nicht handelbar sind.

Gedecktes Stillhalter-Geschäft
Ein Stillhalter-Geschäft ist gedeckt, wenn der Verkäufer des Calls oder Puts ein entsprechendes Gegengeschäft tätigt, bzw. wenn er die Aktien bei einem verkauften Call in seinem Depot hat.

Geldkurs
Kurs, zu dem ein Marktteilnehmer bereit ist, ein Wertpapier zu kaufen.

Glattstellung
Vorgang, bei dem ein Termingeschäft erfüllt wird. Der Käufer eines Calls (Puts) verkauft einen gleichen Call (Put). Der Stillhalter eines Calls (Puts) kauft einen gleichen Call (Put). Es wird also genau die Gegenposition zur Eröffnung (Opening) eingegangen.

Gleitende Durchschnittslinie
Trendindikator in der Chartanalyse.

GTC-Order
GTC ist, aus dem Englischen kommend, die Abkürzung für „good till cancel" und meint eine zeitlich unbefristete Order an der Börse.

GTD-Order
GTD ist, aus dem Englischen kommend, die Abkürzung für „good till day" und meint eine zeitlich befristete Order an der Börse.

Hausse
Der Begriff Bullenmarkt oder Hausse steht an der Börse für steigende Kurse.

Hebel
Der Hebel zeigt, um wie viel eine Option im Verhältnis zum Basiswert steigt. Ein Hebel von 20 zeigt beispielsweise, dass eine Option 20 € im Preis zulegt, wenn der Basiswert um 1 € im Kurs steigt.

Hebelwirkung
Hebelwirkung einer Option im Vergleich zum Basiswert (beispielsweise Aktie). Der Hebeleffekt kann eine Option beispielsweise zu einem Gewinn von 100% führen, auch wenn die Aktie (Basiswert) nur 10% bis 20% zulegt.

Hedging
Auch Sicherungsgeschäft, bezeichnet ein Finanzgeschäft zur Absicherung einer Investition gegen Risiken wie beispielsweise fallende Kurse z.B. mit Put-Optionen, Wechselkursschwankungen oder Veränderungen in den Rohstoffpreisen durch Gegengeschäfte (Hedging).

Im Geld
Ein Call ist „im Geld", wenn der Basispreis der Option unter dem aktuellen Kurs einer Aktie ist. Wenn eine Aktie bei einem Kurs von 50 € steht und Sie kaufen einen Call mit einem Basispreis von 49 € oder tiefer, dann notiert dieser Call „im Geld".

Für einen Put gilt das entsprechend umgekehrt. Bei dem angenommenen aktuellen Kurs von 50 € läge ein Put mit dem Basispreis 51 € „im Geld". Wenn eine Option „im Geld" ist, dann sagt man auch, sie hat einen inneren Wert.

Während der Laufzeit jeder Option kann sich der Status „am Geld – im Geld – aus dem Geld" verändern. Siehe auch unter „am Geld" und „aus dem Geld" und „Wert, innerer" in diesem Stichwortverzeichnis.

Implizite Volatilität
Sie reflektiert die Erwartung der Marktteilnehmer bezüglich der künftigen Kursausschläge (Schwankungsbreite) eines Wertpapiers oder Indexes.

Index
Ein Aktienindex ist eine Kennzahl für die Entwicklung der Aktienkurse in einem bestimmten Marktsegment des Aktienmarkts. Er dokumentiert die Entwicklung auf diesem Teilmarkt des weltweiten Finanzgeschehens.

Index-Option
Eine Option, deren Basiswert ein Index ist. Es gibt Optionen auf Indizes, wie beispielsweise den DAX, den Dow Jones oder die Nasdaq und auch auf einzelne Branchenindizes. Bei Index-Optionen kommt es immer zum Barausgleich.

Innerer Wert (Option)
Der innere Wert einer Call-Option ergibt sich aus der positiven Differenz zwischen dem Kurs des der Option zugrunde liegenden Basiswerts und dem Basispreis der Option (beispielsweise einer Aktie). Der innere Wert einer Put-Option ergibt sich aus der positiven Differenz zwischen dem Basispreis der Option und dem Kurs des der Option zugrunde liegenden Basiswerts (beispielsweise eine Aktie).

ISIN (Internationale Securities Identification Number)
Eine 12-stellige Kennzeichnung aus Zahlen und Ziffern, die an deutschen Börsen den meisten Wertpapieren zugeordnet werden und diese eindeutig identifizieren. Die ISIN löste am 22.04.2003 die Wertpapierkennnummer (WKN) offiziell ab.

Optionen haben keine ISIN oder Wertpapierkennnummer. Sie werden eindeutig durch die Angaben Call oder Put, Kürzel des Basiswerts, Basispreis und Laufzeit definiert.

Kauf-Option

Eine Kauf-Option ist ein Call. Siehe auch unter „Call“ in diesem Stichwortverzeichnis.

Konsolidierung

Als Konsolidierung wird das Abfallen von Aktienkursen nach einem starken, vorangegangenen Kursanstieg bezeichnet. Eine Konsolidierung kann auch durch eine andauernde Seitwärtsbewegung der Börsen stattfinden.

Kontrakt

Ein Kontrakt ist die kleinste handelbare Einheit beim Handel mit Optionen. Bei Optionen auf Aktien sind meist 100 Optionen zu einem Kontrakt zusammengefasst. Die Eigenschaften eines Kontrakts sind standardisiert. Bei Optionskontrakten sind Basiswert, Basispreis und Laufzeit festgelegt. Im Sprachgebrauch vermischen sich die Bezeichnungen Kontrakte und Calls und Puts, da ein Kauf von Optionen immer nur per Kontrakt möglich ist. Wenn Sie also hören, dass jemand Call- oder Put-Optionen gekauft hat, hat er immer einen oder mehrere Kontrakte gekauft. Es gibt wenige Ausnahmen an der Eurex, wo eine andere Stückzahl als 100 in einem Kontrakt zusammengefasst wird (beispielsweise Index-Optionen auf den DAX, oder auch Optionen auf die Allianz-Aktie).

K.o.-Schein

K.o.-Scheine sind Hebelzertifikate, die aus Marketinggründen von jeder Bank anders genannt werden (K.o.-Scheine, Bull-Zertifikate oder Waves). Sie werden sofort wertlos, wenn der Kurs des dem K.o.-Schein zugrunde liegenden Basiswerts unter eine bestimmte Knock-out-Marke fällt. K.o.-Scheine werden von Banken herausgegeben (emittiert) und sind dadurch von der emittierenden Bank im Kurs manipulierbar.

Laufzeit (Option)
Zeitraum zwischen dem aktuellen Datum und dem Tag, an dem die Option zuletzt ausgeübt werden kann.

Leerverkauf
Verkauf von geliehenen Wertpapieren an der Börse, die sich nicht im Eigentum des Verkäufers befinden. Der Verkäufer beschafft sich diese mittels einer Wertpapierleihe (juristisch korrekt handelt es sich um ein Sachdarlehen) gegen eine Gebühr. Dies geschieht zumeist mit der Absicht, sie später billiger erwerben zu können, um an der Differenz zwischen Verkaufs- und Kaufpreis zu verdienen.

Letzter Handelstag
Letzter Tag, an dem der Handel einer Option stattfinden kann.

Lieferung
Der Stillhalter einer Call-Option muss den Basiswert der Option liefern, wenn dieses Recht vom Käufer der Option ausgeübt wird.

Limit / Limitierung
Als Limit gilt der Kurs, zu dem eine Wertpapierorder ausgeführt werden darf. Bei einem Kauf gibt das Limit den höchsten Kaufkurs an, während es bei einem Verkauf den Mindestkurs angibt.

Long-Call
Sie können einen Call kaufen, aber auch einen Call verkaufen, den Sie nicht im Depot haben. Im Sprachgebrauch unterscheidet man deswegen den gekauften Call (Long-Call) vom verkauften Call (Short-Call) des Stillhalters.

Long-Put
Sie können einen Put kaufen, aber auch einen Put verkaufen, den Sie nicht im Depot haben. Im Sprachgebrauch unterscheidet man deswegen den gekauften Put (Long-Put) vom verkauften Put (Short-Put) des Stillhalters.

Long-Straddle und Short-Straddle
Long-Straddle: Bei einem Long-Straddle werden gleichzeitig ein Call und ein Put mit dem gleichen Basiswert zum gleichen Ausübungspreis (Basispreis) und mit dem gleichen Verfallsdatum gekauft.

Short-Straddle (Stillhalter-Geschäft): Verkauf eines Calls und eines Puts mit dem gleichen Basiswert zum gleichen Ausübungspreis (Basispreis) und mit dem gleichen Verfallsdatum zur Positions-Eröffnung.

Margin
Der Begriff Margin bezeichnet die Sicherheitsstellung für börsliche Termingeschäfte. Diese kann durch Bargeld oder Wertpapiere erfolgen.

Margin Call
Entwickelt sich ein Terminkontrakt zu Ungunsten des Anlegers, bekommt er von seinem Margin-Konto den Verlust abgezogen. Sinkt dadurch das Margin-Konto unter die Erhaltungsmarge, wird der Anleger aufgefordert, Geld nachzuzahlen.

Market-Maker
Als Market-Maker werden offizielle Börsenmitglieder bezeichnet, die für bestimmte Wertpapiere (z. B. Optionen) Geld- und Briefkurse stellen und auf eigenes Risiko und eigene Rechnung handeln. Oft sind Banken oder Broker Market-Maker.

Market-Timing

Optionen besitzen immer eine begrenzte Laufzeit. Deswegen ist es wichtig, nicht nur mögliche Kursbewegungen zu prognostizieren, sondern auch absehen zu können, innerhalb welcher Zeit diese zu erwarten sind.

MDAX

Der Midcap-Index der Deutschen Börse. Er bildet die 50 größten Unternehmen nach den 30 DAX-Werten ab.

Money-Management

Strategien für den Handel mit Wertpapieren, um an der Börse dauerhaft Gewinne zu erzielen.

Nachschusspflicht

Bei allen Geldgeschäften kann es bei mangelnden Sicherheiten zur Aufforderung durch die Banken kommen, dass Geld „nachzuschießen" ist, also dass neue und zusätzliche Barmittel bereitgestellt werden müssen. In Boomzeiten des Hausbaus, noch in den 1970er- und 1980er Jahren, war es nicht selten, dass jemand sein Haus mit 120% des Kaufpreises beliehen hatte. Als Bonität reichte ein dauerhaft gutes Einkommen in der Vergangenheit aus. Wenn später die Hausbewertung deutlich herabgesetzt werden musste oder sich ein Einkommen drastisch verringerte, reichte die Sicherheit nicht mehr aus. Es kam zur Nachschusspflicht. Dasselbe gab es an der Börse in den Boomzeiten des Neuen Marktes, in denen blind alles an Aktien gekauft wurde, viel zu häufig auch auf Kredit. Als Sicherheit wurden die Depots hinterlegt. Beim Crash der Folgejahre schrumpften die Beleihungen der Depots ins Bodenlose. So mancher Anleger erhielt einen diskreten Anruf seines Bankers, mit der „Bitte", Geld nachzuschießen.

Beim Kauf von Optionen (Long-Call oder Long-Put) ist die Nachschusspflicht durch die Art der Geschäfte ausgeschlossen. Davon gibt es keine Ausnahme!

NASDAQ
National Association of Securities Dealers for Automated Quotation. An der NASDAQ werden besonders wachstumsträchtige und innovative Werte (Technologiewerte) gehandelt.

New York Stock Exchange (NYSE)
Bedeutendste Börse der Welt, wegen ihrer Lage in der New Yorker Wall Street auch einfach „Wall Street" genannt.

Omega
Omega ist eine Kennzahl in der Optionspreisberechnung. Das Omega gibt an, um wie viel Prozent sich der Preis einer Option verändert, wenn sich der Basiswert um einen Prozent ändert.

Option
Geltend zu machendes oder gegen sich wirkendes Recht, ein bestimmtes, vertragsmäßig vereinbartes Angebot (innerhalb einer bestimmten Frist) anzunehmen oder abzulehnen.

Optionen-Profi
1. Deutscher Dienst für Investitionen in Optionen, Chefredakteur Dr. Gregor Bauer. Im Internet unter: www.gevestor.de

Optionspreis
Prämie, die der Käufer einer Option bezahlen muss und der Verkäufer dieser Option erhält.

Optionspreismodell
Mathematisches Modell zur Berechnung des fairen Preises einer Option, z. B. das „Black-Scholes-Modell“.

Optionspreistheorie
Wissenschaftliche Theorie über die Bestimmung des fairen Optionspreises, beispielsweise berechnet nach dem Optionspreismodell nach „Black-Scholes“ In der Praxis sorgen zudem Angebot und Nachfrage für den fairen Preis von Optionen.

Optionsschein (Warrant)
Handelsinstrument, auch Warrant genannt. Wichtige Abgrenzung zu Optionen: Optionen haben keinen Emittenten. Im Gegensatz dazu stehen beispielsweise Optionsscheine, die von Banken emittiert werden und von Banken in ihren Kursen beeinflusst werden können. Optionsscheine haben eine WKN oder ISIN. Optionen haben diese nicht.

Performance (Wertentwicklung)
Unter Performance eines Investments oder eines Portfolios ist die Wertentwicklung dessen zu verstehen.

Portfolio
Als Portfolio bezeichnet man im Allgemeinen alle Wertgegenstände, die sich in einem Besitz befinden. Das sind vorrangig Wertpapiere oder liquides Vermögen, es können aber auch Immobilien oder Grundbesitz sein.

Prämie
Der bezahlte oder vereinnahmte Preis im Optionen-Handel.

Put

Eine Option, die zum Verkauf des Basiswerts (meist eine Aktie) zu einem bestimmten Preis bis zu einem bestimmten Termin berechtigt.

Put-Option

Eine Option, durch die der Käufer der Option das Recht erwirbt, einen bestimmten (Basiswert innerhalb eines festgelegten Zeitraums (amerikanischer Typ) oder am Ende eines festgelegten Zeitraums zum vorher vereinbarten Preis zu verkaufen.

QQQ

Auf dem NASDAQ 100 basierende ETFs (Exchange Traded Funds). Eine Investition in den QQQ entspricht einer Investition in die Nasdaq.

Rally

Übliche Bezeichnung für eine nachhaltige Aufwärtsbewegung der Börsenkurse.

Realtime-Kurs

Kurs, der in demselben Augenblick übermittelt wird, in dem er tatsächlich entsteht (Echtzeit).

Restlaufzeit

Die bis zur Fälligkeit einer Forderung oder bis zum Verfall eines Rechts (Bezug von Aktien über Optionen und Optionsscheine) verbleibende Zeitspanne. Beispiel: Restlaufzeit einer Option.

Rho

Rho ist eine Kennzahl in der Optionspreisberechnung. Sie gibt an, wie stark sich der Wert der Option ändert, wenn sich der risikofreie Zinssatz am Markt um einen Prozentpunkt ändert.

Risiko
Marktrisiko: Sind an den internationalen Börsen Kursrückgänge zu verzeichnen, wird sich dem kaum ein Fonds entziehen können. Dieses Marktrisiko wird umso größer, je spezieller der Anlageschwerpunkt eines Fonds ist, denn damit wird tendenziell auf eine breite Streuung verzichtet.

Investoren in Optionen haben den Vorteil, dass Sie durch Kauf von Puts auch bei Kursrückschlägen der Börsen hohe Gewinne erzielen können und somit in der Lage sind, Verlustrisiken zu managen.

Risikomanagement
Beim Risikomanagement wird durch den Einsatz von Strategien das Risiko (Währungs-, Marktrisiko) eines Investments eingegrenzt. Mit Optionen lassen sich Strategien bilden, die den Handel mit Optionen kalkulierbarer machen als die reiner Aktieninvestitionen.

Risikostreuung (= Diversifikation)
Risiko durch die Verteilung der Investitionssumme auf verschiedene Anlagen reduzieren. Das Risiko einer breit gestreuten Anlage ist geringer als die Investition in eine Einzelposition.

Schreiben einer Option
Den Verkauf einer Option, der zum Stillhalter-Geschäft führt, nennt man auch „eine Option schreiben“. Sie können also bei der Eröffnung eines Stillhalter-Geschäftes hören: „Ich habe Option ABC geschrieben und dafür 250 € Prämie eingenommen.“

Schlusskurs
Der letzte Kurs, der am Ende einer Börsensitzung (eines Börsentages) ermittelt wird.

Short-Call

Sie können einen Call kaufen. Das ist das bekannte Geschäft. Sie können aber auch einen Call verkaufen, den Sie nicht im Depot haben. Damit eröffnen Sie ein Stillhalter-Geschäft. Im Sprachgebrauch wird deswegen zwischen den gekauften Call (Long-Call) und dem verkauften Call (Short-Call) des Stillhalters unterschieden.

Short-Position

Position, die durch einen Leerverkauf von Aktien oder durch ein Stillhalter-Geschäft mit Optionen entstanden ist.

Short-Put

Sie können einen Put kaufen, aber auch einen Put verkaufen, den Sie nicht im Depot haben. Im Sprachgebrauch unterscheidet man deshalb den gekauften Put (Long-Put) vom verkauften Put (Short-Put) des Stillhalters.

Spread

1. Gleichzeitiger Kauf und Verkauf (Stillhalter) von Optionen, deren Kurse miteinander in Verbindung stehen und die sich bezüglich der Fälligkeit unterscheiden.
2. Die Differenz zwischen An- und Verkaufskurs einer Aktie oder Option.

Standard&Poors-Index

Einer der umfassendsten Aktienindizes des amerikanischen Wertpapiermarktes, in dem 100 bzw. 500 Aktienwerte enthalten sind.

Stillhalter

Ein Investor (der Stillhalter) verkauft Optionen, ohne diese im Bestand zu haben. Damit geht der Stillhalter eine festgelegte Zeit die Verpflichtung ein, den der Option zugrunde liegenden Basiswert zu einem festgelegten Preis zu liefern (verkaufter Call) oder abzunehmen (verkaufter Put). Für dieses Geschäft erhält der Stillhalter den Kaufpreis der Option, den man Prämie nennt.

Stillhalter-Geschäft, gedeckt

Ein Stillhalter-Geschäft ist gedeckt, wenn der Verkäufer des Calls oder Puts ein entsprechendes Gegengeschäft tätigt und einen Spread aufbaut bzw. wenn er die Aktien bei einem verkauften Call in seinem Depot hat.

Stop-Loss

Wenn Sie eine Kursgrenze ausgemacht haben, bei der Sie sagen: „Wenn die Aktie tiefer geht als bis zu diesem Punkt, verkaufe ich“, platzieren Sie eine Stop-Loss Order, die ausgelöst wird, sobald dieser Kurs erreicht wurde. Bei Optionen empfehle ich diese Order-Art nicht. Denn wegen der hohen Hebelkraft von Optionen kann die Stop-Loss-Order dazu führen, dass Optionen „unglücklich“ ausgestoppt werden.

Stop-Loss-Order

Weit verbreitete Art eines Verkaufsauftrags, der automatisch an die Börse gegeben wird, wenn ein bestimmter Wertpapierkurs erreicht bzw. unter- oder überschritten wird.

Straddle

Es gibt zwei Arten, Long und Short. Ein Long-Straddle ist der gleichzeitige Kauf eines Puts und eines Calls auf denselben Basiswert mit denselben Basispreisen. Ein Short-Straddle ist der gleichzeitige Verkauf dieser Kontrakte.

Strangle

Analog zum Straddle gibt es zwei Arten: Long und Short. Ein Long-Strangle ist der gleichzeitige Kauf eines Puts und eines Calls auf denselben Basiswert mit unterschiedlichen Basispreisen. Ein Short-Straddle ist der gleichzeitige Verkauf dieser Kontrakte.

Termingeschäft

Geschäft, das zu feststehenden Konditionen bis zu oder an einem bestimmten, in der Zukunft liegenden Zeitpunkt, erfüllt werden soll oder kann. Optionen sind beispielsweise Termingeschäfte.

Termingeschäftsfähigkeit

Der Handel mit Optionen ist ein Termingeschäft. Termingeschäfte sind nur verbindlich, wenn beide Vertragsparteien termingeschäftsfähig sind. Privatpersonen erhalten die Termingeschäftsfähigkeit, wenn sie über die Risiken der Termingeschäfte aufgeklärt worden sind. Dieses übernimmt der Broker oder die Bank.

Theta

Maß für den Zeitwert von Optionen. Siehe auch unter „Zeitwert" in diesem Stichwortverzeichnis.

Trendlinie

Durch das Verbinden von Tief- bzw. Hochpunkten entstehen auf dem Chart Trendlinien. Diese veranschaulichen die Richtung des vorherrschenden Trends (aufwärts, abwärts oder seitwärts) und stellen Unterstützungs- sowie Widerstandslinien dar.

Underlying

Underlying = Basiswert. Jede gekaufte Option beinhaltet das Recht auf Kauf oder Verkauf eines Finanzinstrumentes. Das der Option zugrunde liegende Underlying (Basiswert) ist meist eine Aktie, ein Rohstoff oder ein Index. Siehe auch unter „Basiswert" in diesem Stichwortverzeichnis.

Unterstützungslinie

Ein in der charttechnischen Analyse geläufiger Begriff für die Kursregion, in der eine Aktie eine charttechnische Unterstützung findet (Kaufbereich). Dabei verläuft eine Unterstützungslinie immer unterhalb des aktuellen Kurses des Wertpapiers.

Vega

Das Vega ist eine Kennzahl in der Optionspreisberechnung. Sie misst die Wirkung von Volatilitäts-Veränderungen auf die Optionsprämie. Das Vega kann nur geschätzt werden. Banken nutzen das Vega auch gerne und regelmäßig, um bei von ihnen emittierten Optionsscheinen die Kurse zu ihren Gunsten zu verändern.

Verfall

Eine Option hat immer eine begrenzte Laufzeit. Nach dem in der Option festgelegten Termin verfällt für den Käufer das Recht bzw. für den Verkäufer die Pflicht, den Basiswert zu kontrollieren, d. h. diesen kaufen oder verkaufen zu können. Typischerweise werden Optionen vor ihrem Verfallstermin oder Verfallsdatum glattgestellt.

Verfallstermin
Der Tag, an dem das Recht aus einer Option oder einem Optionsschein, beispielsweise eine Aktie zum Basispreis zu erwerben, erlischt; Ende der Laufzeit.

Verkaufs-Option
Eine Verkaufs-Option ist ein Put. Siehe auch unter „Put“ in diesem Stichwortverzeichnis.

Volatilität
Schwankungsbereich während eines bestimmten Zeitraums von Wertpapierkursen, von Rohstoffpreisen, von Zinssätzen oder von Investmentfonds-Anteilen.

Vorbörse
Der Wertpapierhandel vor Beginn der eigentlichen Börsensitzung und außerhalb der Verantwortung der Börse.

Warrant
Englische Bezeichnung für Optionsschein.

Wert, innerer
Eine Option hat einen „inneren Wert“, wenn sie „im Geld“ ist. Diese beiden Begriffe („innerer Wert“ und „im Geld“) beinhalten eine vergleichbare Aussage. Ein Call hat einen „inneren Wert“, wenn er dem Besitzer den Kauf von Aktien zu einem billigeren Kurs als an der Börse ermöglicht. Ein Put hat einen „inneren Wert“, wenn er dem Besitzer den Verkauf von Aktien zu einem höheren Preis als an der Börse ermöglicht. Siehe auch unter „im Geld“ in diesem Stichwortverzeichnis.

Wertpapierkennnummer / WKN (nicht notwendig beim Optionen-Handel)
Eine 6-stellige Kennzeichnung aus Zahlen und Ziffern, die an deutschen Börsen den meisten Wertpapieren zugeordnet werden und diese eindeutig identifizieren. Die Wertpapierkennnummer (WKN) wurde am 22.04.2003 offiziell durch die 12-stellige ISIN (International Securities Identification Number) abgelöst. Aus praktischen Gründen wird die WKN aber weiter verwendet. Optionen haben keine WKN, sondern werden durch die Angaben Call oder Put, Kürzel des Basiswerts, Basispreis, Laufzeit ebenso eindeutig identifiziert. Siehe auch unter „ISIN" in diesem Stichwortverzeichnis.

Widerstandslinie
Ein in der charttechnischen Analyse geläufiger Begriff für die Kursregion, in der eine Aktie einen charttechnischen Widerstand findet (Verkaufsbereich). Dabei verläuft eine Widerstandslinie immer oberhalb des aktuellen Kurses des Wertpapiers.

Xetra
Elektronisches Börsenhandelssystem, das 1997 in Deutschland eingeführt wurde und heute für viele Wertpapiere die größte Handelsplattform darstellt. Optionen werden nicht über Xetra, sondern an der Eurex gehandelt.

Zeitwert
Bestandteil des Preises einer Option, der nur aufgrund verbleibender Restlaufzeit bezahlt wird. Der Zeitwert ergibt sich aus der Differenz zwischen dem tatsächlichen Kurs einer Option und seinem inneren Wert.

Zeitwertverfall
Eine Option beinhaltet das Recht auf Kauf oder Verkauf des Basiswerts, meist eine Aktie, zum festgelegten Preis innerhalb eines festgelegten Zeitraums. Wenn eine Aktie heute einen Kurs von 50 € hat, der Basiswert eines Calls auf diese Aktie 55 € und die Restlaufzeit nur noch eine Woche beträgt, ist es sehr unwahrscheinlich, dass der Aktienkurs innerhalb dieser Zeit den Kurs von 55 € auch erreicht. Die restliche Zeit von nur noch einer Woche hat folglich wenig Wert (Zeitwert).

Beträgt die Laufzeit des Calls aber noch 12 Monate, ist bei vorangegangener richtiger Analyse die Wahrscheinlichkeit recht hoch, dass der Kurs auf 55 € innerhalb von 12 Monaten steigt. Der entsprechende Zeitwert ist also erheblich höher.

Daraus ersehen Sie, dass der Zeitwert einer Option immer mehr verfällt, je kürzer die restliche Laufzeit der Option ist. Eine Option hat einen progressiv zunehmenden Zeitwertverfall, je kürzer die Restlaufzeit ist. Ich rate deswegen vom Kauf von Optionen mit kurzer Restlaufzeit zur Positionseröffnung ab.

Zertifikat
Zertifikate sind Wertpapiere. Es sind Inhaberschuldverschreibungen, die von Banken emittiert und an Privatkunden verkauft werden. Wichtig: Wird die Bank (der Emittent) insolvent (wie Lehman Brothers im Jahr 2008), ist das in diese Papiere investierte Geld des Anlegers weg.

Kurzporträt Dr. Gregor Bauer

Dr. Gregor Bauer
Chefredakteur Optionen-Profi

Dr. Gregor Bauer vereinigt das Wissen eines Portfolio-Managers mit dem eines Chartexperten und Traders. Er kennt die Märkte und Handelsstrategien in allen Facetten. Daher kann er in idealer Weise fundamentale und charttechnische Aspekte zu einem professionellen und gewinnbringenden Gesamtansatz kombinieren. Diesen setzt er als Chefredakteur und Analyst im Optionen-Profi um.

Der im Jahr 1962 geborene Anlageprofi hat sein hohes Renommee auch durch seine Tätigkeit als Dozent für Portfolio Management und Technische Analyse an der Universität Liechtenstein, der Frankfurt School of Finance & Management, der European Business School (ebs) sowie verschiedener Berufsakademien erworben. Als einer von deutschlandweit nur 300 Wirtschaftsexperten ist er Mitglied im Umfragepanel des Zentrums für Europäische Wirtschaftsforschung (ZEW, Mannheim). Seine Einschätzung zur Lage der Wirtschaft geht daher unmittelbar in das renommierte Börsenbarometer der ZEW-Konjunkturerwartungen ein.

Dr. Gregor Bauer gehört darüber hinaus zu den renommiertesteten Chartexperten in Deutschland. Der durch den Weltverband IFTA zertifizierte technische Finanzanalyst (Certified Financial Technician) ist umfassend mit den Methoden der Technischen Analyse vertraut. Dabei ist er selbst auch aktiver Trader. Dr. Gregor Bauer ist seit mehr als 15 Jahren Vorstandsvorsitzender der Vereinigung Technischer Analysten Deutschlands, VTAD e. V., sowie seit über 13 Jahren Mitglied des Direktoriums im Weltverband der technischen Analysten. Dort ist er verantwortlich für das weltweite Ausbildungs- und Zertifizierungsprogramm.

Einer breiten Öffentlichkeit bekannt geworden ist Dr. Bauer nicht nur durch seine Live-Interviews auf n-tv und DAF, sondern auch als Buchautor zum Thema „Technische Analyse der Kapitalmärkte“. Seine technischen Marktanalysen veröffentlicht er regelmäßig in namhaften Publikationen (z. B. Focus Money) und auf der Webseite der Börse Frankfurt. Seine Kommentare zum aktuellen Marktgeschehen werden zudem regelmäßig über die Nachrichtenagenturen Bloomberg und dpa-afx verbreitet. Als gefragter Vortragsredner ist er auf Finanzkonferenzen und Anlegermessen in ganz Deutschland unterwegs.

Dr. Gregor Bauers Spezialgebiet ist die Kombination von konjunkturellen Faktoren mit Unternehmensdaten und charttechnischen Handelssignalen, worauf er effiziente Handelsansätze über kurz- bis langfristige Zeithorizonte entwickelt, die er im Optionen-Profi umsetzt.

Schlusswort

Lieber Leser,
ich durfte Sie mit diesem Buch auf dem Weg vom Einsteiger (vielleicht) zum Fortgeschrittenen begleiten. Ich hoffe, ich konnte Sie für den Handel mit Optionen begeistern.

Optionen sind ideal für jeden Investor

Optionen sind ideal für jeden Investor, ob Einsteiger oder Börsen-Profi. Optionen sind einfach zu handeln und bringen Ihnen schnell hohe Gewinne. Durch den hohen Hebel der Optionen benötigen Sie nur einen Bruchteil des Kapitals, das Sie sonst in Aktien investieren müssten. Dadurch haben Sie natürlich auch Ihr Risiko viel besser im Griff.

Gerade auch deshalb stellt der Handel mit Optionen an der Börse eine ideale Möglichkeit dar, schnell hohe Gewinne zu erzielen, und zwar für Einsteiger und Profis.

Aber erst das Handeln und die Praxis machen Sie zum erfahrenen Trader und später auch zum Profi. Denn das aktive Handeln können Sie in der Theorie nicht erlernen.

Vom Fortgeschrittenen zum Profi: Übung macht den Meister
Dazu noch 3 Tipps bzw. Empfehlungen:

1. Starten Sie langsam.
Setzen Sie in die ersten Trades „Spielgeld" ein. Aber: Setzen Sie Geld ein. Papertrading in Übungshandelsmasken sind eine gute Einrichtung, um die Technik zu lernen. Ersatz für das reale Handeln an der Börse sind sie nicht. Sobald Sie vom Paper-Trading zum realen Trade mit echtem Geld wechseln, ändert sich alles.

2. Setzen Sie nur so viel Geld ein, dass Sie sich wohl fühlen.
Ich nenne es die „Wohlfühlposition“. Wenn Sie abends nicht ruhig zu Bett gehen können, wenn Sie nachts vielleicht sogar aufstehen, um nachzuschauen, wie die Asiaten handeln, um eine Einschätzung für die Eröffnung der deutschen (europäischen) Börsen zu bekommen, dann ist eines völlig klar: Sie sind zu hoch oder / und zu einseitig investiert. Traden Sie nicht mehr als eine „Wohlfühlposition“.

3. Denken Sie an den „Schwarzen Schwan“ …
… also den unvorhersehbaren Crash. Der Corona-Crash im Jahr 2020 war dafür geradezu ein Lehrbeispiel. Wenn der Crash da ist, ist es zu spät. Letztlich entscheiden effektive Strategien zum Risiko-Management über Gewinn oder Verlust beim Traden! Seien Sie vorbereitet! Lesen Sie dazu gegebenenfalls nochmals nach unter Kapitel 3.3.2: Strategien, Tipps & Techniken für den Optionen-Handel. Spannend und sehr informativ zu diesem Thema ist das Buch „Der Schwarze Schwan“ von Nassim Nicholas Taleb.

Wenn Sie „langsam starten“, nie mehr als die „Wohlfühlposition“ einsetzen und auf den „Schwarzen Schwan“ vorbereitet sind, dann sind Sie auf einem sehr guten Weg, ein erfolgreicher Optionen-Trader zu werden.

In diesem Sinne: viel Spaß und viel Erfolg!

Ihr Gregor Bauer
Autor und Chefredakteur
Der Optionen-Profi

Hier finden Sie uns im Internet:

www.optionen-investor.de